青少年科幻冒险系列读物

时空大厦消失事件

王文杰 著

文汇出版社

神秘社 1

目录 CONTENTS

引子 /1

第一章　食人怪传说 /4

第二章　恐怖的楼梯间 /18

第三章　来历诡异的寄生兽 /32

第四章　超自然力量 /44

第五章　会吃人的电梯 /57

第六章　神秘的邀请函 /67

第七章　外星人视频 /81

第八章　惊天大秘密 /95

第九章　开启拯救计划 /109

第十章　梦想号宇宙飞船 /122

第十一章　野外遇血狼 /134

第十二章　人体基因实验室 /147

第十三章　拯救建筑小队 /158

第十四章　超能力大战狼人 /171

第十五章　重口味的银河餐厅 /186

第十六章　神秘社成立 /201

引子

　　夜色渐深，街上行人寥寥无几，一轮圆月高高悬挂，星星宛如仙人抛出的一盘银色碎片，在空中一闪一闪地发出光芒。月光透过两个穿校服的男孩，洒在一栋银灰色的大厦上。

　　大厦墙壁都已失色，高处微微倾斜，窗户破烂不堪，铁门也已生锈，看样子废弃了许多年。此时它像一个巨人一般，默默地，注视着脚下的两个男孩。

　　一个背登山包的男孩蹲下身，从包中拿出两个手电筒和两副双节棍，交给一旁体形稍胖的男孩。一双胖乎乎的手颤抖着接过这些。

　　一、二、三、四、五……

　　胖男孩清晰地听见自己的心跳声，他用衣袖擦了擦额头上的冷汗。一阵晚风吹来，为他驱除了几分内心的灼热，却难以消除生根心底的恐惧。他犹豫了一下，怯怯地问道："我们……还是回去吧？"

　　登山包男孩露出不解的表情，正要开口，却见一只漆黑的东西从窗户飞出来，落在林间不停振翅。男孩的目光跟至林间，却迎上一双血红色的眼睛。

两个男孩一手拿手电筒照明，一手牵着对方，脸上布满了害怕和担忧的神情，身子几乎要贴在一起。躲在角落的老鼠窸窣作响，几十双发红的鼠眼紧盯着他们，老鼠见到手电筒的光芒，立刻四处逃窜。

忽然，眼前的黑暗处发出"哐"的一声响，好像有东西掉了下来，将身形较胖的男孩吓得面容失色，不由自主地大叫了一声。背登山包的男孩用手电筒照了过去。

下一秒，他们俩瞪大了双眼，嘴巴张大到可以吞下一个鸡蛋，脸上满是惊恐之色，手中的电筒也早已滚落到地上。光线照到了对面的墙壁，胖男孩哆嗦着手，指向墙壁，两道长长的黑影渐渐向他们靠近，再靠近……

紫白色的闪电划破天际，狂风把破旧不堪的窗户吹得哐哐直响，轰隆隆的雷声笼罩着整座时空大厦。雨水像一滴滴鲜血似的打在窗户上，一群如墨汁一般黑的乌鸦受到惊扰，不停地发出嘎嘎的怪叫声，令人毛骨悚然。

窗外的雨越下越大，那两道影子离得越来越近。两个男孩吓得双腿打颤，他们想逃走，可双脚却像被固定住了，无法移动半分。而这，只是刚刚开始。传说，在这座时空大厦的二十一楼住了一个会吃人的妖怪，当年负责修建大厦的建筑小队，一夜之间被妖怪活吃了，导致多年来没有人敢靠近大厦。

　　暴风雨的夜里，成群的乌鸦、奇怪的呼喊声、恶心的老鼠、两道神秘的黑影、恐怖的传说……但时空大厦里面，真的有食人怪吗？

第一章　食人怪传说

1

清晨，火红的太阳欢喜地探出头来，一缕金灿灿的光芒透过丝薄的云朵，洒进南明市幸福小区的房屋中。经过一夜的暴雨洗礼，迎面而来的空气更清新，踩在脚下的水泥路更干净，连路边一棵棵小树都仿佛长大不少，树叶绿油油得发光。一夜之间，这个世界仿佛焕然一新，令人惊喜。

"叮铃铃——"

南明市第一实验中学的下课铃声响了，在七年级一班的教室内，原本安静的早自习课后，今日却热闹得不像话。几个男孩围在一个座位上，绘声绘色地描述着一个视频，渐渐地，吸引了一些好奇的女孩参与讨论。

"你们看了吗？昨晚下暴雨，学校的贴吧上有一个诡异的视频，点击率破万了！"又高又胖的周小龙说。

神秘社 1

"你说的是吃人大厦的视频吧?我只看了两分钟,感觉阴森森的,不敢再看下去了!"站在一旁的长发女孩杨云接了话。

"没错,就是那个视频。听说昨晚大厦里传出一阵阵幽灵的哭声,把值班的门卫大叔都吓跑了!传说多年前,那栋大厦的建筑小队凭空消失了,警方一直没破案呢。"倚靠在书桌上的男生叫许光军,他故意怪叫几声,吓得身旁的女生都惊叫连连。

不远处,左边靠窗的最后一排,大眼男孩乐远正喝着牛奶,目光望向正在议论此事的同学们。在听清了所有的话后,他心想:哼,这群男生就喜欢吓唬女同学,吸引她们的注意力。看了看今天的课程表,上午还有两节英语课,他忍不住抱怨两声:"等下不仅要听录音,还要做很多作业,心好累!"

老港片里有一句电影台词说得好:做人最重要的就是开心。于是,乐远打算趁下课的几分钟及时行乐,他左顾右盼,见四周没有老师和学校领导的影子,便偷偷地从书桌中拿出手机,打开早已下载好的动漫视频。

没有?!

难道又是昨晚妈妈趁自己睡着,将动画片删除了?

他失望地放下手机,耳膜却感到嗡嗡的振动,不远处几个男同学的声音极人,他们还在津津有味地讨论着那个大厦。

"为什么一直没破案呢?"

"肯定是警察找不到人呗,时间一久,就不了了之了吧。"

"只是一个传说,说不定是假的!"

"但建筑小队的全体人员消失了,这可不是传闻,是真的!"

乐远被同学们的话题吸引,心里痒痒的,他重新打开手机,点进了学校贴吧。

那一个视频帖子很快映入眼帘,标题上红色的字体清清楚楚地写着:

暴风雨之夜,时空大厦惊现食人怪!

我的天,难道这是真的?

乐远打开视频,跳出的画面正是盛夏,云团守护在一栋崭新的正六方形大厦上空,大厦的镀膜玻璃装饰的外墙像一块平面镜,阳光洒在玻璃幕墙上,反射出刺眼的光芒。

而大厦内部的装修还未完工,现场仍然沙石泥浆成堆,工人分散。一进大厦,光线立马暗了下去,只见宽敞的大厅、两旁四部电梯的空位,以及角落有一阶蜿蜒而上的石梯。

忽然,画面一转,崭新的大厦转瞬间破旧不堪,到处都是破碎的玻璃、腐朽的木板,随即雨声哗啦啦地闯入大厦,给视频配上了背景音乐。

室内黑暗无比,一道白光忽隐忽现,唯一的一点光亮洒在一排墙壁上,墙壁上满是诡异的图案,有张开血口的恐怖非人类、面容扭曲的神秘妖怪、浩瀚无垠的宇宙银河,还有一些影影幢幢的画面。

"呜呜呜——"

一阵呜咽的哭声传来,乐远的手不自觉地开始颤抖。视频中,天花板上的灰尘簌簌而落,紧接着一阵阵震动地面的沉重脚步声传来。而光线昏暗的画壁上,突然出现了一道体积庞大的黑影!

"嘎嘎!"那道黑影的主人莫名地发出一声怪笑,回音被无限地放大,再放大,就像是获得猎物而发出的笑声。乐远甚至能想象,它扭曲的面容露出一抹满足的笑容,舌头舔了舔唇边的血液,手中还抓着一只血滴滴的残肢,那画面……令人毛骨悚然!

"嘿,你在看什么呢?"突然一只白白胖胖的手大力地拍乐远的肩膀,将全神贯注的乐远吓了一大跳。他回头一看,是一个穿着卡通卫衣,怀中捧着一大包零食,个子比他高一点,体形比同龄人大许多倍的巨无霸男孩。

这个男孩是他最要好的朋友兼同桌——窦图图，他们俩的家只隔着一栋大楼，从小一起长大，读一个班级，甚至穿过同一条裤子，几乎形影不离。几个月前，两人被《海贼王》动漫里的冒险故事所吸引，还因此成立了勇敢者联盟，只是至今还没有什么成就，可以用来证明联盟的实力。

乐远翻着白眼，对图图粗鲁的行为表示不满。他滑下页面，却是一组男女老少泪流满面的照片以及一条新闻报道。其中，某条重要新闻内容如下：

"二〇〇五年五月十八日南明新闻网讯，在南明市市区开工不久的时空大厦，一组十二人的建筑小队，自十三日傍晚之后，全体人员再也没现身过，至今下落不明。现在大厦已停工，警方也已步入调查。"

在主贴的尾端，附上了一条友情提示：

"提醒各位学生家长，千万不要擅自进入时空大厦，否则你就出不来了！"

乐远将手机偷偷地递给图图，在主贴的下面，还有许多言辞不一的评论：

"唉，看了之后好伤心，希望他们快点回来。"

"警察叔叔，说好的调查结果呢？"

"肯定是骗人的,没意思。"

短短数行字以及一个视频,让乐远陷入了沉思。他呆呆地望向前方的白墙,脑海中浮起一系列疑问,这些建筑工人到底去了哪里?视频里影子的主人是谁?当年到底发生了什么事?

过了几秒,平日里胆小的窦图图淡淡地说:"哦,我正想说这个。乐远,你不是一向自称冒险大师,敢去证明一下自己吗?"

乐远摇摇头,又点点头。

"叮——"上课铃声响起,闹哄哄的走廊空无一人,教室内瞬间安静下来,大家静静地等待老师的到来,除了最后一排的两个小男孩。

窦图图狐疑地看着乐远,故意激将他:"你害怕了吗?"

乐远不服气地站起来,拍了一下桌子,大声道:"我才不怕!我可是未来的冒险大师!"

可他这一声反驳,却引来全班齐刷刷而来的奇怪目光,下一刻,大家不约而同地大笑起来,甚至有人偷偷地嘀咕:这个吹牛大王又犯病了。

同时,一颗白色的粉笔头准确无误地砸中他的脑袋,伴随而来的是一声公主腔的责怪:"乐远,你给我坐下!上课时间大声喧哗,你是想被罚抄一百遍古诗吗?"不用想,坐在班级中央的班长大人沈小丽发怒了。

2

乐远睁着大人的圆眼，一脸无辜地望向留着齐肩短发的帅气班长，不甘心地坐下来。他可不敢反抗成绩优秀，出身警察世家的沈小丽，生怕她一不高兴向老师打小报告，或是对自己亲自动手。

窦图图用语文书挡着自己，他知道书的那一边，乐远正恶狠狠地瞪着自己，脸上写着"你害我丢脸"五个字。

忽然，乐远用手肘推动图图，递给他一张纸条，不知是他意气用事，还是真心要实现刚才的诺言，纸条上居然写着：

男子汉说到做到！明晚周六，我们一起去大厦捉食人怪，顺便看看消失的人骨！

窦图图吃惊地瞪大眼，一个劲地摇头，分明是死都不想去。他立刻拿起圆珠笔，快速写下七歪八扭的大字：要去你自己去，别拉着我下水。

乐远抓住他的手,脸色严肃起来,又写:胆小鬼才不敢去!放心,有我这个优秀的冒险大师保护你,不会出事的!

窦图图一看到"胆小鬼"三个字,自动无视了乐远吹牛的话,不甘心地挺起胸膛:哼,去就去,谁怕谁!

乐远一笑,对图图竖起了大拇指。

时针滴答滴答地转动,白天匆匆溜走,夜幕悄悄降临。可这一夜,乐远睡得并不安稳。半梦半醒之间,他好似走进了许多密闭的房间,独自走过一扇又一扇大门,像绕进了死胡同般,怎么也走不出去。

光线昏暗的空间总是容易让人感到孤独不安。渐渐地,他开始大声呼唤窦图图和自己的妈妈,却无人应答。他又开始疯狂地打开一扇又一扇门,在房间中毫无头绪地胡乱奔跑。

不知跑了多久,他看见了一长排怪异的壁画,其中有一只高贵的野狼,脖子上戴着一条奢华的绿宝石项链。定睛一看,野狼画像的左下角竟有一行字。他好奇地盯着那行字,可越想看清,字迹就越是模糊。

下一秒,画像上那只野狼原本棕色的眼珠,渐渐变成了墨绿色。更恐怖的是,它居然转了转墨绿色的眼珠子,从画中探出了头来,还张开大嘴露出尖锐的獠牙,想把他活活吃掉。

惊慌之下,乐远用力打开了下一扇门。一道强光将他小小的身影逐渐吞噬,光的亮度比平常的增强了十几倍,他本能地用手臂遮住了眼睛。头顶传来一阵悠远的声音,不断地催促他:"进来吧,快进来吧!"

乐远惊愕地摇头,想要再次大声呼唤妈妈,喉咙却像被人掐住似的,久久不能发出声音。

"救命啊!"乐远终于轻声地叫出来,"腾"的一下猛然坐起,额头上豆大的汗珠一颗颗掉落。他环视四周,不禁呼出一口气,原来是一场梦。

可梦中的画面,却一遍一遍地浮现在眼前,无法从脑中抹去。难道,冥冥中注定要去时空大厦?这是他冒险大师的使命吗?乐远定了定神,头一次感受到来自冒险大师的使命。

天色渐渐明亮,清晨的第一缕阳光射进屋来,铺在印着海绵宝宝的卡通床单上,鸟儿立在树梢,迎着沁人心脾的微风,欢乐地歌唱。乐远拿过手机,手指快速地敲击屏幕,又从床底扫出一个印满英文字母的大箱子,翻出了一副墨镜和平板电脑,一并装进登山包中。

这天下午，正替父母看守杂货店的聂非凡，也在看时空大厦的帖子，一条红色字体的新回复吸引了他的注意：勇敢者联盟小组的成员，将在周六晚上去捉食人怪，并且会上传现场的照片证明小组实力！

与此同时，在简约洁净的公寓中，沈小丽拨开前额的刘海，双眼盯着电脑屏幕几秒之后，像是看到一个特别好笑的段子，捂着肚子一阵爆笑。她立刻拿起桌上的手机，拨通了杂货店的电话。

"聂非凡，你看见了吗？他们一个胆小鬼加一个吹牛大王，居然要去时空大厦捉食人怪，真是好好笑！"沈小丽说完之后，喝了一大口水，却没有听到电话那一头的回应。

过了几秒，聂非凡像是下了个很重要的决定，开口道："沈班长，不如我们也去吧？这也是力证我们神秘事件小组的大好机会啊！"

沈小丽像被水呛到了一般猛咳两声，道："我也觉得这是个好机会，那今晚咱们老地方见！"

夜晚来临，微弱的月光照耀着大地的每一处，脚下的水泥路闪闪发光。风渐渐狂躁起来，树叶沙沙作响，树影映在灰黑色的墙壁上来回晃荡，像一个依附在墙上张牙舞爪的怪物。

神秘社 1

时空大厦犹如一个冷峻的黑衣王子,高傲地俯视着脚旁的两个小男孩,而他的身体早已破败,狂风肆意地灌入其中,惊起一两只乌鸦,从他残损的身体里飞出来。

穿着卡通卫衣的图图,躲在身旁白衬衣男孩的身后,低声说:"乐远,要不咱们还是回去吧?这里看起来让人心里发毛,我觉得心慌呢!"

而此时的乐远一心想要冒险,浑身上下充满因冒险而沸腾的热血。在这关键时刻,听到好朋友窦图图要打退堂鼓,他的笑容僵住了。

"图图,我们男子汉要说话算话,你好歹比我长得高大,咋这么胆小呢?如果你想继续当个胆小鬼,就自己回去吧。"

乐远无奈地叹了口气,蹲下身绑紧白色休闲鞋的鞋带,又从登山包中取出一对手电筒以及一副双节棍,其中一只手电筒放在背带裤的大口袋中。他往前走了两步,感觉登山包忽然一沉,一只胖乎乎的手拉住了背包的肩带。窦图图跟在他身后,终于踏出了第一步。

二人渐渐走到时空大厦的大门口,令他们惊讶的是,铁门居然没有上锁!

大厦的一楼十分空旷,只有一根横架在上空的木板,挂了几件破烂的衣服。

乐远不禁感到奇怪,难道食人怪还穿衣服?那到底是人还是怪物?

几缕月光透过窗户洒进来,衬得他的脸色微微苍白。月光照不到角落的黑暗处,但他能听清,那是老鼠磨牙时发出的声音,仿佛有几十双散发出红光的鼠眼,正紧紧盯着他和窦图图的一举一动。

那一刻,窦图图的心跳开始加速,握着手电筒的手微微颤抖,脚步渐渐向一旁移动,身子几乎要与乐远贴在一起。

乐远下意识地握紧手电筒,脸上布满害怕和担忧。他也不知道该往什么地方走,因为前方有三道门,每一处都幽暗无比,而电梯只有一部,却因年久无用,现在已经停止了运作。

第二章　恐怖的楼梯间

1

夜晚的时空大厦格外安静，安静得连心跳声都能听个清清楚楚。

两人对望一眼，又冲对方点点头，十分默契地走向狭窄的楼梯间，却走得战战兢兢。

漫漫黑幕中，他们进入大门敞开的三楼室内，一长排壁画吸引了他们的注意，壁画上面画着许多奇形怪状的东西，布满了一颗颗青色的霉点。乐远好奇地凑近细看，却踩中了一副宽大的眼镜，他疑惑地捡起来戴上，却惊奇地发现，壁画上的东西全都动起来了！

其中，有一张壁画上画着浩瀚无垠的宇宙，在银河系周围铺满了五彩缤纷的星球，十分神奇有趣。他迫不及待地移动脚步，瞧见旁边那只戴着绿宝石项链的野狼诡异一笑，伸出了长

神秘社 1

长的狼爪……

乐远以为自己眼花了,摘下眼镜揉了揉眼睛,重新戴上,又看到了同样的画面。

他身旁的窦图图盯着一行用正楷字书写的红字,一字一句地念道:

"谁惊醒了沉睡的食人怪,就要接受它的挑战。否则,它将张开血盆大口把来者吃掉!"

窦图图指着那一行字,哆哆嗦嗦地问:"这、这个是什么意思?"

乐远的腿像站不稳似的直打哆嗦,因为过于紧张而无法回答。令他害怕的是,眼前的野狼像人一样转动着墨绿色的眼珠,而这一幕曾在梦中出现过!乐远立刻抓起图图的手,拼命地往楼上跑,一路上脑海中不断浮现野狼探出头,张开血盆大口将他们吃掉的画面。

一转眼,他们已到了五楼。窦图图实在跑不动了,一屁股坐在地上喘气。乐远也停下步伐,气喘吁吁地往后瞧了瞧,身后居然没有野狼的影子。

原以为风平浪静了,后面却发生了更恐怖的事。

忽然,"哐"一声响,似乎有什么东西掉落在地上,两人顺着声音望去，发现声源来自右边那扇门，乐远迅速用手电筒照过去。那一刻，他们俩一起瞪大了双眼，嘴巴张大到可以吞下一个鸡蛋，脸上写满了惊恐之色。

一只双眼血红的乌鸦死了，黑色的羽毛湿润润的，地上流满了鲜血。窦图图头一次见到这种恶心的场面，差点忍不住吐出来。

"啪"一声响，声音在整层楼回荡，窦图图的手电筒掉落在地，光线照到带血迹的墙壁上。他指着墙上两道长长的黑影，额头开始慢慢冒出冷汗，眼泪悄然涌出眼眶。

那两道黑影渐渐地向他们靠近，再靠近……

乐远的嘴唇一张一合，喉咙完全发不出声，忽然一阵阴风袭来，吹得他背脊凉飕飕的。他使劲揉了揉自己的双眼，牵住图图的手下意识地用力一握，半晌才说道："图图，怎么有两个食人怪啊？"

这时，一道闪电划破天际，接连而至的狂风将破旧的窗户吹得"哐哐"作响，云层乌压压得几乎要掉到地面上，雷声轰隆隆覆盖着整座时空大厦。雨水来势汹汹发出石头砸在窗户上的声音，一群乌鸦受到惊扰，发出"嘎嘎"怪叫声，飞出窗外。它们在大厦上空盘旋着迟迟不肯离去，像是食人怪的忠心侍卫，随时都会向闯入者发起攻击。

雨越下越大,那两道影子也越走越近。乐远忽然想起那个与食人怪有关的传说,暴风雨之夜,食人怪苏醒,人类被杀害或者活吃。他头脑里第一次产生要逃走的念头,可双脚却仿佛被固定住了,无法移动半分。

"完了完了,两个食人怪,我们怎么打得过?"窦图图焦急地问,声音中带着一股哭腔。

乐远的脸上也露出悲伤的表情,心想既然跑不了,索性把手电筒的光调到最亮,就算死亡降临,也要看到食人怪的真面目。

当那两道黑影渐渐露出身形时,两个小男孩的脸色稍稍恢复平日里的笑容,眼中甚至露出了一丝惊喜,几乎齐声问道:"怎么是你们?"

伸手不见五指的黑暗,沈小丽身穿一套黑色的警察服,配上她的斜刘海短发、高挺的鼻梁、大大的眼睛,那模样简直比男生还要帅气,连窦图图都忍不住多看了几眼。她用手挡住直射眼睛的强光,生气地跺了跺脚上的小皮靴,命令道:"你们,快给我把手电筒关了!我眼睛都快看不清了!"

乐远"哦"一声,将灯光调小一度,只照着眼前的路。

窦图图倒吸一口凉气，自言自语道："原来是沈大人，差点把我吓死了。"

聂非凡从沈小丽的身后走出来，他今晚的打扮也很古怪，穿着一件英伦风的长风衣，头戴黑色的爵士礼帽，手里还有根细木杖，有点侦探的味道。聂非凡看见乐远他们，丹凤眼里闪过一丝惊讶，轻蔑地说："胆小鬼们，害怕就早点回去吧。"

什么，居然敢说我跟图图是胆小鬼?!

乐远一听，不甘心地瞪着聂非凡道："谁说我们害怕了？我们可是勇敢者联盟的成员，什么世面没见过！而且，我的字典里就没有'半途而废'这四个字。"

窦图图也不再流露出胆怯的神情，附和道："就是，我们只想看看大厦里有没有食人怪而已。"

聂非凡愣了愣，抱着手臂，扫了他俩一眼："那好，等下可别逃走！"

而沈小丽偷偷地瞄了他们一眼，流露出欣赏的目光。她故意咳嗽两声，站出来打圆场："Stop（停），你们都别吵了，小心招来食人怪。既然大家都聚集了，不如结盟一起找吧？"

三个男孩看了看彼此，都假装生气地背过身，轻哼一声，表示默认了沈小丽的建议。

神秘社 1

聂非凡拿着手电筒四下照了照,发现天花板上结满了白色的蜘蛛网,墙壁上有些蟑螂,但一见光就飞快爬走了,正在苦恼毫无发现时,看见窗户旁立有一块木牌,过去仔细一看,却发现这个牌子有古怪:明明四周是新的,木牌表面却已霉迹斑斑,特别是正面贴着的那张古旧的纸,仿佛已经在这里很多年了。

"大家看,这里有一块奇怪的牌子!"

众人闻声走过去,看见纸张上用腥红的血色写了一段话:

惊醒了食人怪的人类啊!恭喜你们,在这一层楼里可以找到小线索,用你们的智慧找到我,你就会拥有无尽的宝藏,或者等待死神的降临。勇敢的你,快来找我吧!

乐远看到"宝藏"二字,顿时兴奋不已,开始寻找线索。

乐远在空间的一角里,发现几只老鼠正啃着一个红木盒子,他过去猛地跺脚,老鼠们立马仓皇而逃。

2

乐远抱起那个木盒,吹掉上面一层厚厚的灰尘,精美的雕花显出轮廓,再吹,盒子的正中一个印章样的凸起逐渐出现,凸起上是一个断翼天使的浮雕。在它的一侧有一把生锈的锁,锁旁边插着一张折叠的纸张。

聂非凡也走了过来,将纸张一把扯出,打开查看,原来是一张地图,上面画了一条直通二十一楼的线路,并提示了藏在二十一楼的线索。

血色的挑战书、精致的盒子、古怪的地图……这座大厦到处都透着一股神秘又可怕的气息。

"我觉得不太对劲,再走下去,可能是一条死路!"沈小丽不安地看一眼乌鸦说道。大厦里还没飞走的乌鸦此时正用血红的眼睛紧盯着他们,那模样像极了监视外来者的守卫。

几个小伙伴最终还是决定上楼,正在此时,聂非凡警惕地说:"等等,这地图上指示的地方,食人怪该不会布置了机关吧?"

"聂侦探,如果害怕就回家吧,你想想,食人怪和宝藏能轻易让你找到吗?"

大家不约而同地点点头,惊奇地看着乐远,这个吹牛大王什么时候变聪明了?

不过,前方会有什么东西等着他们呢?

忽然,沈小丽神秘兮兮地压低声:"嘘,你们听!"

"呜——呜——呜——"

是一阵断断续续的哭声,四个小伙伴屏住呼吸,侧耳静听那奇怪的哭声,哭声似乎是从楼上传来的。可是,声音悠远细小,在五楼根本听不清。

聂非凡他们好奇地循声上楼,可石梯一层又一层,好像永远也走不完。渐渐地,周围开始被大量的白雾笼罩,而不知道哪里传来阵阵异香,每上一个台阶,大家都能闻到不一样的香气:烧鸡的气味、排骨粥的饭香、淡淡的茉莉花香以及浓郁的百合花香……每一种香味都令小伙伴们浮想联翩,欲罢不能。窦图图一闻到烧鸡的香味,肚子就不争气地咕咕叫。他扑向上空，仿佛那里悬挂着一只香喷喷的烧鸡，却怎么也扑不到，他不免有些失落地嘟囔了一句："我的肚子都快饿扁了，怎么烧鸡越来越高了？"

乐远的头此时晕乎乎的，他不自觉地眯起眼，低声道："听说，在这样无边无际的黑暗中，鬼怪最爱出没了，它们会带着一束花来迎接，如果你接了死亡之花，就会成为它们的朋友，拥有神奇的力量。说不定，等我们上到第八层，它们就会出现了。"

沈小丽不安地靠近聂非凡，紧紧地拽住他的衣服，不安地问道："为、为什么是第八层？"

可是没有人回答她。小伙伴们都被那股神奇的异香蛊惑着，情不自禁地一步一步走去致命的地方。狭小的空间里，回荡着乐远幽幽的声音："五楼……六楼……七楼。"

聂非凡最讨厌香味了，他一直用手捂着鼻子，努力睁大眼，警觉地观察四周，却发觉大家都不太对劲。乐远和图图的眼神涣散，嘴角露出奇怪的微笑。而拽着他的沈小丽眼睛瞪着墙壁，眼神越来越惊恐。聂非凡迅速挡在乐远和图图面前，用力地掐他们的手臂，几乎要把他们的手臂掐紫了。

茫茫的白雾中，微弱的光照在天花板上，楼梯间骤然明亮起来，乐远清醒了不少，他先是看见了聂非凡的卷发，紧接着看见了一脸茫然的窦图图。聂非凡看到乐远恢复清醒长吁一口气，他正要开口提醒其他人时，方才那妖娆的香气突然消失了。大家又听见了让人毛孔悚然的哭声，或长或短，时弱时强。

空气似乎凝固了，小伙伴们几乎屏住了呼吸，认真地分辨那道哭声的来源，丝毫没察觉脚旁有恐怖的小东西在慢慢靠近。

就在这时，一向淡定自若的沈小丽突然大叫起来："救命啊！有蜘蛛！有蜘蛛！"

一只黑蜘蛛静静地躺在沈小丽的手上，一动不动，聂非凡将她的手翻过来，那只黑蜘蛛便掉了。他拍了拍她的肩，幽幽道："你看天花板上面。"

三个小伙伴抬头仰望，发现有的蜘蛛已经死在网中，有的悬在半空。令他们感到极度恐惧的是在头顶不远处，数不清的蜘蛛正向屋顶中心爬来，形成了一个特别大的包围圈，如同一支等待围剿人类的蜘蛛军团。不知何时，墙上冒出一只巨大的黑蜘蛛，它转了转眼珠，像是把他们四个当作敌人那般，伸长八只毛茸茸的腿，快速地朝他们爬了过来。天啊！那只黑蜘蛛像个国王一般，率领千军万马，意气风发地冲他们而来，小伙伴们一时间惊骇不已。

沈小丽一见蜘蛛，心里就特别害怕，立刻撒腿狂跑。她的手电筒不小心滚落到楼下，又顾不上捡回来，只觉脚下好像有东西松动，差点摔了个大跟头。大家回头一看，楼梯居然开裂了。

一道神秘的黑影从小伙伴们的面前一闪而过，以迅雷不及掩耳的速度跑上楼，眼尖的沈小丽立刻发现，喊道："快！追上去，可能是食人怪！"

乐远手脚利索，疯狂地追赶上楼。可那黑影跑得非常快，穿过漆黑的长廊，就消失得无影无踪。乐远眼看着那黑影消失在走廊末端，一时气恼地停住脚步，眼前是一部停用很久的电梯。乐远恼怒地踹了一脚电梯，却被一道闪电击中，昏倒在地，不省人事。

他不知道，在他踹电梯的那一瞬间，一个发着淡淡白光的生物，神不知鬼不觉地闯进了他的身体里！

这时，聂非凡等三个小伙伴追上来，惊奇地望向那部"普通"的电梯，只见电梯不停地开开合合，电梯内没有人，外面的上下按键也没有亮。

聂非凡的神情似有所思，问道："电梯怎么会这样？莫非是被控制了？"

"怎么控制？我记得从一楼开始，所有的电梯……明明是坏的啊！"沈小丽的话让大家陷入新的恐惧。大家都知道沈班长优秀的成绩，多半功劳都来自非凡的记忆力。

"乐远，你醒醒，你怎么了？"

沈小丽听见窦图图的声音，回头看见窦图图正托着乐远的脑袋，焦急地拍打着乐远的脸。难道被食人怪打伤了？沈小丽皱眉，快步走去，她使劲掐乐远的人中，却始终不见乐远醒来。

"乐远，你醒醒。"

小伙伴们的呼唤，就像山间的回音，一遍遍地萦绕在乐远的耳边，许久才将被白光吞噬的乐远拉回来。乐远睁开眼睛，看见小伙伴们担忧的脸，窦图图的眼中还泛着泪光。

"乐远，你终于醒了。这里太可怕了，咱们还是快回去吧！"窦图图不安地劝道，圆圆的脸庞因害怕而紧紧地皱成一团。

窗外，大雨已停，乌云渐渐散开，风却依旧躁动。夜色浓重，半边朱砂色，半边幽黑。

月亮不知何时跑了出来，高高悬挂在上空，像一块大饼，看起来很美味。

小伙伴们点点头，不约而同地说："否则，老爸老妈的处罚可不是开玩笑的!"

第三章　来历诡异的寄生兽

1

第二天上午，乐远妈一脸焦虑地坐在充满药水味的室内，看着面前披着白色大褂的女大夫，用手中的听诊器在乐远的身上左按按右压压。

一分钟过去了，中年妇女扶了扶眼镜："你儿子没有生病啊，一切正常。"

乐远妈愣了愣，急切地问："真的吗？可他早上一直喊肚子痛。"

医生的眉头微微一皱："真的没有问题，你要是不信的话，可以带他去其他医院看看。"

乐远妈尴尬一笑："那谢谢医生了。"

她拉着坐在一旁的乐远走到医院的走廊上，像审视犯人一般盯着他。

乐远低着头，大气都不敢出，被妈妈拖回了家，一路上没有说话。

进了家门，乐远妈将黑色手提包一丢，面色凝重地坐在沙发上，语重心长地说道："乐远，你是不是又不想去上英语补习班，所以找借口来骗妈妈？说谎是很不好的行为，罚你今天在家反省自己！"

乐远坐立不安，有口难辩，自己不舒服是事实，妈妈却认为自己在说谎。

顿时，他的心中泛起一阵委屈，泪水涌出眼眶，一声不吭地走回了房间。

乐远房间的墙上贴着《海贼王》的海报，海报里戴着草帽的路飞神采奕奕，书桌上摆着各种各样的玩具模型，大多是在国外搞科研的父亲寄来的。平日里乐远只要一进房间，便会坐在桌前拆散玩具零件，再重组起来，玩得不亦乐乎。此时的他一动不动地坐在床上，垂着头，滚烫的泪珠无声地落下来，狠狠地砸在他的腿上，差点灼伤了肌肤。

忽然他听见屋内传来神似妈妈的说话声，乐远慌乱地抹干眼泪，疑惑地望向房门，却许久不见妈妈开门进来。他起身去开门，却又听见了那个声音，这次他呆住了，站在原地不敢动弹，惊诧地看向自己的肚皮。

咦，难道是肚子在说话？他好奇地揭开上衣，立刻被自己吓了一大跳，不由得发出足以震破窗户玻璃的尖叫声。

"啊——啊——啊——"

乐远妈猛地推开门，惊讶地问："怎么了？出什么事了？"

乐远站在原地愣了几秒之后，才回过神来，他连忙拉下衣服遮住肚皮，摆摆手解释道："没事，刚刚有只大蟑螂飞出了窗外。"

乐远妈白他一眼，嗔怪道："你这孩子，总是大惊小怪。"说完，妈妈关上门，室内又只剩乐远一人。

"喂，小家伙，我警告你，现在快点回到时空大厦去，打开通往修岁纪元通道的实验室，否则你们人类将受到毁灭性的灾难！"

那个神似妈妈的声音又开口了，乐远低头看着自己肚皮上的怪物：五官像只狂野的猫，碧绿的圆眼，脸颊一团红晕，耳朵宽大肥硕。怪物像是乐远他们经常玩的贴纸一样，紧紧地贴在乐远的肚皮上，此时，它正激动地蹦来蹦去，又对着乐远龇牙咧嘴……不过，在乐远看来，就好像动画片里的汤姆猫一样。

虽然看着并不恐怖，但有个东西在肚皮上动来动去的，总让人觉得心慌，乐远问道："你、你是什么怪物啊？怎么在我的肚子上？还有，你在说什么啊？我都听不懂。"

"哎哟，你还给我装作一副听不懂的样子。废话少说，若是今晚不回到大厦，我先剃光你的头发，明天再用你的声音嘲笑窦图图和其他同学，哼！"怪物有些不耐烦地说道。

"哈哈，就你这只小猫，还想破坏我们的友情？我仿佛听到了一个很冷的笑话。"乐远不以为然。

那怪物挥着两只前爪，愤怒地吼道："你见过谁家的猫会模仿人类的声音，还能跟你在这瞎聊？"

乐远仔细一想，难道身体不舒服都是因为这个怪物？他刚刚确实学了妈妈和图图说话。看来，他必须先找到小伙伴们，方能解决这个大麻烦。他立刻拿起手机，分别拨通了三个小伙伴的家用电话，一番解说之后，小伙伴们答应了晚上的时空大厦之约。而那怪物安然地闭目养神，完全不理会乐远，任他如何诱惑，面对提问，它始终闭口不言。

夕阳垂暮，头顶的天空渐渐变了颜色，一轮弯月忽隐忽现，与地上的人儿遥遥相望，白云染上了橘红色的光，明艳动人。家家户户的厨房里传出炒菜的声音，乐远妈在里头熟练地切姜片，乐远坐在客厅，思考着夜晚如何才能出门。

夜色很快降临，晚饭过后，乐远妈正要出门散步，门铃声忽然响起，乐远打开一看，原来是窦图图的妈妈。可他还来不及问好，阿姨就挽住乐远妈妈向外面走去。看着她们的背影，乐远心中高兴极了，在妈妈回来前，他可以出去很长一段时间。

三个小伙伴们早早来到大厦的电梯前，而乐远一路奔跑着，最后气喘吁吁地站在三人面前，应聂非凡的要求，他撩开上衣，将肚皮堂堂正正地露出来。

"喏，昨天就是因为它，我才昏倒的。"

沈小丽大吃一惊，满脸不敢相信，严肃地审问怪物："你是谁？为什么在乐远的肚皮上？"

怪物高傲地迎上她的目光，不屑地挑起眉头，根本不回答问题。乐远无奈地耸耸肩，表示自己也无能为力。窦图图走过来，饶有兴趣地把玩着怪物露在肚皮外的猫耳，随后用力一捏，怪物立刻吃痛地求饶。沈小丽得意一笑，冲窦图图使眼色，夸他做得好。

沈小丽重复地问："你是谁？为什么在乐远的肚皮上？"

"你这个小胖子，快给我松手！我说还不行吗？"怪物瞪着窦图图，气得两腮鼓起来，"我，就是人见人爱花见花开，来自修罗纪元的科学家、探索家——大脸图。哼，要不是在穿越的过程中，因为能量消耗过度，身体缩小，只能寄生于人类，以此来获取营养，否则，我才不要寄生在这个小鬼身上呢！"

原来，修罗纪元有一个浑身白毛、四肢纤细，长着一对黑珍珠小眼睛，脖子上打着一个蝴蝶领结，身上散发着白光，形如幼年泰迪狗一样的生物。它在地球上降落后，被困于时空大厦的电梯里，而穿越时空隧道使它消耗了大量的能量，从而导致身形日益缩小，成了寄生状态，再也无法独自离开电梯。

在暴风雨之夜，它见到乐远踹电梯，便借助地球的雷电之力，刷的一下窜进了乐远的身体里。

小伙伴们听完科学家的自述后，个个都震惊不已，他们齐刷刷地望向乐远，又回头打量这个奇怪的"大脸图"。

"那你现在，赶紧给我出来，不准你伤害乐远！"见这个外星怪物擅作主张，一声不响地寄生在自己最好的朋友身上，窦图图有些生气了。他死死地盯着大脸图，目光如炬。

2

大脸图微微一愣,心想:这群小家伙还挺维护朋友,眼下要想个法子糊弄过去。

它噘起嘴,眨眨圆圆的绿眼:"寄生之后,就很难出去了。等我可以完全独立,就会自己出去的。况且我也没对他做坏事,你们瞎担心什么?"

沈小丽对大脸图的行为很不满,她一边遮住大脸图那张贴在乐远肚子上的脸,一边说:"收起你装萌的脸吧。我们要先带你去检查,看看是不是有毒。别某一天乐远突然死了,还不知道是怎么回事。"

"不对,班长大人,你这是在诅咒我?呸呸,我才不会轻易地死掉!"

乐远一开始十分认同沈小丽的话,可越听到后面越觉得不对劲。不等乐远多说,沈小丽已经连拉带拖地带着他向时空大厦外走去。

聂非凡迈出几个大步,挡在他们面前,露出帅气的侧脸,说道:"你一个外星的科学家,千辛万苦地来到地球,肯定不是来玩玩的,莫非,你有什么不可告人的目的?"

大脸图心里一惊,由于太紧张,此时它的声音都变了个调。它用老爷爷般的嗓音说道:"小朋友,我就是来地球增长下见识,你们看我一个老头子,还能有什么目的可言?"

聂非凡听见前后不一致的答案,语气变得更加坚定:"依我看你这样善变,肯定有阴谋!劝你最好实话实说,不然,我们找人把你从肚子上剃下来!"

"咚——"

空荡荡的走廊上传出一声响,小伙伴们警觉地观察了一下四周,又一小步一小步地向声音的来源处走去。乐远走在最前面,忽然一道黑影从拐弯处闪过,乐远以为是食人怪再次出现,二话不说就冲上去,紧追不放。

"乐远!小心!"身后的小伙伴们瞪大了眼,语气中夹带着惊讶、担忧和害怕。

可是来不及了。

一座巨大无比的雕像倒向乐远。时间仿佛都凝固了，乐远缓缓闭上双眼，在心中向父母和小伙伴们一一道别。

他眼角的泪水，被一股强大的力量打飞了出去。

"砰！"一声巨响，那座雕像直直地倒在地上，碎成了很多块。

乐远的身体受到气流影响，被狠狠地抛出去很远，一阵钻心的疼痛传来。

传说人死的那一刻，首先会感到疼痛，随后会发觉自己悬浮在一个黑暗的维度中，或是会遇到一道被称作是"边界"之类的东西，阻隔你到某个地方去，比如：一摊水、一团烟雾、一扇门，或是一条线。

乐远睁开双眼，眼前一片漆黑，难道是到"边界"了吗？

可是，眼前清晰可见的面容，怎么是窦图图、沈小丽，还有聂非凡？难道是灵魂脱壳，所以才看得到他们？乐远脑袋里浮现出三个大大的问号。

"乐远，太好了，你没事！"窦图图眼中泛着泪光，胖手像一只螃蟹的钳子似的，紧紧地搂住乐远的胳膊。

乐远吃痛地抽出手臂，看见手腕处一圈被勒红的痕迹，眼神中充满了疑惑："难道你们也死了吗？"

沈小丽没好气地说:"呸呸,我们才没有死。刚刚是我用长鞭,把你的手套住,才把你拽了回来。否则,你早就一命呜呼了!"幸运的是,乐远只是臀部以及手臂轻微擦伤,并没有什么大碍。

聂非凡将手中那根纤细的木杖递给乐远,让他当作拐杖使用。小家伙们定了定神,被面前一只巨大的鹿头人身雕像所吸引。雕像戴着一副黑色墨镜,身着一套湿漉漉的西装,嘴边一圈绒毛被染成腥红色,像是刚刚吸完人血的怪物。

聂非凡忍不住轻轻地触摸那套西装,他摩挲着两只手指,不动声色地看了一眼,又放到鼻尖轻嗅,脸上露出了难看的神情。

而那个雕像的身旁,除了方才差点砸中乐远的雕像碎片,还能看见一个几乎完整的鹿头。小伙伴们心有余悸,又担心乐远的伤势,打算原路返回,可沈小丽突然在前面停下了脚步。小伙伴们顺着她的目光望去,发现沈小丽正出神地望着大厦里那部唯一的电梯。

"我记得,之前因为电梯失修,我们是从楼梯上来的,这个位置正是我之前所看到的,怎么现在这部电梯好了呢?"

"沈大人,你觉得有疑点?"乐远一脸惊喜。于他而言,有疑点就是有线索。

"没错，简直太奇怪了！这两具雕像，刚才明明是在另一头的角落，现在怎么会在窗边？其中一具还披着西装，一切似乎都变了。"沈小丽忍不住继续说道。

聂非凡伸出沾着淡淡血迹的手指说："没错，我检查过了，那套西装是刚刚被淋湿的，上面的液体还没有干，还有股很浓的血腥味。乐远，你看到黑影是什么了吗？"

乐远努力地回忆："一团黑影，长得高又胖，被雕像一吓，都记不清了。"

窦图图听了个云里雾里，完全插不上话，只好静默在旁。

此时，沈小丽和聂非凡几乎异口同声地说："难道……这里还有其他人？"

第四章　超自然力量

1

就在这时,"啪"一声脆响从离他们最近的地方传来,接着电梯的灯暗了,过了几秒,又亮起来,如此反反复复。

"砰!"电梯的门也自动关上了,更令人不解的是,电梯面板上的楼层按钮全都亮了,就像有个隐身的人当着小伙伴的面按下了按钮!

短短几分钟内,提示灯数字急遽地变化,从最高层二十一楼极速地变化为一楼。一分钟后,电梯门再次自动打开,进入开开合合的无限循环模式,可进口处似乎被镶上了一层隐形的门,呈现出几丝微妙的光线。

诡异的一幕幕,让小伙伴们都怔住了,他们互相看对方几眼,脑后闪现出无数个问号。

聂非凡慢慢地走到电梯的旁边,仔细打量着快速亮起的数字灯,心想:这该不会就是食人怪设置的机关吧?

沈小丽强装镇定,内心却犯嘀咕:这电梯难道是被附身了吗?

窦图图已经浑身都起了鸡皮疙瘩,心想:莫非这世上真有鬼怪?他悄悄地退后两步,藏在乐远的身后。

忽然,站在中间的乐远往前迈了一大步,看样子是要去电梯里探个究竟。

沈小丽拉住他,摇头道:"不要去,这个电梯肯定有问题,我能看到门口有一层透明的东西,像科幻电影里的时光隧道入口。"

乐远听了就此作罢,随后,他从自己的背包中,翻出一副墨镜。在微弱的光亮下,墨镜的电镀金色镜框闪闪发光。三双眼睛齐齐望向乐远,只见乐远戴上墨镜后,用食指开启左边镜框的小按钮。

一瞬间,一声声"咔嚓"响起,乐远缓缓移动脚步,把现场的每一幕都拍了下来。

聂非凡被乐远的墨镜吸引,脖子伸出老长问道:"你哪来的高科技工具?看起来很厉害,能借我戴一下吗?"

乐远取下墨镜,得意地说:"这是我老爸从国外寄回来的生日礼物，没想到今晚派上了用场。咱们还是要说话算话，拍照上传到帖子后面，更何况这是多么难得一见的画面啊！"

沈小丽补充道："据我所知，这是一种功能性墨镜，能够读取离自己百米之内的人体热量分析、数据分析、人脸识别等，并装备了1080P高清摄像头，有的还能直接将图片回传到移动设备和云端。外国特工办案时专用。"

沈小丽又拿过墨镜，打量了几秒后说："不过，你这个估计还没有那么高端，顶多只支持拍照和人脸识别功能。你老爸还挺厉害，这种高科技工具都能弄来，还随随便便地送给你玩！"

沈小丽语气有点酸酸的，虽然故意装出不屑的样子，可她不停摩擦墨镜边缘的动作，出卖了她。

窦图图打趣道："沈大人，你这一坛子的酸味，十分呛人啊！"惹得沈小丽一个瞪眼，图图再也不敢吭声了。

气氛再次陷入沉寂。小伙伴们就地坐下，沉浸在时空大厦离奇的气氛中。五分钟之后，他们就今天发生的种种怪事展开讨论。

窦图图率先开了口："肯定都是食人怪的恶作剧！"

"但是，你相信这里真的有食人怪吗？"聂非凡摇头道。

"怎么不信？说不定食人怪是吸血的怪物，比如我曾在书上看过，有些生物中了某种难解的毒，要靠血来维持生命。而如今找不到食物，所以处处留下线索，吸引我们来到此地……"沈小丽努力地想了想，说道。

可乐远立刻反驳了她："说不定，这座大厦有什么秘密？或者，有什么超自然力量？"

"对！楼梯间的异香暂且不论，虽然我们也不清楚大脸图的家乡在什么地方，它说的是否属实，但这里东西位置的转移以及刚才所见的电梯，肯定是因超自然力量才会发生变化。"聂非凡像是突然醍醐灌顶，惊喜地大声解释道，把乐远等人吓了一跳。

小伙伴们面面相觑，都不说话了，最后一致点头认可，似乎没有比这个更好的答案。

但是，食人怪是否存在？大脸图究竟想干什么？沈小丽建议立刻调查。

可是，大家要怎么调查呢？正当大家还在绞尽脑汁思考的时候，聂非凡说话："我建议咱们四人分成两组，班长大人和乐远一组，我和图图一组。我们用十五分钟搜查线索，时间一到，立刻到这集合。大家不要离太远，互相有个照应。另外，记住，有紧急情况一定要大声呼救。"

大家都点点头，表示认可，除了窦图图。窦图图一脸不情愿，看了看聂非凡的冰山脸说道："聂非凡，我想和乐远一组，你为什么要把我们分开？"

沈小丽"扑哧"一声笑出来："哎哟，为什么你们非要在一起？图图，你们不能早恋哦！"

乐远哭笑不得，这都什么时候了，还在开玩笑？他将一团东西塞到聂非凡手中，二话不说就把沈小丽拉走了。

窦图图哭丧着脸，只能跟在聂非凡身后，与乐远他们背道而驰。

阴暗而空旷的空间，一阵阵冷风袭来，两队越走越远。聂非凡停下脚步，举起大厦地图，又望望四周，他的面前横着一堵白墙，而地图上，明明标记的是一条直通办公室的路。他收起地图，不动声色地领着窦图图往回走。

十五分钟的时间很快过去，聂非凡的手表发出定时的闹铃声，想起约定，他和窦图图立刻跑回原地。可几分钟过去了，乐远组还没现身，窦图图再也耐不住等待的煎熬，独自去寻找乐远组了。

黑暗中，聂非凡跟在窦图图身后，他看见不远处的办公室里，乐远和沈小丽盯着一团球状的发光体。发光体浮在半空中，疯狂地攻击着墙壁,将四面墙的中间硬生生地撞出了一个凹进去的大坑。

2

"这、这个球,怎么会自己飞来飞去?"窦图图吞了吞口水说道,此时他感觉自己的舌头好像打了个结。

图图的话,令在场的人都胆战心惊,大家都暗自想:难道世上真的有超自然力量吗?

"咔嚓"一声,小伙伴们望向乐远,这时候只有他还能冒死拍下证据。

整整三分钟过去,那颗古怪的球停止了跳动,安安静静地躺在了一个角落里。

桌面上有一台电子仪器,托盘上是一盏透明的大灯泡,灯泡里有电火光发出"嗞嗞"的声音,不过里面没有任何东西。

聂非凡小心翼翼地拾起那颗怪球,仔仔细细地检查了一番,发现球就是由普通橡胶制成的,上面印着湛蓝色的天空图案,与小时候玩的皮球玩具没什么区别。

他皱着眉头,思考了好一会儿,尝试关闭仪器的电路后,再把怪球放入托盘上,最后重新按下仪器的开关。

一刹那,墙壁上喷出一股巨大的火花,伴随着震耳欲聋的爆炸声,小伙伴们被吓得立刻抱头蹲下了。

过了许久,他们才敢小心翼翼地抬起头,眼睛里立刻充斥着无限的光芒。

"好神奇!但刚才怎么会有爆炸声?"乐远问道。

"聂非凡,你太厉害了!这个画面好美!"窦图图忍不住赞扬。

"好美,刚才那一声想必是宇宙大爆炸,在一百四十亿年前,宇宙诞生了。"沈小丽脱口而出。

在他们的眼中,一束绚丽的光折射到一面墙壁上,呈现出一道美不胜收的风景。

那是一条银白色的巨大光带,像洒了无数颗小小的白色钻石一样,顶端是淡紫色的光,周围泛着淡淡的青光,辉映成一片旋涡似的银河,竖贯蔚蓝色的夜空,美轮美奂。银河的底下是巍峨峻拔的雪山以及一抹橙色的余晖。

在如今的大城市,夜晚的星星寥寥无几,时常只见一轮弯月孤零零地悬挂在半空中。国内能见到银河的地方，大概也只有海拔极高的高原地带了。几乎没离开过城市的小伙伴们此时都移不开眼了，脸上露出欢愉的神情，仿佛自己置身于仙境一般。

渐渐地，无数颗流星宛如大雨不停地划过，小伙伴们想起儿时听过的传说，在看见流星时许愿，愿望就会实现。他们立刻闭上眼眸，在心中默默地许了愿，种下了一颗小种子，等待种子发芽，开出愿望之花。

然而，当他们再次睁开眼时，这束光的画风忽然一转，无边无际的黑暗中，逐渐浮现数颗大小不一、五颜六色的星球，它们沿着固定的轨迹缓缓转动着。最左边有一颗银白色的天体是月球，它的表面坑坑洼洼的，反射出一束清冷的寒光，像宇宙中的一座冰山，可它在人类眼中是一个只可远观的美味月饼。它没有生命，由轨道上的碎片撞击和融合而形成。

接下来是金星，它的表面由玄武岩熔岩和陨石坑形成，它是太阳系中拥有火山数量最多的行星，表面被大量的云层覆盖。接着，那一颗橘红色的星球是火星，上面没有绿洲，夕阳偏蓝色，据说那里曾经出现过生命体。而最后一颗散发出淡蓝色光的星球是海王星——古人未知且最偏远的行星，直到发明了望远镜,它才被发现。

小伙伴们被眼前的景象惊呆了,他们从未想过曾经在书中见过的星球,如今能具体地展现在眼前。

"快看,是地球。"沈小丽笑道。

画面一下子被放大几倍,地球像一颗价值连城的蓝宝石,连绵不断的山峦,翠绿的森林,水蓝色的海洋,土黄色的沙漠,清晰无比。四双明亮清澈的眼眸随着地球的转动而流动,他们的心中也有一股暖流,一种因美丽的地球而萌生的感动。

"小朋友们,你们激动什么呢?把我都吵醒了。"大脸图伸出猫爪,揭开乐远的白衬衫,不满地嘟囔道。

"咦,你这个外星寄生兽也要睡觉吗?"窦图图好奇地问大脸图。

"在二十一世纪,碰到离奇事件、遇见外星生物,还能看见超自然力量呈现出来的奇幻场景以及这幅令人震撼的宇宙银河画面,还挺有意思。大脸图,地球蛮好玩的吧?"聂非凡帅气地戴上爵士帽。

"只有你们一群小孩,有什么好玩?"大脸图皱起可爱的猫鼻头,它伸了个懒腰,探出一小部分脑袋,目光望向墙上的画面。可它并没有露出丝毫震惊的神色,反而收紧了目光,轻轻地哼一声，随后佯装毫不在意地躲进乐远的肚皮里。

"嗤"一声脆响，电子仪器冒着白烟，墙壁上的画面消失了。

小伙伴们的脸上露出一丝失落，怎么仪器莫名奇妙地坏了？

这一幕，被观察力极强的沈小丽尽收眼底。她狐疑地靠近乐远，迅速地揭开白衬衫，温柔地呼唤大脸图，却迟迟得不到回应。

乐远轻轻地推开她拽住白衬衫的手，尴尬地说道："沈大人，你这样扯着我的衣服不太好吧？"

沈小丽一听，故意理一理短发来掩饰心中的羞涩。可她扭头一看，聂非凡和窦图图正在一旁看热闹呢，眼里还有几分诧异和暧昧。

顿时，沈小丽的脸颊浮现一片红晕，她有些恼地跺着脚冲他们说道："看什么看，我就是想问大脸图一些问题，这家伙不正常！"

两个男孩意味深长地"哦"一声："原来如此啊，我还以为……"

"你们想多了。"沈小丽立刻打断他们的话，话锋一转，"此地不宜久留，我们还是快点走吧。"

窦图图见到一向女汉子的沈小丽突然害羞，忍不住捂嘴偷偷笑起来。

三人有说有笑地沿着原路返回，久久没听见乐远的声音，聂非凡回头一看，身后半个人影都没有！

而乐远，此时在两根大柱中间就地而坐，从登山包中翻出一个成人手掌大小的平板电脑，将墨镜拍下的照片，全部上载到电脑中，并上传到学校的贴吧。

沈小丽等人在黑暗中摸索着行走，直到远远地看见乐远的身影才慢慢停下来，大家都长舒了一口气。沈小丽走过去，批评乐远不跟上组织，害大家担心。

乐远却义正词严地解释，这是以防万一，若是照片丢失，他们就不能证明自己了。

沈小丽无奈地摇摇头，摊了摊手说："你们这些男生啊，总是最有理。"

乐远重新背上登山包，跟在她身后做鬼脸。

第五章　会吃人的电梯

1

不一会儿，一阵哭声传来，小伙伴们以为是大脸图在捣鬼，狠狠地教育了它一顿。

"呜呜呜——"

四周万籁俱寂，那声音宛如幽灵的呜咽，一会儿像尖利怪异的笑声，一会儿像凄厉的哭叫，十分怪异！

难道是食人怪？

小伙伴们寻找着声音的源头，渐渐来到走廊的分岔口，两两背靠背，一步步朝电梯方向移动，耳旁萦绕着那道哭声，结果一道黑影快速地从面前掠过。

"食人怪！"小伙伴们不约而同地齐声喊道。

那道黑影围绕着四人，时不时出现在长廊的尽头，或是离他们不远的办公室内，它行动的速度非常快，快到无法用肉眼看清它的模样,让人头晕目眩。终于,整整一分钟过去,食人怪好像疲惫了,停在会议室的门外,似乎在等着小伙伴们过去。

小伙伴们犹豫不决,却又期待着活抓食人怪。

乐远脸上露出纠结的表情,食人怪就在眼前,抓住就能证明自己,没抓住,大家恐怕都会被它吃了。

窦图图看出队友们的犹豫,鼓起勇气站出来喊道:"大家别忘了,咱们来这是为了什么事!走!冲上去把食人怪抓出来,为无辜消失的人报仇!"

小伙伴们感到奇怪,平常遇到一点点危险,胆小的图图便腿软手颤,现在怎么这么勇敢呢?图图的话鼓舞了乐远,他站直身子,刚迈出一步,就被一只穿着小皮靴的腿拦住了。

沈小丽瞪着窦图图:"你说得没错,我们是来抓食人怪的。但你们都忘了吗?上次去追食人怪,结果害乐远受伤。要是这次再不成功,我们可能都会被吃掉啊!"

"那你说怎么办?难道,就这样让食人怪逃了吗?"

"当然不是。你们看,大厦就像一个四合院,我们依然分成两队,一队从面前这条长廊走去,另一队从右边的长廊拐过去,将那条路堵住,两队渐渐地逼它到死胡同里,绝对不能让它逃走。我这里有两条鞭子,分一条给你们,接住!"

神秘社 1

窦图图对分组的事情，一直耿耿于怀，在心中暗自抗议：凭什么我不能和乐远一起？

"呜——"

食人怪又发出一声嘶吼，但它的身子像是被黑纱包裹着，没人看清它长什么样。

只是，它那双血红的眼睛死死盯着小伙伴们，令人想起了初入大厦时，盘旋在头顶的乌鸦。

黑暗笼罩，乐远战战兢兢地前进，整个心都被恐惧所占据。他不敢直视那双红眼，紧张得一个劲地搓手，生怕万一被食人怪发现，计划就泡汤了。

沈小丽眼见自己离食人怪愈来愈近，连忙拉过乐远，小声地提示他，趁食人怪不注意，就冲上去。但是，那双红眼已经朝他们望过来，停留了好几秒，一眨眼的功夫，那双红眼就不见了！

"聂非凡，快拦住食人怪！"沈小丽边追边喊。

聂非凡立即反应过来，此时黑影已像闪电般急速与他擦肩而过。而迷糊的窦图图还来不及回过神来，已经有一团黑色、毛茸茸的东西从他的身上一跃而过。不知何时起，大厦里隐隐缭绕着黄色的烟雾，乐远打开电筒追捕，即使有灯光的照射，视线还是模模糊糊。

沈小丽穷追不舍，一道冰冷的红光在烟雾中格外耀眼，她毫不犹豫地抛出长达两米左右的长鞭，牢牢地拽住了食人怪的腿。"嗤"一声，烟雾消失，取而代之的是一片黑暗。

这时，乐远追上来，手电筒照过去，结果让他怔住了。

怎么会是一只肥硕的黑猫？

黑猫的面容极其扭曲，瞳孔也不像普通的猫眼那样呈现出琥珀色，而是乌黑的，不断流出血水。

奇怪的是，他一见到乐远，就疯狂地挥舞着尖锐的爪子，好像把他当成了仇人。

乐远不禁往后退一步，那只黑猫趁沈小丽不留神，一脚踹开了她，随后挣脱了长鞭，朝着电梯的方向逃亡。

"沈大人，你没事吧？"乐远急切地问道。

"我没事，你们快追！那不是一般的猫。"沈小丽捂着右臂，神色焦急，把乐远往前推。

"抱歉，我们来晚了。"聂非凡满头大汗，面露愧疚之色。

"哎呀，沈大人怎么受伤了？小心点，我来扶你！你们快追上去，这里有我，班长会没事的。"说罢，窦图图上前扶起沈小丽。聂非凡和乐远点点头，飞奔而去。

神秘社 1

　　黑猫在电梯的门口徘徊，踌躇不前，见他们追上来，它竟像人一样站立着，开启了电梯的大门，下一秒就要跨进电梯。

　　"不要！"乐远在心中呐喊，他伸出一只手，整个身子向前倾，想要抓住黑猫的腿，却被身后的聂非凡拉住了衣服。

　　"噗——"一股浓烟遮住了他们的视线，两个男孩伫立在电梯门口，惊愕地看着空荡荡的空间，那只黑猫凭空消失了！

　　电梯发出"吱吱"两声，一股烧焦的气味扑鼻而来，门口仿佛有一层隐形的电流，将闯进去的黑猫神秘转移了。电梯是个死亡禁区，而这一幕，只是在警告他们，但凡有人进去，就出不来了。

　　乐远打了个冷颤，暗自庆幸，又冲聂非凡满怀感激地笑了笑。

　　"天哪，地震了吗？摇摇晃晃个不停。"大脸图尖叫着。

　　"我说，你真的是从外星球来的吗？怎么像个没见过大世面的小毛孩？"聂非凡取笑道。

　　大脸图斜了他一眼，语气十分轻蔑："明明你自己才是个小毛孩，还不尊老爱幼。本大爷在宇宙中飞行过，你能吗？"

　　"哦？那请大爷分析一下，这个电梯到底怎么回事？"一道奶声奶气的公主腔从身后传来。黑暗中发出一道白光，一胖一瘦两个身影逐渐显现。

沈小丽面带笑容,目光却望向大脸图。大脸图也不胆怯,抱着双臂,昂起头迎上沈小丽尖锐的目光,不卑不亢地说:"我之前就说过,这是修罗纪元在研究的实验。"

窦图图好奇地问:"修罗纪元到底什么样?"

顿时,大脸图微微一笑,它的眼睛明亮极了,像两颗星星般璀璨,它的脸上流露出骄傲的神色:

"我的家乡比地球好玩多了,有恐龙城、动漫城、童话城、宇宙博物馆,那里存放着五彩斑斓的星球,放映厅讲述着宇宙的奥秘、保护家园的重要性等。"

窦图图忍不住插嘴:"我知道,根本就是一个大型的游乐园城堡嘛!"

2

大脸图继续说:"我们的星球极富包容性,存活的生物种类特别多,就像你们地球人一样,分为白黑黄三种人。大家一直和睦相处,从不乱砍乱伐,毁坏自然生态环境。"

聂非凡疑惑道:"那到底是什么实验,一定要在地球研究?"

小伙伴们望向大脸图,却见它抿着嘴,两爪子交叉,做出闭嘴的手势。自从上次小伙伴们知道,大脸图的弱点就是那一对肥硕的耳朵后,这个艰巨的任务就交给了窦图图。

窦图图故意露出凶狠的表情,一把捏住它的耳朵:"说不说?"

大脸图瞪着他,暗暗后悔没及时收起耳朵,透过小伙伴们的身后,望见一个鬼鬼祟祟的影子闪过。有个人藏在一根擎天柱的后面，黑暗中，洁白的牙齿发出一丝寒光，偷偷地传输了一个信号。

大脸图竖起耳朵，很快接收到信号，脸色异常难看，眉头也皱起来，不好，是个可怕的人。但它很快恢复了平日里呆萌的模样，轻轻地叹了口气："这个嘛，我也不太清楚，反正我知道实验室，你们外人不能进去。"

沈小丽打破沙锅问到底："为什么不能进去？"

大脸图的语气中透出少许不耐烦："七年级一班的班长沈小丽同学，你有十万个为什么？拜托你别问那么多了，我什么都不知道。"

话音刚落，大脸图像个逃兵般急忙躲进乐远的肚皮里。

沈小丽吃惊地愣在原地，她从小就被人捧在手心里，不曾受过他人无礼的态度，心中莫名地难过起来，却佯装不在意，只是闷哼一声："哼！不问就不问，自以为是外星人就了不起啊，还说什么上知天文下知地理，都是骗人的。"

"就是，大骗子。"窦图图故意责怪大脸图，替沈小丽出口恶气。

三个男孩见沈小丽转过身，偷偷地用衣袖擦干脸上的泪水，一时之间面面相觑，无奈地耸耸肩。原来，安慰一个女孩真不是件容易的事呢。

看来，从大脸图这儿是得不到答案了，加上黑猫的离奇消失，导致线索中断，接下来该怎么办呢？

一分钟过去了，沈小丽转过身，眼眶泛红，脸上却是甜美的笑容。

三个男孩冲她微微一笑，再一次对她刮目相看，不愧是最坚强的班长！

小伙伴们再次陷入了讨论之中，乐远挑起了话头："我觉得咱们应该想想，如何让大脸图开口说话。"

窦图图摇头道："可是你也看到了，这太难了。我们地球人没有超能力，怎么让大脸图出来？"

聂非凡接过话："那就想另一个办法，在我看来，我们应该找到大厦之前的资料，了解得越多，说不定会有新的发现。"

沈小丽点点头："也好，俗话说，知己知彼百战百胜。"说完，她看了看手机，见时间不早，小伙伴们便散了。

第六章　神秘的邀请函

1

周日,是一年一度的儿童节,孩子们都不用上学,可以到处游玩。

南明市的街道人来人往,车水马龙。公园里、游乐园里,到处都是一对对幸福的家庭。各大商场更是热闹非凡,随处可见玩具的打折信息。小孩子争着与卡通人偶合影,从工作人员的手中获取五颜六色的气球,在小游乐场里嬉戏打闹。

但在高楼大厦的公寓里,一个十一岁的女孩躲在蕾丝窗帘的后面,望着落地窗外色彩斑斓的世界,仿佛能听见十二层楼下的欢声笑语。可是,那些嬉笑的孩子里没有她。

她靠在沙发上,目光忧郁,盯着的巨大屏幕液晶电视,压根没心思看动漫。

"叮咚!"门铃声响起,她惊喜地望去,心想、难道是爸妈回来了吗？

她快速地滑下沙发，打开木门一看，铁门外站着一个身材魁梧，背着双肩包的青年男子。

女孩的眼中闪过一丝失落，很快打开了铁门："哥，你怎么有空来？"

沈飞龙一手举起一大袋食材，一手藏在背后，满面笑容："我来看看聪明美丽的小丽，今天中午哥哥做饭给你吃，你觉得如何？"说着，他将食材分别放在大理石餐桌上和冰箱里。

沈小丽眨了眨大眼睛，一个劲地点头，笑道："好啊好啊，哥做的菜最好吃了。那我去打电话让杨阿姨不用来了，省得她多跑一趟。"

沈飞龙点点头，见她欢快得像个蝴蝶一样地跑去，他的心稍稍轻松了一些。自从沈小丽的父母半年前出国办案，他便常常来看望这个坚强的小堂妹，即便是公安局最忙碌的日子，每逢节日，他都会来与她一同度过。

大理石餐桌上，很快摆上了三菜一汤，分别是：蘑菇蒸虾肉，麻婆豆腐，清炖排骨汤，萝卜牛腩煲。

饭菜的香气一下填满了整间屋子，沈小丽早早坐在餐桌前，看着一道道自己喜欢的菜被端上来，心里别提多高兴了。

她喝完一大口排骨汤,还觉得不过瘾,又去添了一碗汤。

沈飞龙心满意足地看着她,夹了一个鼓鼓的蘑菇给她,说:"小丽,尝尝这个,你最爱吃的虾肉被我塞进了蘑菇里,蒸出来的蘑菇汁又甜又香。"

沈小丽立刻咬了一口,漂亮的眼睛瞪得大大的,惊喜道:"哇,超好吃,表哥你这么会做饭,为什么不去当厨师呢?"

沈飞龙放下筷子,努力地想了想:"这是个好问题。不过,比起厨师,我更喜欢当警察,因为警察可以为民除害,伸张正义!那么小丽,你长大后想当什么呢?"

沈小丽像是想起了什么美好的事情,那张婴儿肥的脸蛋上洋溢着纯真的笑。

她眼珠咕噜一转,咧开嘴朝沈飞龙吐了吐舌头:"不告诉你。"

说完,她埋头狼吞虎咽地吃牛腩,绝口不问父母归来的日期。

在她的心中,最崇拜的人是父母,最勇敢的人也是父母。在看见流星的那一刻,她许下的愿,就是种下的小梦想:她希望自己将来也能成为像父母一样令人敬佩的人。

午后,沈飞龙切好一盘西瓜,刚放在大理石茶几上,就收到一条短信。

随后，他把双肩包里的笔记本电脑拿出来，聚精会神地盯着屏幕看了起来。

沈小丽连续呼唤他好几声，见他没有回应，便好奇地坐在他身旁，扫了一眼，屏幕上一列都是刑事案件的邮件标题。其中，有一行标题引起了她的兴趣。

"哥，当年时空大厦的食人怪案件，你也参与了吗？"

"没有。但大家都知道这件事，当时轰动了整个南明市呢。"

"我看新闻说，那些人都消失了，是真的吗？为何足足五天才知道自己的家人不见了呢？"

"是啊！活不见人，死不见尸，就那么凭空消失了。至于原因，我们也想不通，但失踪者的家人们发现时，确实是五天后了，家属们像是患上了短暂失忆症。当年警方还调动了专家协助调查，到头来还是一点收获都没有。"

沈小丽默默地听他说完，脑海中浮现出一连串的疑问：难道是魔术师让他们都失忆了吗？或者是会催眠术的心理师，为了达到目的不择手段？但为何要抓那十二个人？

忽然，她的面前出现一个用蝴蝶结包装的酒红色大盒子，不用回头也知道，她身后的那个人是谁。沈飞龙一脸期待地看着她,他十分看好这一份礼物,并坚信所有女孩都会喜欢它。

沈小丽立刻接过盒子,揭开层层白色的面纱,终于看见了礼物的真面目,是一条白色的蕾丝雪纺白褶连衣裙以及一个小小的粉色爱心包。

"哥,这也太娘了,一点都不符合我帅气的气质,我不要。"

沈小丽将裙子重新装回盒子里,却被沈飞龙阻止了,他推着拿起裙子的沈小丽往房间走。

"你一个小姑娘,要什么帅气?快去穿上,哥哥带你出去玩。"

夏日炎炎,午后的阳光依旧在发出热量炙烤着大地,但挡不住人们要外出的心。

在行人拥挤的十字路口,交警挥着黄色的小旗、吹着口哨,指挥行人和车辆有条不紊地过马路。

一个头戴鸭舌帽,身穿宽松运动装的青年男子正手插裤袋,笑意盈盈地俯视着他身旁的小女孩。小女孩皮肤白白净净的,穿着一身白裙,像个素雅的小公主,可脸上却写满了不开心。

人行道上的绿灯亮了,男子便牵着小女孩的手,穿过人流,来到本市最大的购物商场所在的街道。女孩望见路中央的喷泉、巨大的红色高跟鞋石雕、入口的大屏幕以及商场里数不清的人头，又听见里面传来的动感音乐，终于高兴起来。

"沈小丽？沈班长！沈大人！"三个男孩惊喜地呼唤，朝她挥舞着手臂。

沈小丽闻声回头看了看，却只看到熙熙攘攘的陌生人。咦？她明明听见了窦图图那个胆小鬼的声音，怎么一转眼就没人影了呢？她用力地晃了下头，心想：是我幻听了吧。之后，她就兴奋地向舞台下跑去，沈飞龙紧紧地跟随着她。

2

舞台上，一群年幼的孩子们有模有样地走服装秀。

这时，在台下观看的沈小丽发觉有人挤到了身后并拍了拍她的肩膀，她面无表情地扭过头，却被吓了一跳。窦图图的脸一下被放大了几倍，他望着沈小丽憨笑着问道："沈大人，你跑什么呀？我们在后面追了你好久。今天是儿童节，想到你一人在家肯定很无聊，去找你，岂料进不了门。没想到你也来了这。"

"原来真的是你们，我还以为自己幻听了。"

在沈飞龙的带领下，小伙伴们落脚于一家小吃店。沈小丽吃着章鱼小丸子，面对三个男孩投来的目光，她坐立不安，显得很别扭。

乐远犹豫了一会儿，还是忍不住开口："沈大人居然会穿裙子,好难得哦!我刚刚差点没认出来呢!看起来……很像一个小仙女。"

聂非凡瞪了他一眼:"笨蛋,简单说就两个字——漂亮。"

两个男孩不甘示弱,争着赞美沈小丽,越说越离谱,一人说她是被后母毒害的白雪公主,另一人说她是天上七仙女之一,把沈小丽逗得笑出了声。

沈飞龙接完电话回到位置上,愧疚地说:"对不起,小丽,我有急事要回去一趟,你现在要回家吗?"

乐远抢先一步,拍着胸脯保证:"飞龙哥,我们等下会护送班长回去,你先走吧,不用担心。"

沈飞龙伸出手掌,跟他们三个人击掌,又去买了一袋零食分给大家,才匆匆离去。

南明市说大也不大,可每次一遇到节日,每个角落必定人挤人,肩贴肩。小伙伴们讨论着时空大厦接下来的调查,乐远的包中却传出滴滴的提示音,提示着他有信息。他拿出从不离身的手机,快速地打开屏幕锁,双眼紧盯着屏幕,几乎一眨不眨,看了许久都没有出声。

与此同时,沈小丽也从粉色爱心包中,拿出白色的智能手机,打开屏幕上显示的维度电子邮件。

神秘社 1

窦图图喝着果汁，见小伙伴玩起手机，不满地问："乐远，沈大人，你们怎么能在关键时刻玩手机呢？什么东西这么好看？"

沈小丽头也不抬，忽略了他的话。

乐远将手机递给图图，猛喝了一口果汁："你们看吧，我们该不该去？"

聂非凡一头雾水，走到窦图图的身旁，一目十行地看完密密麻麻的字。

屏幕上呈现的是一封邮件，标题是致勇敢者联盟和神秘事件调查小组的队员。

信件内容如下。

Hello，亲爱的勇敢者们：

自从听说你们要去调查"时空大厦食人怪事件"的真相，我就一直在暗中关注着你们。而今在学校贴吧，看到你们上传的有关时空大厦的现场照片，心中感到万分敬佩。

但是，你们现在肯定很焦急，关于大厦的资料，实在太少了。这正是我发邮件的原因之一。现在，我有一个重要的线索要告诉你们，请你们在周一下午放学之后，全体到时空大厦后面的那个秘密花园，共进丰盛的晚宴。请务必在天黑之前到来，否则这个机会就没了哦。

另外，倘若你们在暑假来临之前解开谜底，我将在日后赠予莫大的物质支持（比如：飞机、汽车、宇宙飞船等），还有神秘奖品。当然，包括此次的时空大厦事件。

我相信，你们一定是、集正义、勇气、智慧于一身的能力者。相信你们这次一定会成功！

期待你们的好消息！

神秘人

沈小丽将手机放在桌面上，她所看到的来信内容与乐远的一模一样。

小伙伴们互相对视，通过眼神可知，这个"神秘人"一定给他们四人都发了邮件。

虽然小伙伴们都不知道"神秘人"是一个人，还是一个团队，但从信件的内容来看，还是有些诱惑的：一是线索，二是他的支持和神秘奖品。这些不仅对目前的调查有帮助，还对日后的冒险有用处。

但他们犹豫的是，这会是个陷阱吗？这个人竟然可以找到他们的联系方式以及提供物质支持，可以想象他有多强大。难道他也是食人怪案件的参与者吗？

神秘社 1

乐远因被大脸图寄生的关系,每天都要吃下很多食物,身体却不曾变形。他一口气吃完四个章鱼小丸子和一杯果汁,信心满满地说:"别想了,去就去嘛。世界之大,无奇不有,以后肯定还有很多神秘事件等着我们去调查。这次我们要破解谜底,拿到神秘人的奖品,我的冒险大师之梦就开始实现啦!"

窦图图这个吃货将最后一个鸡翅成功消灭后,一脸陶醉地说:"说不定神秘人会给我们发很多美食呢。"

聂非凡看了一眼他们,又望向沈小丽:"班长,你也别顾虑了,要是这两个笨蛋被坏人抓了,我们还要去救他们,多费劲啊!"

沈小丽扑哧一笑,脸上露出一个好看的梨涡,而对面的三个小男孩,已经缠绕在一起厮杀。

三个小男孩应承诺,将沈小丽护送到家,一路上吵吵闹闹,争得不相上下。渐渐地,沈小丽觉得他们太幼稚,便不再参与,而聂非凡以一对二,又加上对方最擅长一本正经地胡说八道,最终他败下阵来。

"聂非凡,听说过一句话吗?三个臭皮匠赛过诸葛亮,更何况现在沈大人是跟我们一伙的。"

瞧吧,乐远又一本正经地在瞎说胡扯!

沈小丽听着不对劲，反驳道："Stop，别拉上我，我可不是臭皮匠，你见过这么聪明帅气的臭皮匠吗？尽瞎说！"

窦图图突然学起沈小丽，像个撒娇的小女生嗲声嗲气地说："我长得这么帅气，你们就欺负我，这很不合理。沈大人，你是这个意思吧？"

沈小丽听到，冲图图尴尬地笑了两声。而聂非凡得意的笑容僵住了，只有乐远站在他们身后捧腹大笑，恨不得在地上打两个滚。

门锁"吱"一声被打开了，见沈小丽安全到家，小伙伴们挥手向她告别。

夕阳的光芒渐渐减退，轻微的夜色浮现，偶尔有两只小鸟匆匆飞过，类似归家的人。小伙伴们在公交站台等车，也归心似箭。终于，两辆公交车缓缓行驶过来，聂非凡上了第一辆，而久笑不止的乐远和一脸郁闷的窦图图上了第二辆。

两个小男孩坐在最后一排的位置，公交车绕路时弯度过大，又时不时加速，乐远突然感觉胃里开始翻滚，有点想呕吐。这时，白衬衣里发出一阵阵开水翻滚的声响，大脸图虚弱地说："乐远，你怎么还不吃饭？"

乐远听到孩童般的声音，立刻转向窦图图，车上只有他们两人,还有谁在说话?

随后,他才反应过来,是性格善变的大脸图,这家伙居然又饿了。

窦图图见四周没人,揭开白衬衫,呈现的却是大脸图耷拉着眼皮,一副病怏怏的样子,

窦图图不禁有些吃惊,压低声音问道:"大脸图,你们外星人怎么也会生病?"

第七章 外星人视频

1

大脸图有气无力地翻白眼:"一、我不是生病。二、你们地球的食物太不对我胃口了,我现在有点饿。三、你们这是在哪啊?我的头好晕。"

窦图图一边指着路边的单车和小轿车,一边问大脸图是否认识。大脸图的脸色苍白,直摇头否定。

四目相对的瞬间,两人的眼神中露出一丝惊讶,原来外星人不认识地球上的交通工具!

乐远双眼望向天空,说:"大脸图,瞧你之前吹的牛,都飞上天了。还说什么知晓世间万物?"

大脸图很不认同,理直气壮地说:"像地球的交通工具这种小事,我还需要知道吗?我们星球都是乘坐豪华列车或者飞机之类的高级交通工具。而且,我的脑容量只用来装高级知识。"

可恶！意思是我们的脑袋里装的都是低级知识?!

乐远被气得咬牙切齿，几乎是带着哭腔吼道："你！强词夺理！"

窦图图看着两个融为一体的生物争吵，在一旁笑得合不拢嘴，脸上分明在说：物以类聚，人以群分。

次日中午，烈日炎炎，小伙伴们再次来到时空大厦。在一棵大树下，他们讨论着如何潜入门卫室。通过观察，大家确认保安就是之前在幸福小区值班的门卫钟叔叔。

"好，我明白了。"乐远点点头，拉起窦图图往大厦的门卫室走。

窦图图隔着老远就冲保安大叔打招呼，像个老友般问候："钟叔叔，好久不见，原来你在这上班呀！"

钟叔叔觉得十分意外："图图，乐远，你们怎么来了？"

乐远拉着他的手臂："钟叔叔，你说好上次请我们去吃匹萨，是骗我们的吗？"

钟叔叔尴尬一笑："呃！真抱歉啊，人老了，越来越健忘了，不如，我们现在去吃吧？免得我改天又忘了。"

窦图图见钟叔答应了他们，不禁暗暗高兴。而乐远在一旁偷偷地给沈小丽发了条短信。

神秘社 1

"乐远，快走啊！你不去也可以，我帮你吃掉你那一份！"窦图图晃了晃头，冲他使眼色。

乐远立刻明白了他的意思，两人拉着钟叔叔一路闲聊。

很快，沈小丽和聂非凡走进门卫室，在桌上发现一份值班表，翻了好几页纸，才看见一周前，有一个陌生人出入的记录。随后，沈小丽将监控器调至当日。

午后，大厦的保安大叔提着一瓶矿泉水，晃晃悠悠地走出了门卫室。过了一会儿，一个个子矮小的男人躲在一棵大树后，鬼鬼祟祟地探头张望。他全身都是黑色，一头乱糟糟的中长发，脸上戴了一副宽大的墨镜，只露出嘴唇周围的胡渣，看起来像一个邋遢的乞丐。

黑衣人一口气走上八楼，轻车熟路地找到吃人的电梯，并走了进去，之后又熟悉地按下楼梯层的数字。神奇的事发生了，电梯毫无疯狂的举动，反而一直安静地停留在第八层，在它的身后，有一面完好无损的墙像石门一样缓缓移开，黑暗中隐约可见几个实验设备。

忽然，视频跳到保安大叔回到门卫室，发现视频里有人闯进了大厦，他想也不想，丢下矿泉水就往大厦跑。

黑衣人恰好从实验室出来，乍一看，那一道墙壁自动衔接上，几乎天衣无缝。在空荡荡的大厦里，黑衣人没有一处藏身之地，很快就被追上来保安大叔发现。看他一副疯疯癫癫的样子，保安大叔毫不犹豫地把他赶出了大厦。

"咦，好像有一段被剪掉了？"沈小丽不自觉地询问道。

聂非凡看了看手腕的电子表，催促道："沈大人，咱们快走，等下钟叔叔就要回来了。"

沈小丽将值班表摆放整齐，又把监控录像调到目前的时间，才安心地离开了门卫室。下午第一堂自习课，她心不在焉地看着书，结果一个字也没看进去。直到下课铃声一响，她将在门卫室所看到的一切都告诉小伙伴，心才安定下来。

"我认同沈大人的猜测。"聂非凡认真地考虑了一下，"那个实验室肯定有不可告人的秘密。不过，我们怎么才能找到那一段视频呢？"

"实验设备？你们这么一说，我就想起一个人来。不对，它不是人。"乐远调皮地笑了笑。

"大脸图？我也猜到它了，只是这个从外星来的家伙不好对付。"聂非凡苦笑。

"这有什么难的，饿上一天，它会不打自招的。不过，等我们放学去了晚宴再审问它。"窦图图自信一笑，他太明白吃货被

神秘社 1

饥饿纠缠的痛苦,更何况大脸图需要靠食物来摄取营养,维持能量。

在夕阳余晖的映照下,白日的时空大厦像是去了趟彩虹国,外墙沾了一片橘红色,萌生出几分柔和感,远远望去,它没有一丝夜里阴森恐怖的气息。自从时空大厦事件被爆出之后,没人敢在附近开发新项目,它周围百米之内皆是一片荒芜,杳无人烟。而它的身后是一个凄凉的花园,那里荆棘遍布,杂草众生,只有一条狭窄的小路可以直通园内。

小伙伴们如期而至,身上依然是升旗时穿的校服,甚至连书包都没来得及放在家中,就从学校一路狂奔而来。原本那条狭窄的道路,明显被人施工过,如今已经变成一条可供四人并肩行走的宽道。每走几步,就看见路旁有一个不起眼的木牌,告诉他们通向秘密花园的方向。

一阵晚风袭来,杂草摇晃着身子,看起来分外欢喜。可沈小丽就不太开心了,她发现,当他们走得越深,杂草似乎越聚拢,像是要把他们团团围住。就在她神游时,一眨眼的功夫,小伙伴们已经走到两米外,如同飞跃过去般,令她感到有一阵凉飕飕的风从背脊直穿到头部!

"聂非凡,乐远,你们等等我!"沈小丽边跑边喊,却见两个男孩都没有回头，似乎并没有听到她的声音。她顿时慌了，加快步伐追了上去。

"沈大人？你去哪里……那些杂草怎么把路埋了？"乐远的肩膀一沉，气喘吁吁的沈小丽把手搭在他的肩上，他还没问完话，就发现身后的道路不见了。

小伙伴们惊愕地扭头一看，又看了看正前方，顿时松了口气，幸好还有路。

可是，为什么杂草会自动聚拢呢？

沈小丽说得果然没错，来时空大厦就会发生怪事。

又走了十几米，大家终于来到秘密花园的大门，花园昔日的旖旎风光早已不复存在。四面白色的围墙破破烂烂，生锈的铁门被深褐色的枯藤缠绕，门上的标志已经斑驳，园内的植物都已干枯，凋零的花朵化作肥料浸入了泥土中，悬挂在大树上的秋千，在这片比一人高的草丛中显得格外寂寥。

"应该就是这里，我们得想办法进去！"沈小丽有些兴奋。

"放心，交给我们！"乐远舒展胳膊，信誓旦旦地说。

窦图图伸手扯下一大把枯藤，铁门露出了半个身影，乐远和聂非凡向前跨一大步，三个男孩的双手按在锈迹斑斑的铁门上，使出全身的蛮力往里推。

神秘社 1

　　三人咬紧牙关,铁门却丝毫不动,他们失落地退回来,轻轻地拍掉手掌上的铁锈。

　　月亮的身形逐渐彰显,天边仅剩一抹玫瑰色的晚霞,晚风轻轻地掠过世界万物,小草折弯了腰,树叶沙沙作响,沈小丽的刘海遮住了眼睛。

　　眼看夜晚即将降临,铁门却堵住了去路,乐远沉不住气了,他用力地扯了扯那些碍眼的枯藤。深褐色的枯藤纷纷掉落,这时大家看见铁门上有一把大锁,上面四个方格是可以滑动的数字密码。

2

"沈大人,这里有一张提示纸,你来看看。"窦图图大声地呼唤。

沈小丽看过去,纸上写有一道题:"这个很像我在电脑上玩过的一个游戏,这四个交错的数字,是有规律的,算出它的答案就知道了。"

说完,她便开始算,很快就算出了四个数字。"咔"一声,锁真的被解开了。

小伙伴们对聪明的沈小丽竖起大拇指,他们走进一条蜿蜒小路,在杂草丛中七拐八拐,按照路牌指示绕出来,在一栋两层楼的木屋前停住了脚步。

一棵古老的大树下,白色的栅栏中,屹立着一栋风格奇特的黑木屋。在经过无数个日夜的风雨之后,它的外墙被侵蚀得

神秘社 1

污垢破旧,屋檐下结满蜘蛛网,走廊上只有一盏摇摇晃晃的油灯,像是许久没人住了。

天已经完全黑了,那栋房屋默契地与夜空融为一色,不仔细看的人根本不知道它的存在,在夜色下,这栋房屋显得很庄重。

窦图图惴惴不安地拽住书包的肩带,唉,在时空大厦这种如同荒郊野外的地方走夜路,真的很没安全感啊!

"这是什么鬼地方?这真的是神秘人邀请我们共进晚餐的地方吗?"乐远问。

"是的,没错,门牌不写着吗?秘密花园餐厅!"聂非凡指着门楣上的牌匾。

小伙伴们硬着头皮走上木梯,每走一步,木板就嘎吱作响,像是要随时断裂开来,吓得他们快速地走上二楼。二楼的灯似有灵性般亮了,在他们上来的那一刻,屋内灯火通明如白昼。

大家围着一张白色的长方形餐桌,分别坐在五张白色的欧式椅子上,颇为好奇地环视四周,虽然屋内看起来很旧,除了头顶的花形吊灯,就再无其他装饰品,但小伙伴们身前的布置却不失温馨。

餐桌上铺着一块青色的亚麻桌布,摆放着五道菜,分别用半圆形的西餐盖罩着,正中央还有一瓶香气芬芳的百合花以及两个大理石烛台上点着白色的蜡烛。这气氛看起来更像一群老朋友聚会的晚宴。

忽然,一个标准的男士广播员的声音响起:

"感谢大家如约而至,你们果然是勇敢聪明的人。想必,刚才大家在铁门前一定有些恼怒,为了表示我的诚意和歉意,特意为你们准备了晚餐,请你们尽情享用!"

小伙伴们警觉地抬起头,只见吊灯中有一个微型的摄像头,而声音似乎是桌底传来的。

乐远揭开桌布,随后冲他们点点头,示意桌下确实有个喇叭。

沈小丽忍不住问:"你是谁?线索在哪里?"

结果没有换来回答,房间陷入一片寂静。

小伙伴们顿时胃口全无,心想果然上当了!吃货窦图图早已饥饿难忍,他戴上塑料手套,迫不及待地揭开西餐盖,准备撕掉一盘龙虾的皮,饱餐一顿。然而,他看见的却是一面圆镜。

"咦,我的龙虾呢?"

小伙伴们望向他,凑近一看,圆镜中的画面居然是时空大厦!再仔细一看,这不就是沈小丽所说的被剪掉的监控录

神秘社 1

像吗?

　　映入眼帘的是一间明亮又宽大的科学实验室,里面全是科学家研究时用的实验设备,看起来都是厉害的高科技仪器。可监控器只能照到实验室的一半,那黑衣人披上白外套,有模有样地调整仪器和电脑。眼尖的沈小丽看见了他身后的一抹蓝,将视频暂停,再扩大一看,分明就是小伙伴们曾经触碰过的皮球仪!

　　黑衣人走到一台巨大的液晶电视前,闭眼触摸着皮球仪,像是无形中给予了一种力量般,皮球仪发射出一个画面照映在屏幕上。一眼望去,尽是光秃秃的土地,没有绿油油的草地、没有蓝天白云、没有建筑物,只有浓厚的沙尘风暴、遍地被砍伐的百年古树、成千上万个垃圾漂浮的河流,荒无人烟,没有一丝生命存在。

　　这样残酷的画面,就像被虐待的地球母亲,她将受到的伤害不是脸上的一条条伤痕,而是日积月累的毁灭!

　　忽然,屏幕中跳出一个悬浮在空中的人形蜜蜂,人头蜂身,双手齐全,浑身散发着黄绿色的荧光,只见黑衣人的嘴唇一张一闭,人头蜜蜂时不时点点头,临别时蜜蜂恭敬地鞠躬告退,是典型的手下行为。

"你们能想象吗？如果人类不爱护自己目前唯一的家园，有一天，清澈的湖泊、茂密的森林、肥沃的土壤逐渐消失了，换来了没有星星的夜空、没有蓝天的白昼，人类还可能会染上疾病，可能会随着地球的毁灭程度而加速死亡。"

乐远被沈小丽的这一番话，弄得起了一身的鸡皮疙瘩，他不能想象失去家园的痛苦。

毕竟世上很多教训，都是在自己体验时才能真正明白且记忆深刻的。

"我决定了，从这一刻起，我要节约用水，不乱扔垃圾，出门时关灯和电视，不在旅游景点写'到此一游'之类的话。这些老师从小叫我们养成的好习惯，我都要做到。"窦图图坚定地说。

"图图，你长大了。"聂非凡拍了拍图图的肩膀，他望向沈小丽，"班长大人，你说，大厦会不会根本没有食人怪，都是这个科学家搞的鬼？可能他也有超能力，否则怎么会进了电梯还能平安无事地出来呢？"

沈小丽饶有思绪地点点头："只是，我有一点不明白，为什么神秘人要把这段视频给我们？难道是知道我们的计划吗？"

窦图图将圆镜放在她的面前，那是"神秘人"留下的一行

神秘社 1

字幕，也是她想要的答案：

你们肯定会质疑我的行为，但我只能说，时候未到，天机不可泄露。总之，请记住我的承诺，只要你们破解了时空大厦食人怪之谜，将证据上报给我，日后我定会实现诺言。

"你是我的小呀小苹果……"

乐远从口袋中掏出烫山芋般的手机，差点没被连环夺命电话催疯，一看屏幕上显示的来电人姓名，他把手机放得远远的，过了足足一分钟才敢放在耳朵旁。

"乐远，你这个臭小子，这么晚了还不回来，是不是想被禁足?!"乐远妈在电话另一头歇斯底里地吼道。

"不是的，妈妈，我马上回去。"乐远挂断电话，拍着胸口说，"走吧，我妈催我回家了。"

沈小丽等人望向眼前的一片杂草，神色郁闷，路都不见了，怎么回家呢？

第八章 惊天大秘密

1

周末,乐远被禁足在家,电脑的网线被妈妈拔掉了,以此来惩罚他上次犯的错。午饭过后,乐远独自上楼,待在房间里面玩宇宙飞碟的模型。不一会儿,窦图图跟随母亲来到乐远家,特意带作业来和乐远一起写。两个妈妈一听十分欣慰,立刻就同意了。

"图图,你还能出门?"乐远惊讶地看着门口出现的人。

窦图图垂头丧气地坐在紫色地毯上,将书包里的作业本全拿出来:"唉,别提了!昨晚我妈见我一身泥,明明很生气,结果奇迹出现了,她没收拾我。但她罚我一个月不准吃零食,这简直比打我一顿还让我痛苦啊!"

乐远"哦"一声:"看来阿姨比你聪明多了,咱们不是学过一个成语叫'对症下药'吗?"

说来也奇怪,那天傍晚,黑夜逐渐吞噬了晚霞,天空浓黑得密不透风,连唯一的一弯月牙也被云团遮住了,夜色非常寂寥。而地面的环境也好不到什么地方去,人烟稀少的大厦周边,一入夜里就变得很安静,小伙伴们一手拿着手电筒照亮前行的路,一手费力地拨开杂草。

半个小时过去了,小伙伴们走得筋疲力尽,渐渐丧失了信心,明明望见出口就在不远处,却好像越走越远了。窦图图恼怒地坐在杂草丛中,耳畔的风声呼啸而过,他既害怕又心急,渐渐地,这股情绪转换成眼中的泪水。他一边拭泪一边吼道:"骗子,把我们困在这里,我要去告你!"

乐远无奈地看着他,可是图图,你连骗子是谁,长什么样都不知道呢?他的话到嘴边又吞了回去。为了转移窦图图的注意力,他连忙翻出书包中的零食:"图图,我这有一包薯片,咦,原来我带了平板电脑啊!"

沈小丽原本皱起的眉头,瞬间浮上了喜色,她惊喜地凑过去,抢过乐远手中的平板电脑进行定位,因为时空大厦是真实存在的地方,有了系统定位,就有机会找到出口了。

果然,经过她多次手捧平板电脑走动,又与聂非凡商讨之后,两人协商出一条路线来,四人沿着这条路线,很快靠近了出口。窦图图高兴不已,将零食一把塞进乐远的怀中,飞奔而去。

"嘭!"一声响,窦图图与地面来了个热情的拥抱,他整个人呈一个"大"字,回头一望,脸上全是半湿润的泥土,头发上也混着几根杂草,没想到巨无霸图图也有这么滑稽的一面,乐远等人忍不住仰头大笑起来。

"喂,你再笑,我就走了。"窦图图生气地瞪着对面的人,说完故意装作起身要走。

乐远每次一想起草丛中的泥土少年就笑个不停。果真,人生最美好的回忆,也是那些傻瓜般的时光。他连忙止住笑声,拦住窦图图:"别走呀,我们只是觉得那样的你很像憨豆先生,特别可爱。今早我偷偷打电话给你们,还以为你不能来,我估计等会儿他们也到了。"

"叮咚——叮咚——"

话音刚落,一说曹操,曹操就到了!

乐远焦急地跑下楼,抢先打开了门,又冲厨房里的妇人说:"妈妈,我同学来我房间写作业了,你没事不要来打扰我们哦!"

两个妇人在厨房忙活,乐远妈端着一大碗冰镇海带绿豆汤出来，笑道："好的，你端上去，给你的同学吃。"

烈日当头照的夏天，蝉鸣蛙鼓，温热的风，心尖的闷热难解。窦图图一时耐不住黏糊糊的汗液，独自坐在空调下方解热，一见乐远端汤进来，立刻迎上去，嬉笑道："我看看是什么好吃的？"

沈小丽见他猴急的样子，与聂非凡相视而笑："乐远，你拿平板电脑出来，咱们查一查关于量子力学或者平行世界这方面的资料吧，为了破解视频中的谜语，还是要了解下相关的宇宙知识。"

乐远点头应好，喝着冰镇的绿豆汤，一阵阵凉意透入心间，化解了心中的烦闷。然后，他从背山包中取出平板电脑，找出大量和宇宙相关的资料。一段图文并列的资料吸引了小伙伴们的目光：

在一百四十亿年前，宇宙发生了一次大爆炸，爆炸后宇宙开始冷却，其间有二亿年左右的黑暗。为了更好地记忆宇宙的历史，将时间压缩成十二个月份的年历，元月一日则是宇宙诞生日。在元月十日，第一批恒星发出光亮，恒星结合后，形成一批小星系。这些星系融合成更大的星系，包括银河系。

银河系是一个螺旋星云，螺旋圆盘中九十亿颗恒星发出的光，宛如群星舞动。所有的恒星都在运动，像旋转木马一般上升和降落，在银河系中此起彼伏。以下是一个摄影师所拍摄的照片，名为在澳洲内陆夜空下的银河。

小伙伴们眼前的银河，并不是一片明亮的星带，而是被黑色的斑块遮掩了星光，看上去像一只巨大的澳洲鸵鸟。它高悬在空中，拱形穿过天空，就像黑夜的脊梁。

接着，资料名为《宇宙的星空》描述了彗星：

在四万代人的历史中，至少有十万次，耀眼的彗星划过天际，但那时的人只能仰望和惊叹，以及恐惧和悔恨。一六六四年的那颗彗星，给全世界带来了恐惧，人们将它视为灾星，寓意着它的降临会带来灾难，比如饥荒、战争、瘟疫、天花、领袖之死。

彗星很大程度上由冰组成，每次接近太阳时，会蒸发掉一部分，这个过程重复几千次，等所有的冰蒸发了，残余的彗星就是现在的小行星，彗星被太阳系的引力场排斥，流放至太空，但它总会回来。天文学家爱德蒙·哈雷发现同一颗彗星，每隔七十六年都有一次观测热潮，彗星重回我们的天空时，日光加热它表面的冰，再一次释放出内部的灰尘和气体。彗星最近一次的回归是一九八六年，同时哈雷的预言被证实了。

以下是一张彗星划过天际的照片：

小伙伴们看见一座像被烟熏黑的贫瘠冰山，变幻出灼热的光晕和彗尾，它快速地划过群星闪耀的夜空。

"原来宇宙的历史这么深远，一百四十亿年，简直想都不敢想。"

"是啊，曾经有三个科学家以为一个研究计划能在五年内完成，没想到竟花了近四十年的光阴，最后只剩一位科学家看见火箭发射。"

"万万没想到，先人把流星认为灾星，而今的我们可是把它们当作许愿星呀！"

"只能说宇宙很神奇，把那么多奇迹般的一面通通带给了我们。"

小伙伴们惊叹不已，对外太空的世界心驰神往，幻想着某一日，他们也能踏上那一片神奇的土地，与行星擦肩而过。

忽然，窦图图放下汤勺，用手拍拍自己的脑瓜子，恍然大悟地指着身旁的人说："差点忘记了，大脸图，呼唤大脸图。"

沈小丽最先反应过来，没错，他们要唤醒大脸图，这个来自外星球的生物！

2

一双白白胖胖的猫爪揉了揉惺忪的睡眼,绿色的眼中满是困意,大脸图自从吸取营养之后,脸蛋越来越圆,与普通的宠物猫没什么两样。它打着哈欠,拽过歪向一侧的蝴蝶领结,噘起可爱的小嘴,恭恭敬敬地说:"各位大爷,请问有什么事?"

三个小学生围绕乐远,目光却全在他的肚皮上。大脸图忽觉一阵痛感袭来,它生气地扭过头,对着窦图图大声怒吼道:"窦图图!你能不能别要老揪我的耳朵,捏坏了你赔给我!"

窦图图呵呵傻笑,说了一句欠揍的话:"啊,不好意思,一时忘记了。"

沈小丽蹲下身,将乐远的肚皮朝向自己,直视大脸图问:"很久之前,你说过一个地方,叫修罗纪元通道的实验室。现在我们想知道,修罗纪元到底是什么地方?怎么去?"

大脸图心头一紧，收起嬉皮笑脸，试探地问道："你们又在计划什么？那只是我为了吓唬你们而乱说的话，开个玩笑，不要当真。"

聂非凡也蹲下身，一脸严肃："你少装蒜！我可没有那么温柔，你要是再不说，嘿嘿，我就把你的耳朵割下来，反正你的耳朵与乐远的身体是分开的。"

说着，他就从书桌上找到一把水果刀，然后拉起一只肥硕的大耳，将锋利的刀口放在耳朵上，那一股凉意堪比冰箱里的冰块！

事实证明，聂非凡的这一招很管用。大脸图开始焦虑，脸上露出了惶恐的神色，真是人在肚皮中，不得不低头，这群小孩也太可怕了。它轻叹一口气，眉头皱成倒八字形，闷声闷气地说："好吧。但我有一个条件，你们答应帮我保守这个秘密，以后依旧让我寄生，获取营养，维持我的生命以及不伤害我的身体，这样我才能说出来。"

乐远捏住它的两只耳朵，不满地问："凭什么？你还打算在我身上寄生多久？"

大脸图仰起头，信心满满地说："就凭这是个惊天大秘密，我有权提出条件。"

神秘社 1

小伙伴们相互望向彼此,又一脸狐疑地看大脸图,小声讨论一番之后,最终还是点头应允。

"在浩瀚无垠的宇宙中,存在着无数颗闪闪发光的恒星以及看不见的小星球。当时空平衡被打破或时空隧道产生裂缝,不计其数的小星球会突然自爆,或者星球与星球之间为抢夺资源而开战,时空与平行世界会开始陷入混乱,不再沿着固定的轨迹缓缓运行。

"距离地球非常远的地方,有一个平行世界叫'修罗纪元',那里山清水秀,所有人都可以限时飞行,饮用清澈的水源,食用自己耕种的绿色蔬菜,乘坐最豪华的列车和飞机。那里的生物种类繁多复杂,大多都是人头虫身或人头动物身,通过修炼之后,可变成消瘦身材的人形,但从不乱砍乱伐,也不污染环境,一直都和谐相处。

"在漫画城中,有很多家画廊,全是用特殊的眼镜就能看到动图的漫画;在恐龙城中,有很多家恐龙尸骨的鬼屋,也有恐龙蛋一样的床,在那里可以见到所有类型的恐龙化石;还有在童话城中,苍天大树成林,阳光透过树叶的缝隙洒在绿荫小路上,路的尽头就是一座城堡,五颜六色,很是梦幻。时常有演员在城堡排演童话话剧,女孩们经常为了公主或灰姑娘这类主人公的角色争破头。

"在那里,只要努力耕耘,来年就能收获果实。在等待果实成熟期间,人们皆会乘坐列车去游玩特色的城市。人的数量不及地球的一半,因此消费普遍不高,生活很是惬意舒适。"

窦图图听得津津有味,忍不住插嘴问:"既然是这么好的地方,那你为什么还要来地球呢?"

大脸图厌弃地扫他一眼,示意他闭嘴。

小伙伴们看见,大脸图眼中的那一束光,渐渐地黯淡了下去,眼神变得悲伤起来。

"直到某一日,修罗纪元的领导人发现南北两极分化严重,穷富差距过大。在不知不觉中,子民的野心大幅度地膨胀,富人更富,疯狂地买下一座城市,自己当一城之主,开采当地的资源,创建工厂,导致河流和土壤被污染,资源以最快的速度被耗尽。而穷人追求富裕的生活,就为富人卖命做事,他们开始砍伐树木,摧残上万种植物,导致许多低级动物无处安家。

"后来,野心更大的子民开始争夺政府权力,频频发生内部战争。

"短短五年的时间,修罗纪元生灵涂炭,十多万人被活活饿死,存活下来的被疾病纠缠。环境污染严重,海洋没有一滴干净的水，森林没有一棵完整的树，连空气中都掺杂着有害的化学物质，几乎无处可落脚，只有一小部分人带着钱财逃到了别的世界。"

窦图图又问："大脸图，你们的时间与我们的不太一样吧？五年就减少穷富差距，也太快了吧？"

大脸图点点头："没错，在这个宇宙中，不同时空的地方，时间也不同步。修罗纪元的一天，就是你们地球的三年。咦，我讲到哪里了？窦图图，你知道吗？打断别人讲话，是一件很没礼貌的事！"

窦图图撇撇嘴，低头不言语，乐远等人偷偷地捂住嘴笑，他们已经看惯"两图"斗嘴了。

沈小丽提醒道："你刚刚说到有很多人被饿死，也有很多人拿着钱就逃离了。"

大脸图深深地叹了口气："唉，有钱又怎样呢？命都保不了，要钱有什么用，逃到别的星球还要被欺负。"

五分钟过去了，房屋中一片寂静，小伙伴们大眼瞪小眼，却都聚精会神，他们看见大脸图垂下眼帘，像一个罪人般不敢抬头，仿佛心中有块巨大的石头悬在上空，犹豫着是否要开口。小伙伴们意识到，大脸图口中的惊大大秘密是真的！

"那一段日子,修罗纪元几乎被挖空,再也不是一个充满幸福感的地方。眼看自己的家园就要毁灭,领导人心有不甘,他们花费大量的精力和财力,聚齐了世界上最厉害的科学家、探索家、地质学家等人物,将拯救家园的任务交给了他们。

"起初,在一次次的热烈讨论中,大家颇有兴趣地出策划、做实验、考察地质,一点点改造环境。但由于疾病传播迅速,大量医护人员逃到了另一个世界,没有医学的支援,仅靠十几个研究人员根本无法改变现状。

"直到那一日傍晚,我收到领导人发来的消息。至今还记得当时的天空没有晚霞,只有一片阴霾,就像地表的一切,包括幸存者的心灵,都看不见任何光亮。通知上写着,有个科学家兼博士身份的人曾在遥远的星球考察了许久,他说地球非常漂亮,不仅资源丰富,还有许多新鲜的事物,最主要的是那里适合我们居住。只是,只是……"

"只是什么?别吞吞吐吐的,急死人了。"乐远催问。

沈小丽"嘘"一声:"你听大脸图说完。我想,它需要时间,这个秘密肯定危害到我们人类了,否则它不会这么犹豫。"

"只是,你们人类的数量太多,脑中的智慧超乎我们的想象,可以说是十分厉害的生物。领导人需要两位机智的勇士入侵地球,时刻为他提供地球上的信息,其中一个勇士就是我。"大脸图一口气说完,脸色依旧沉重。

等等,这意思是外星人要入侵地球,把这里当作新的殖民地?

第九章　开启拯救计划

1

窦图图第一个跳出来,有一种气不打一处来的架势,他叉着腰,脸色十分不悦:"大脸图你到底什么意思?寄生在我最好的朋友身上,让你活着,结果你是来危害我们的。我们这有一个成语叫'知恩图报',你知道是什么意思吗?意思就是,人要懂得感恩,回报帮助你的人。你!你这个没良心的家伙!王八蛋!"

乐远的双眼瞪得极大,递给他半碗绿豆汤,惊讶地说:"你不渴吗?一下说这么多话,还不带喘气。"

窦图图气得一口喝完汤:"我没事,现在舒服多了,这绿豆汤还真降火。"

聂非凡和沈小丽也呆住了,原以为窦图图就是个胆小的吃货,听到外星人入侵地球,他应该会害怕,没想到他的骨子里充满了义气。一瞬间，小伙伴们对窦图图刮目相看，纷纷比出一个大拇指，夸他说得好。

沈小丽追问道："那修罗纪元的实验室是用来做什么？还有，另一位勇士又是谁？"

大脸图摇摇头："我也不清楚，五年前我来到地球，期间一直没法回去，也无法收到信号。另一位勇士，可能是提供地球信息的那个科学家。"

聂非凡思索一番，问："那不正是时空大厦的建筑小队消失的时间吗？难道，难道你们不仅要入侵地球，还要把地球人抓去，然后为你们做苦工，为你们繁衍后代？"

话音刚落，小伙伴们浑身一颤，连聂非凡都被自己的逻辑吓住了。

倘若这个猜测是真的，那地球上的人就危险了！

大脸图无视了他的话，淡淡地说："前几日，我似乎见到了那个科学家。当时在大厦，你们逼问我有关实验室的问题。但由于大厦太黑，我看不清他的样子，他只是向我传达消息，不允许我说出实验室的信息。其实，我一开始根本不知道这个实验设备，恰巧降落在大厦，晃悠了好多天才发现。"

小伙伴们看了它一眼，这说与没说，有什么区别？为了让

神秘社 1

大脸图将事情一五一十地交代清楚，小伙伴们打算进行一问一答的环节，大脸图迫于寄生的无奈，只好答应。

聂非凡认真地想了想，目前最主要的是，确定建筑小队是否活着，如果还活着，就要救出他们以及弄清楚实验装置的用处。其次是，处置大脸图。总之，他们要想尽一切办法拯救地球！

小伙伴们听取了他的想法，大家都知道聂侦探有两下子，他不仅思维逻辑清晰，还能快速找到解决问题的办法。

"大脸图，你是不是有什么在瞒着我们？最好老实交代，否则割你的耳朵！"

"唉，你们一定要保守我的秘密。虽然我带着使命来到地球，但我也不想看到战争再起，只是现在没有更好的办法。我怀疑科学家是个疯子，一个偌大的修罗纪元，只有他提出占领地球的计划，而今我来到地球，才发现这个计划有多么冒险。"

通过大脸图的叙述，修罗纪元通道的实验室，是科学家发明时空之门的地方。实验用的装置，是通过时空扭曲，从而使不同的时空连接，但科学家一直没发明成功。而关键在于，大脸图降临地球时不小心启动了装置，但凡有人走进电梯，都会被传送到大厦的平行空间里，若是没有超能力的帮助，将永远都走不出去。

小伙伴们频频点头，回忆当初追黑猫到电梯外，可它一进电梯就不见了，原来是这么一回事。

"我有一个问题，既然是一件很冒险的事，你为什么不汇报给你们的领导人呢？让他赶紧终止这个计划！"聂非凡有些激动。

"地球与修罗纪元相距十几光年的距离，要把信息从地球发到我的家乡，需要很强大又极为特殊的能量。可我在穿越时空隧道登陆地球的途中，受到了严重的信号干扰跟辐射波及，消耗了自身大量的能量，短时间内根本无法恢复。"大脸图无奈地说。

沈小丽静下来理顺了思路，自言自语道："倘若真是这样，那么凭空消失的建筑小队，也可能被送进了平行世界？虽然大厦里没有怪兽，但那个鬼鬼祟祟的黑衣人太可疑了，他利用空荡荡的时空大厦做实验，说不定是在做见不得人的坏事。"

聂非凡问："你的意思是，有人故意制造时空大厦的食人怪传说，延伸出这一切怪诞的事情，只是为了实现某种目的？"

沈小丽点点头。乐远随口接了一句："如果建筑小队真的被送进去了，那我们该怎么去救呢？"

窦图图用力地捏着一对猫耳朵，像是要捏红才罢休，笑道："这不有我们大脸图吗？它可有超能力呢！"

大脸图愤怒地挥舞着锋利的爪子，那双绿眼中喷出的火焰，看起来想把窦图图一口吃了，它胸腔发出一声怒吼，以示自己的不满。窦图图见状，瞪着小眼睛，模仿着大脸图的低吼，却一点也不着调，把乐远等人逗得咯咯地笑。看来，这"两图"命里犯冲，是一对欢喜冤家。

玩笑总归是玩笑，小伙伴们知道，去往平行世界，那就是上外太空走一趟。有史以来，除了特级航天员，其他人没有机会乘坐神舟系列的飞船，更何况他们是四个小毛孩。那么，到底怎么去呢？这真是个值得思考的问题。

忽然，小伙伴们望着大脸图，欲言又止。

大脸图会意，猛地甩头："别看我，我没有能力制造飞船，你们另外想办法吧。"

整整一刻钟的时间过去了，小伙伴们从讨论转为沉默，绞尽脑汁也没想出一招。

"叮！"乐远的脑中仿佛有某个按钮响了一下，他激动地站起来："我们可以找神秘人呀！他之前说过，在我们调查案件或解谜期间，有任何物质需要，他都会尽量满足。我们试试吧！"

说完，乐远兴冲冲地打开平板电脑，手指触碰屏幕时，他停了下来，回头一笑："沈大人，我文采不好，不如你来写吧？第一次写这个请求援助的信，要是写得不好，神秘人没看懂，那就耽误时间了。"

沈小丽接过平板电脑，手指快速地写下信件的题目"解答时空大厦之谜的小队需要您的支持"，信件内容如下：

尊敬的神秘人：

你好！

我是神秘事件小组的成员之一，沈小丽。今天我代表解答时空大厦之谜的小队，向您请求支援。

通过调查，目前我们已经查到关于大厦的传说是否属实，答案是，大厦里并没有食人怪。

另外，由于大厦里有一个超能力的时空电梯，它会使走进电梯的一切都送到平行世界，于是我们猜测，当年消失的建筑小队，可能也是因为时空电梯而不见的。

现在，我们四人准备到外太空解救建筑小队的人员，由于我们能力有限，非常需要您提供宇宙飞船。

如果您是个重承诺和重视生命的人，请尽快回复，请尽快回复，请尽快回复！（重要的事情说三遍）

期待您伸出援手。非常感谢!

沈小丽来回检查了三遍,确定语句通顺,词意表达清楚之后,她按下发送键,屏幕很快显示发送成功。

2

小伙伴们盯着平板电脑的屏幕,过了很久,"神秘人"还是没有回复。聂非凡见大家等得焦急,故意挑起话题转移他们的注意力:"大脸图,你们为了占领地球,肯定做了很多功课,比如地球诞生之后的历史什么的。趁现在有空,给我们讲解一下吧?"

果然,乐远的注意力被吸引过来,大声说:"对啊,你肯定比网络上的百科全书还厉害,快说说!"

大脸图抓了抓蝴蝶领结,一脸得意之色,轻咳几声道:"七年级一班的班长沈小丽同学,听说你是班上最聪明的人,请你回答一下,地球几岁了?"

沈小丽的脑海中浮现一系列数据,可偏偏没有关于地球年龄的数字,于是她摇了摇头。她一眼扫过大脸图,脸上露出诡异的笑容，故意恐吓它："大脸图，你可要好好讲解一下，否则割耳朵哦！"

大脸图瞬间"石化"，连忙藏起自己的耳朵，也不再开玩笑，而是滔滔不绝地说起它所了解的地球：

"一颗星球诞生的最初几百万年里都还算相安无事，直到它逐渐变成更大的物体，有了足够的引力，星球和星球就会相互吸引，从轨道相交相撞，这就是我们的世界最初的模样。你们可以想象一下，砰！火洞遍布的地球，与其他小星球相撞时，激起滚烫的火花，它的表面被撞得几乎体无完肤。在二十世纪时期，一位科学家克莱尔彼得森，经过多年的研究，得出地球的年龄是四十五亿岁的结果。"

"这么一说，地球能存活下来还挺不容易。"乐远望了望窗外，楼下的汽车喇叭声很嘈杂，犹如都市人内心一样浮躁，他低声道，"现在全球变暖，地球的气候和环境都越来越不好了。"

沈小丽一向大大咧咧像个男孩子，她听完大脸图的话，饶有兴趣地说：

"大脸图，我还以为你会说什么呢？这不就是网上的资料嘛。当时彼得森科学家还取得了一个伟大的公众健康问题的胜利呢，他在研究地球年龄的期间，无意中发现了一场铅毒害污染的证据。铅会造成脑受损、暴力行为，影响发育，甚至致命，对小孩子尤为危害。而今，在医学界的共识是，人体内的铅并不是无毒，而是量很少而已。"

三个男孩不约而同地看向大脸图，又看了看沈小丽，惊讶得合不拢嘴，仿佛自己在听一场"宇宙与科学"的讲座。最令他们惊奇的是，沈小丽的脑袋怎么能装那么多深奥的知识？真不愧是过目不忘、成绩优秀的班长！

沈小丽冲大脸图得意地笑，抬头看见三张写着"嫉妒羡慕恨"五个大字的脸，顿时被吓一跳。

只见三个男孩望着天空，齐声喊："我们班怎么会有这么聪明的人，快给我看看你的脑袋里长了什么东西？"

"嘟——嘟——嘟——"

平板电脑连续发出三声响，提醒乐远有新的消息来了。

"神秘人！"小伙伴们异口同声地喊，纷纷围着乐远，迫不及待地想知道对方的回复。

果然，他们收到了"神秘人"的电子邮件，虽然内容言简意赅，但最重要的是——"神秘人"答应提供宇宙飞船，将在下下个周六的晚上十二点，把宇宙飞船送到时空大厦的后花园。

小伙伴们高兴坏了，震耳欲聋的尖叫声笑声传出房屋，殊不知,他们把楼下的两个妇人引来了。

"砰砰砰!"乐远妈见门被反锁,以为孩子们出了事,心急如焚地狂敲木门:"乐远,快开门,你们到底怎么了?"

乐远听到声音,食指放在唇间"嘘"一声,连忙命令大脸图藏回白衬衫里,又把大家书包中的书本放在课桌上。小伙伴们慌成一团,搬凳子时互相撞到额头,又顾不上疼痛,很快拿起课本,装作认真地讨论题目。

"妈妈,我们在做作业呢,你上来是有什么事吗?"乐远眨着那一双圆溜溜的眼睛。此时,正在讨论数学题的小伙伴们抬起头,冲两个妈妈微微一笑,随后又继续埋头算数学题。

两个妈妈见课桌上的书本成堆,只好干笑两声:"没事没事,你们继续写。"说完,她们退了出去。

沈小丽将自己书包中的长鞭和手电筒拿出来,又检查其他小伙伴的书包。乐远依旧装着特工墨镜、平板电脑和手机。聂非凡的书包里有一把小木杖和手电筒,而窦图图的书包鼓鼓的,沈小丽只看了一眼,连打开的欲望都没有,说:"好了,我们都各自回家吧,周六晚上十一点之前,你们来我家集合。"

"Yes,Madam!"乐远双脚闭拢,向沈小丽做了个敬礼的动作。

"沈大人，你为什么不看我的书包啊？"窦图图一脸郁闷地问。

"还用看吗？大家用脚趾头想也知道，你装的肯定全都是零食呀！"聂非凡答。

说完，窦图图的脸色更黑了，噘起嘴走出房间。

第十章 梦想号宇宙飞船

1

一晃眼，小伙伴们三点一线的生活又过了十天，迎来了第二个周六，也就是乘坐宇宙飞船的日子。这一日清晨，天蒙蒙亮，乐远猛地睁开眼，脑中不停地幻想着上太空的场景，精神异常兴奋，久久无法再次入眠。可一看手机上的时间，居然只有六点，他醒得比太阳公公还早，过了十分钟，太阳一点点穿起红衣裳，光芒射入屋内，他的脸庞被映得通红。

乐远知道自己再也无法入睡，莫名地懊恼起来，呆呆地坐在床上，忽然，他眼珠一转，生出个奇怪的念头。

他掏出手机，悄悄地拨打窦图图的电话。

下午三点，小伙伴们在沈小丽的家中准备工具，按队长沈小丽的叮嘱，其他三个小伙伴分别打电话给父母，让他们放心。

随后，大脸图揭开白衬衫，一脸凝重地问："你们真的要去吗？非去不可吗？"

小伙伴们异口同声地说："非去不可！"

"可是，你们有想过吗，从地球到平行世界，当中有可能会遇到星球撞击，飞船上发生意外，比如零件受损。甚至，有可能会遇到外星人的攻击，难道你们都不怕吗？假如你们回不来了，那你们的爸妈该怎么办？"大脸图的眼中闪过一丝不安。

一时之间，小伙伴们陷入了沉默之中，甚至心中生出了愧疚。是啊，他们都是独生子女，若是有个三长两短，那父母肯定会很伤心。大家犹豫了，开始有了退缩的念头。

可就在这时，乐远不可置信地看着大脸图，这个要入侵地球的外星人怎么会关心他们的生死，还露出如此焦虑的神情？一直以来，它对他们漠不关心，从来没有帮助过他们，今天是吃错药了吗？

他捏着大脸图那一对白白嫩嫩的耳朵，喃喃自语道："你是来自修罗纪元的科学家、探险家大脸图吧？该不会是吃了地球的食物，或者被体内的铅污染了，脑袋不好使了吧？图图，你快帮我鉴定一下。"

大脸图面对乐远的挑逗，那一张土肥圆的脸蛋瞬间变得扭曲，几乎是歇斯底里地吼道："废话！你才笨，别以为我没听出你的话里的意思!"

乐远脸上挂着一抹坏笑:"我知道了,你肯定被图图感染,变得胆小了。"

大脸图耷拉着脸,轻哼一声:"哼!你等着瞧,今晚就让你体验一把,何为不听老人言吃亏在眼前。"

在大家都沉浸于玩笑之中时,聂非凡忽然想起一个很大的问题,那就是时间。他们若是去平行时空救人,一定会花费大量的时间,而按照大脸图所述,当他们回来时,地球上岂不是已经过了一两年?那爸妈肯定会急坏了!

"大脸图,你有没有什么办法?即使我们身在平行时空,但时间还是按照地球的算?你看,我们总不能去了一趟平行世界,回来后,身体就老了几岁吧?"聂非凡问道。

只见大脸图拿出一个圆形闹钟,将时针和分针都调了调,说:"你们放心,这个问题我早想到了,在来地球之前,我就研发了这个神奇的闹钟。现在已经调好了时间,即使你们去平行世界半年,也与在地球上的一样,都是半年。"

小伙伴们惊讶地望着大脸图,看来这个外星人没有说谎,他确实是科学家兼探险家。

晚饭过后,小伙伴们将工具塞进自己的书包中,有些疲惫的小伙伴准备去小睡片刻。客厅只剩乐远和大脸图，尽管他一大早就醒来，此刻却丝毫没有困意，反而像个机器人一样，在一盏欧式复古的台灯下，与大脸图窃窃私语。

大脸图拿出一张绘好的电路图，上面写着"跟踪器"三个字，它看着乐远，有意让他来制作小道具。

乐远为难地说："你不会是要我来做吧？我可不懂物理知识呀！"

忽然，乐远像是被一股电流击中般浑身一颤，随后，他轻轻地搬开白色的椅子，在暖黄灯下安静地挑小工具，动作非常熟练，仿佛做过无数次，很快就做好了几个跟踪器。

夜色正好，圆月高挂，无风无雨，距离十二点还有半个钟时，闹钟发出"滴滴滴"的声响。小伙伴们从房间里依次走出来，不经意地扫了一眼餐桌，颇有兴趣地拿起小道具，惊叹道："天啊，乐远，原来你还会这门技能！"

窦图图摇了摇台灯下的人，语气中有些酸味："乐远，大家都是出生入死的好朋友，你用不着这么深藏不露吧？"

"什么深藏不露，这些怎么可能是我做……不对，昨晚我好像是迷迷糊糊地做了什么。"乐远睁开蒙眬的双眼，看了一眼桌上零散的小工具，打算在桌上继续睡。可话说到一半，他揭开白衬衫，指着雷打不醒的大脸图，一脸恍然大悟的神情。

通过乐远的叙述，小伙伴们猜测，是大脸图的超能力控制了乐远，使他拥有了超能力。但现在，任何人也唤不醒装睡的外星人，小伙伴们只好先一人带上一个跟踪器去时空大厦。

距离午夜十二点还剩一刻钟的时间，南明市不是个不夜城，在这万籁俱寂的夜晚，马路上的路灯稀少，一个鬼影都没有，连夜行的货车都看不见，风却一个劲地灌入衣中。

通往时空大厦的那条小巷更是黑暗，只有一盏时不时闪两下的路灯，隐隐约约看见附近的垃圾场上冒着白烟，微风轻轻一刮，一股难闻的恶臭味就扑鼻而来。

小伙伴们不禁加快了步伐，温柔的风轻抚耳旁，却传来一阵阵低回又哽咽的歌唱声："我穿上血色的嫁衣，红色的高跟鞋，只为与你一起奔赴坟墓。"

窦图图苦着一张脸，紧紧地挽着乐远的手臂，目光却望向黑漆漆的夜空，仿佛那歌声是从头顶传来的。他再一次害怕起来，喃喃自语道："这条路怎么还没走完？我们该不会是迷路了吧？妈呀，这到底是谁在唱歌？"

那个女声似乎听到了他的话，不禁发出了女巫般的笑声："嚯嚯！图图，图图，快来找我呀！"

窦图图一手遮住耳朵,一手拽紧乐远,却不知身旁的人脸色已经如同墨水一般黑。

那一道女声孜孜不倦地反复唱:"我穿上血色的嫁衣,红色的高跟鞋,只为与你一起奔赴坟墓。"

终于,乐远受不了窦图图的"亲密动作",面无表情地说:"好了,大脸图,别添乱了!"

大脸图像患了小感冒,闷声闷气地说:"别冤枉好人,我可一直在睡觉呢。"

窦图图停下脚步,狠狠地揪起猫耳朵:"好啊,原来是你在捣蛋,看我怎么惩罚你!"

"图图,别闹了,你们快看天上。"沈小丽惊愕地仰望夜空。

那是一架闪烁着荧光的东西,从星空迅速地划过,留下一条长长的白色痕迹。短短几分钟的时间,那一架神似宇宙飞船的航空母舰穿过杂草,降落于大厦的后花园。

2

小伙伴们惊喜不已,迈着轻盈的步子飞奔而去。到了近处,大家看见眼前的正是一架宇宙飞船,椭圆形状,表面镀了一层银色的膜,窗户是由黑色的玻璃制成,聂非凡好奇地敲了敲,发现玻璃的硬度很好。忽然,一扇狭窄的门自动打开了,门口的屏幕上显示着:欢迎乘坐梦想飞船。

"好酷炫!太棒了!"乐远忍不住赞叹,跟随小伙伴们走进去。

"请问,有人吗?"沈小丽礼貌地问。

"估计只有我们四个人,神秘人不会现身。"聂非凡看穿了她的心思。

飞船内部的空间很大,有餐厅、会议室、游戏厅。走过长长的甬道,再打开一扇拉门,就是卧室。

神秘社 1

每间房里配有一张卡通单人床、一张木质课桌,墙壁有个功能性的显示器以及一间有浴缸的卫生间。房间的墙壁颜色都不一样,一、二号房是奶粉色混灰色系列的,三、四号房则是天蓝色混白色系列的。

小伙伴们看得目瞪口呆,原以为只是像飞机一样的航空母舰,没想到竟然如此豪华!

在三个男孩的强烈要求下,平日里像个假小子的沈小丽,选择了二号房。为了争夺蓝色系列的房间,他们决定猜拳,胜的一方优先选择。最后,窦图图欲哭无泪地走进了一号房。

不一会儿,乐远按打开显示器,按下其他小伙伴们的房间号,一张张熟悉的面容出现在眼前,他得意地解说显示器的用处,又邀请他们去飞船尾部的放映厅观看美丽的宇宙。只是,他自始至终都没有说明,这些都是大脸图的功劳。

聂非凡摇了摇头:"我不去了,放映厅讲解的内容都很无聊。"

大脸图补充道:"你错了,这里的放映厅不仅仅是讲解内容,还能看到真正的宇宙呢!其实飞船都是缩小空间的,你打开尽头的一扇扇门,就能看见星光灿烂的银河和美丽的星球,甚至与星球擦肩而过。"

"这么神奇？我要去！"窦图图对此充满了浓厚的兴趣。

在大脸图的指导下，小伙伴们稍稍倾斜身体，自如地滑过地面。在打开第五扇门后，他们来到放映厅。

这里更像一间宽敞明亮的植物大棚，墙壁两边开着两盏欧式的宫灯，液晶电视播放着宇宙知识，下面是一个六宫格的白色柜子，四个角落都摆了绿色植物的盆栽。而头顶是拱成半圆形的透明玻璃，落入眼帘的是一颗颗闪烁着粉光的星河，似梦似幻，美丽无比。

接着，"哗"一声轻响，小伙伴们循声望去，地面犹如一面圆镜，他们的脚下展现出一个表面有红褐白三色条纹的星球。

聂非凡惊奇地问："大脸图，这个是什么星球？为何我们的飞船遇上它就行驶得很慢？"

大脸图仔细一看，答："这个是被四大卫星和几十个小卫星环绕的木星，它的质量超过所有其他行星的总和，是太阳系八大行星中体型最大、自转最快的行星。你们看它表面的大红斑，一个朝着逆时针方向旋转的古老风暴。其实我们也没有变慢，只是它太大了。"

乐远好奇地问："那你们为什么不去这个星球呢？宇宙大得超乎我们的想象，你们何苦非地球不嫁呢？"

神秘社 1

大脸图并没有被乐远的幽默逗得哈哈大笑,它垂下眼帘:"哪有那么简单,每个星球都不一样,很多都不适合我们居住,像月亮这个天体,它没有生命,没有海洋。金星内部云层覆盖,常伴随着电闪雷鸣,失控温室效应。诸如此类的星球,它们都不适合我们居住。"

"说来说去,就是看中地球,哼,我去玩游戏了!"窦图图推开门,滑向声响逼真的游戏厅,聂非凡也跟了去。

"就算地球再好,你们也不应该有这样的想法!你们太自私了,完全没有考虑过我们!"沈小丽满满的正义感,说完就别过脸,坐在一个固定的安全坐椅上,安安静静地仰望星空。于她而言,研究神秘事件是一间有趣的事,虽然费脑,却也是静心的一种方式。何况神秘的宇宙,充满了幻想。

忽然,"啪啪——"两声响,整个放映厅一片漆黑,飞船开始晃动,植物盆栽激烈地相撞,发出瓷片碎了的声音,沈小丽感到无边的恐惧感,一边哇哇大叫,一边抓紧了腰间的安全带。而刚走到门口的乐远被震得扶住门框,不停地呼唤大脸图,可肚皮上的外星人偏偏没有回应。

与此同时,游戏厅的枪声停止了,屏幕出现一只皮肤长满皱纹,耷拉着脸皮,黑眼圈巨大,黑色的身子,扑闪着一对湖蓝色的翅膀的大蝴蝶。她披着一缕干枯的发丝，狡猾地笑了笑，并伸长消瘦的手指，差点从屏幕里爬出来。

两个小男孩被吓得一哆嗦，跌坐在地。突然，屋内全黑了，只有两双眼睛望着彼此，聂非凡站起来去开灯，却发生了剧烈的晃动。面对突如其来的意外，两人相拥在一起，窦图图头晕目眩，聂非凡也觉胃里翻滚，难受得都要哭了。

这到底是怎么回事？难道是飞船被撞坏了吗？我们会死吗？

飞船颠簸着，小伙伴们的脑电波发出可怕的问题，他们紧紧抓住牢固的东西，惶恐地瞪大眼，有一瞬间忘记了呼吸。

第十一章　野外遇血狼

1

过了五分钟，飞船停止了晃动，一个机械又冷静的声音响起：

"大家不要惊慌，刚刚梦想飞船受到信号干扰以及被莫名物体的撞击，发生了一点小故障，现在已经恢复正常。请乘客们前往餐厅，为了表示歉意，我们准备了美味的食物。"

小伙伴们听到声音，慢慢睁开了眼，却见明亮如白昼的放映厅毫无损坏的痕迹，角落里依旧有四个完整的植物盆栽。游戏厅的道具整整齐齐地放在原处，刚刚发生的一切似乎是一场幻觉。

沈小丽茫然地环视四周，门紧紧地关上了，可是乐远却不在厅内。她揉揉眼睛，定神一看，直冲液晶电视走去，打开柜子一看，空空如也。她焦急地四处寻找，甚至挪开植物盆栽，也不见乐远的身影。

"乐远！乐远！你在哪？"沈小丽大声地喊，一眼望向门口，难不成被甩出去了吗？

她开始滑向前方的游戏厅，打开一扇又一扇门，其中，由于步履一时刹不住，连续撞在木门上好几次，额头肿起一个大包，她却不理会，一心想要找到小伙伴们。

终于，打开游戏厅的门，见窦图图和聂非凡安然无恙，三人情不自禁地拥抱在一起，热泪盈眶。当沈小丽问及乐远时，两个小伙伴摇了摇头，表示从未见过乐远来这里。

沈小丽立即说："我们赶紧找找他，大家一定要平安回去！"

小伙伴们郑重地点点头，夺门而出，将餐厅、会议室、公共浴室都找遍了，依然不见乐远的踪迹。最后，大家滑向卧室，那是最后一个地方。

若是再找不到，乐远可能回不去了。窦图图甩甩头，说服自己不要去想，却甩出两颗豆大的眼泪。

从窦图图的一号房，到聂非凡的三号房，都明显被人搜查过。当他们打开第四间房时，奇怪的事情发生了，小伙伴们清楚地记得，飞船的卧室原本是没有窗户的，可是乐远的房间却开了好大一个窗。门外的小伙伴们走进去,却被藏在门后的人猛推了一把,不慎摔倒在地,他们看见一道湖蓝色的身影从窗户跳了出去。

小伙伴们追上去,却没能抓住那个人的腿,反而感到一阵晕眩,头疼加剧,甚至想呕吐。聂非凡立刻关上窗户,张了张口,说话似乎变得困难起来,过了几秒,他一个字一个字地说:"大家别激动,坐下来慢慢呼吸。"

沈小丽乖乖地坐下来,她知道,定是由于窗户打开,屋内缺氧,导致头部不适。

大家调整好自己后,纷纷伏在乐远的床边,轻声地呼唤他,他却始终如一地躺着。聂非凡抚摸他的额头试温,又检查他的身体,既无发烧迹象,也没受伤,怎么会一直躺着呢?更令人不解的是,他是怎么回来的?

窦图图拉拉聂非凡的衣襟,一脸想说又不敢说的样子,沈小丽见状很别扭,命令道:"窦图图,你想说什么?快点说,别拉拉扯扯的!"

"沈大人,是这样的,刚刚跳出去的那个怪物,好像是从游戏厅的屏幕中爬出来的蝴蝶啊!"窦图图努力地想了想,"有点,有点像大脸图曾说的外星人!"

神秘社 1

沈小丽惊愕地望向他,那一瞬间,她的脑海中不断地浮现大脸图的预言:从地球到平行世界,当中有可能会遇到星球撞击,飞船上发生意外,比如零件受损。甚至,有可能会遇到外星人的攻击,难道你们都不怕吗?

"咳咳——"床上的人轻咳了两声,却没有睁开眼。聂非凡连忙喂他喝水,又把窗户关得死死的,说:"乐远应该没什么大碍,我们先去吃点东西,顺道给他带点来吧。"

在餐厅里,沈小丽双手捧着脸,窦图图一只手撑着下巴,聂非凡抱着双臂,全都忧心忡忡。自从按下点单键之后,他们一直系着安全带坐在沙发上,根本不关心会上什么大餐。

"大家好,我是007号,麻烦让一让,要上菜了。"

小伙伴们再次听到了那一道机械的声音,扭头一看,竟是机器人,冰淇淋头,红色圆眼,蓝色丝巾,蓝色的手掌,与窦图图一样高。他们的手上端着一份炸酱面和慕斯蛋糕以及一瓶小酸奶。两个机器人上完菜之后,化作矮个子机器人,将餐厅的每一处都打扫得亮如明镜。

小伙伴们面面相觑,这待遇也太好了吧?

聂非凡好奇地问机器人:"007号,你的主人是谁?"

007的双眼扫过一列数据,答:"主人说,顾客就是上帝。"

这个回答，令聂非凡大失所望。他心想，要是机器人会打外星人该多好。

沈小丽似乎看出了他的失落，笑着说："看来，这个机器人还没有升级呢！应该只是普通的家用机器人，主要从事维护、保养、修理、运输、清洗、监护等工作。"

在他们调侃期间，窦图图让另一个机器人打包了食物，他拍了拍聂非凡的肩膀，示意小伙伴们回到卧室。

沈小丽掏出口袋的手机一看，说："走！就要三点了，按照大脸图的猜测，飞船也快到那里了，赶紧唤醒乐远。"

"谁要叫醒我呀？图图，赶紧给我点吃的，快饿惨了！"

乐远突然出现在大家的视线中，他靠在门口微微一笑，目光盯着窦图图手中的塑料袋。

"你是怎么回到卧室的呀？"三个小伙伴们两手托腮，望着对面狼吞虎咽地吃炸酱面的人。

"我记得当时被晃到了一个地方，是一间贴满路飞海报的屋子，全部封得死死的，只有高处一个小洞口。然后，我看见你们在游戏厅抱着彼此流泪，我大声地叫你们，可是没有一个人答我，再后来我就不记得了。"乐远也不明所以。

"你没事就好，只要我们平安到家就好！"沈小丽又重复了

神秘社 1

一遍，她伸出一只手，与小伙伴们握在一起，下定了决心。

"你们说的蝴蝶外星人是真的吗？"乐远疑惑地问。

就在这时，桌子上的食物抖动起来，就像车子在陡峭的山坡上行驶般。随后，机器人的声音再次传来：

"梦想飞船的旅客们，我们即将抵达终点，请大家系好安全带，不要随意走动，谢谢您的配合！"

2

飞船停在深山老林中，小伙伴们惊讶地望着窗外的一切，阳光透过树枝倾泻进来，形成许多条光柱。这里的树木非常茂盛，到处是银杏、针林叶，一眼望去，尽是橘黄色的世界，高空的落叶欢迎似的旋转一个圈，最后落在小伙伴们的脚边。远处传来潺潺的流水声，隐没在林中的一条小溪涓涓细流过石头，水质如同孩童的眼睛般清澈，尽管水很深，水里的蝌蚪依然清晰可见。

他们戴上背包中的氧气罩，高兴地走进林中。突然，沈小丽打了个喷嚏，搓了搓手臂："我们在哪啊？天气有点冷。"

"这里应该就是大脸图口中的地方，由于在山间又是秋天，温度比陆地低一些。若是夜里山风吹来，我们一定会感冒的。"说着，聂非凡从背包中拿出几件外套。

"还是你想得周到,我们穿上就出发吧,先走出这一片林子,估计到时候大脸图也该醒过来了。"乐远冲他感激地笑。

小伙伴们望向四周,就地拾起一条粗硬的树枝,背上自己的行囊,兴奋地奔向充满未知的冒险之路!

过了两个小时,夜幕降临,云层后的月亮光辉逐渐增强,山间起了雾,月色下的山林朦朦胧胧,看起来美丽又极富诗意。小伙伴们拄着树棍,疲惫地行走在雾中,他们的心情一点也不美丽,背上的行李似乎太重,压得脊梁弯曲,腿部的力气减弱。

窦图图蹲下身,喘着气:"不行了,我走不动了。"

沈小丽劝道:"快起来!说不定我们再走一遍,就走出去了呢。"

乐远有些沮丧:"可是沈大人,我们确实迷路了,这条路走了八遍,还是绕回来了。你瞧,这是我拿机器人的蓝丝巾做的记号。"

沈小丽的目光落在一棵树上的蓝丝巾,她还想继续鼓励大家,却被聂非凡拉住了:"班长,我们休息一下吧,这天气是分辨不出方向的,估计今晚是走不出去了。"

小伙伴们围坐在一棵大树下,拾起身旁的木柴,费了老大的劲才生起火。沈小丽伸出冰凉的手,火光照得身子暖烘烘的,她却隐隐有种不祥的感觉，自古以来，在夜晚的深山老林中，野兽最爱出没，毒蛇、野猪、狗熊、狼群等，若是遇上这些猛兽，他们可一点应对的办法也没。

她犹豫了一会儿，问："我们制定一个方案吧，假如，我是说假如遇上野兽，我们该怎么办？"

"沈大人，你不用担心，我们已经准备好了。"

聂非凡和乐远相视一笑，他们分别从自己的背包中变魔术一样，拉出巨大的帐篷，随后用打气筒往里面打气，帐篷慢慢地鼓起来，形成半圆形。

"之前大脸图让我准备的帐篷，没想到竟然用上了，它可真是料事如神啊！"乐远拍掉手掌上的泥土。

"笨蛋，你以为狗熊和狼群会放过你的帐篷吗？他们三两下就能咬烂了！"沈小丽丧气地说。

"呃，那咱们就轮流值班吧，上半夜我和窦图图，下半夜聂非凡。你们觉得如何？"乐远乐观地说。

小伙伴们齐齐望向乐远，默默吃惊于他的成长速度，从前那个不擅于思考的吹牛大王，而今能够快速地找到解决问题的办法。经过讨论，大家统一认同乐远的建议，在大脸图醒来之前，他们确实没有其他更好的办法了。

可是，大脸图怎么一上飞船就装死似的沉睡呢？

窦图图百思不得其解，他低声地呼唤大脸图，山间的风声在耳旁作响，却听不见对方的回应。他挑了根细细的树枝，从猫耳朵到猫鼻孔，不停地挠着。

"啊嚏！"大脸图搓了搓鼻头，两坨鼻涕和口水全喷向对面，它眨眨双眼，问："是谁这么缺德？总打扰别人的美梦啊！"

"哈哈哈——哈哈哈——"乐远、沈小丽和聂非凡捧腹大笑，他们凝视着大脸图对面的人。

顺着大家的目光望去，只见一张白白胖胖的脸上，挂着两条黏黏的绿色液体，他的头发被吹向一侧，目光呆滞。这种画面，不管是谁看了，都会恶心得呕吐。

窦图图用银杏叶轻轻地刮下液体，恢复了平时的神情。他愤怒地丢掉叶子，眼睛几乎冒出火来："你说谁缺德，还有人比你缺德吗？我这么英俊的脸庞，全被你毁了！"

大脸图鼓起腮子，控制自己不笑出声，它低声嘟囔："真是恶人先告状！"

"你说什么？有本事你再说一句！"窦图图凌厉地看它一眼，起身要揪它的耳朵，却被聂非凡拉住了。

小伙伴们重新坐回原位，由沈小丽向大脸图描述飞船后的情况以及刚刚所做的决定。

大脸图转了转眼珠："这个办法也不是不行，只是还可以更好。放心，有我在，你们不会死在这片林子里，否则我自身难保啊！"

话音一落，除了乐远之外，小伙伴们纷纷进到帐篷，一躺下就睡着了。

夜半三更，乐远手边的木柴都烧光了，他唤醒窦图图来看守，自己则去拾些木柴。这时，云层缓缓挪向月亮，空中只剩一弯月牙，林中的雾散了，孤身寻找柴火的乐远抬头仰望璀璨的星空，在不知不觉中远离了营地。

"嗷呜——"

远处传来一声低吼，斑驳的树影晃动着，一条长长的尾巴在林中摇摇晃晃，棘刺遍布的灌木丛中，两双发着绿光的眼睛寻寻觅觅，树叶沙沙作响。乐远心想不妙，蹑手蹑脚地原路返回，殊不知，他离营地起码有一里路，为了不打草惊蛇，只能轻盈地小跑回去。

"嗷——"

那两头庞然大物发现了他，仰头兴奋地吼一声，尖利的眼睛直视着它们的猎物，发起猛烈的追寻。乐远马不停蹄地跑，两条腿始终不敌四条腿，那两头狼很快就追了上来，两条粗大的尾巴不停地拍打树干，把树上的叶子拍得落了一地。

乐远被吓得一哆嗦，不慎一脚踩进了陷阱中，整个人被狭窄的空间限制着，他大声地喊："救命啊！大脸图，救命啊！"

猛然抬头，那两头狼已近在眼前，它们张开大口，露出满嘴獠牙，正饶有兴趣地看着他，似乎在讨论要如何吃了这个愚蠢的人类。它们迫不及待地扬起毛茸茸的狼腿，眼看锋利的狼爪就要朝自己扑来，乐远绝望地闭上了双眼。突然，陷阱中喷出一道火光，把两头狼吓得连退好几步。

接着，乐远从坑中爬出来，他戴着冲锋衣的帽子，整个人如同一把火般燃烧着。奇迹就在这时发生了！那两头狼面面相觑，一步步地往后退，然后优美地转身，如同逃亡般朝林子深处奔去。

第十二章 人体基因实验室

1

"乐远——"远处传来大声呼唤的回音,乐远身上的白光瞬间消失了,他浑身一颤,听着小伙伴们的呼唤,连忙挥舞着手电筒:"我在这里!"

灌木丛中的小伙伴们疯狂地跑来,将乐远团团包围,他们焦急地问:

"你怎么跑这里来了?"

"我刚刚听见狼吼的声音,你没遇上吧?"

"乐远,你下次别跑这么远,怪可怕的!"

忽来一阵凉风,乐远的心里却暖暖的,他感动地拥住小伙伴们,千言万语,包括那一声谢谢,尽在这个拥抱中了。在黑暗的林子里,没人看见他擦泪的动作。过了几秒,他认真地向沈小丽敬了个礼,笑道:"是的,长官!"

黎明将至,黑白交替,月牙的光辉已经减弱,小伙伴们背上行囊,重新踏上了寻找实验室的旅途。一路上,大家打打闹闹,攀树摘果实,拔白茅草喝甜汁,他们的感情比以前更加深厚了,心理的承受能力也逐渐增强。

"看!我们走出来了!"沈小丽惊喜地指着前方。

一缕温暖的阳光从树叶的缝隙中泼洒进来,照亮了他们脚下的路,小伙伴们发现,他们脚旁有不计其数的紫色花朵,每一朵都承载着生命之重和对未来的希望。他们欢呼着,脸上洋溢着灿烂的笑容,向前方的自由和光明奔去!

"沈大人,我们怎么才能找到实验室呢?就算找不到建筑小队,也要看一眼实验室呀,总不能跨越千山万水,却白来一趟!"

窦图图的话音未落,乐远的手中被塞进一份地图,上面标明了通往实验室的路线。

大脸图说:"刚刚我查清了实验室的位置,从现在起,不管你们发生什么事,都要配上跟踪器,最好一起行动。另外,你们不到走投无路、万不得已的时刻,千万不要叫醒我。"

小伙伴们望着彼此,不明白这个外星人为何要帮助自己,难道它要放弃侵略地球吗?但他们知道,大脸图之所以装睡,只是为了顾忌实验室出现自己的同胞。

他们拿着地图,来到山脚的一个洞穴,反复确认地图标记的点之后,打开手电筒,一路加快步伐穿过长长的甬道,却被拦在一扇石门外。石门上有个电子锁以及一句"闲人免进"的提示语。根据之前的经验,聂非凡和沈小丽开始寻找密码的线索,争取早点打开大门。

可他们把事情想得太简单了——

洞穴里黑漆漆的,时间一分一秒地流逝,小伙伴们依旧毫无收获,他们再次回到石门前,盯着电子锁发愣。忽然,沈小丽灵光一闪,输入了四个一样的数字,可石门毅然不动。她又连着输入一串数字,石门依旧死死地封闭,气得她耗尽了耐心,用小皮靴踹了一脚门。

没想到这一踹,竟生出了一点门路,石门的左下角有一个突出来的硬物!

这应该是个玄石室,上面的电子锁只是摆设,为了掩饰真正的开门锁——左下角的印章。沈小丽惊喜地蹲下身,左右瞧了瞧,又换位置瞧了瞧,便唤来窦图图扭转印章,结果依旧扭不动。

"让我来!我可是大力士乐远。"

窦图图和沈小丽退在一旁，只见乐远一脚抵住墙面，双手扭动印章，因用力而突起的青筋清晰可见。厚重的石门伴随着刺耳的声音，慢慢地打开了一个小缝，沈小丽率先走进，聂非凡紧跟其后，而窦图图却因体型宽大，不得不让乐远推进来，里面的人拉住图图的手，费了九牛二虎之力，才将他挤进去。

2

"这么窄,外星人都怎么进来的?他们的体积也太小了吧?"窦图图抱怨道。

石室的内部可不小,霓虹色的灯光四射,墙上到处是龇牙咧嘴的怪兽涂鸦,一路走去,先进的高科技研究设备不计其数。穿过一条长长的走廊,打开一扇圆形窗口的小门,储存着几具白垩纪的恐龙化石,往里头一走,只见两条肤色泛白的海豚被泡在圆柱式鱼缸中,实验桌子上有植物标本、人的毛发、风干的脑颅,七八具人类的尸骸……

"天哪,这些尸骨该不会是建筑小队的吧?"窦图图的脑中立刻浮现血流成河的画面,他感到一阵不舒服的恐惧,如同脚底踩空,跌入了万丈深渊。

"这些畜生!我要替建筑小队报仇!"乐远非常愤恨。

"等等!"聂非凡数了数那些尸骸,说,"这里只有十具,而且身形不太像成年男人的。"

经他这么一说,小伙伴们纷纷靠近,定睛一看,身体长短不一,有的甚至与乐远他们一样高。

"这些王八蛋,为了研究,居然连小孩都不放过……真是气死我了!"沈小丽火冒三丈。

"嘘,有人来了!"聂非凡拉住小伙伴们,躲在实验桌下,把手电筒也关了。

这时,整齐的步伐声在门外戛然而止,灯光从圆形的玻璃射进来,几个白萝卜头朝里面望了望,见实验室没有异常,方才离去。小伙伴们长舒一口气,就地讨论起战略,依现在的情形来看,建筑小队十有八九被关在一个隐蔽的地方。大家戴上跟踪器,根据大脸图提供的地图,他们所在的位置应该是地图上标了星星的地方。

"我觉得他们会把人关在最危险的地方,就是这里。"聂非凡指着地图上的展览厅。

"为什么不是后面的大宫殿呢?这么大的地方,才能装得下建筑小队吧?"窦图图不解。

"最危险的地方,就是最安全的呀!"沈小丽答,她望了望摄像头,"乐远,去监控室的任务就交给你了!窦图图,你跟他一起去。"

小伙伴们小心翼翼地路过写着"非领导人不得入内"的会议室,听见室内的外星人正在商量人类基因,其中一个膀大腰圆的中年男人说:

"若是把活人的基因研究出来,我们再做出一些发明,那就发大财了!"

接着,坐在他对面的男子说:

"把地球人通通杀死之后,我们就可以飞向地球了。到时候,我们想吃什么,想玩什么,都可以随心所欲了!"

"休想!"乐远差点低声叫出来,还好聂非凡及时捂住他的嘴,将他硬生生地拖走了。

外星人听到动静,慌张地推开椅子,朝窗外探出头,走廊上却什么也没有。拐弯处的小伙伴们长叹一口气,他们抬头看见路牌标示着展览厅和监控室,原来目的地已经到了。在沈小丽的再三叮嘱下,乐远保证不再冲动行事,才与窦图图往左边走。

沈小丽和聂非凡则直走展览厅,但令他们百思不得其解的是,这未免也太安静了,在展览厅的门外,不仅没有一个看守的士兵，连门上都没有设置电子锁。从小在杂货店的聂非凡，早就学会了一门手艺，他拿出一串钥匙，不过用了两把钥匙，就轻轻地撬开了锁。

而另一头，窦图图先是模仿猫叫，将监控室的外星人引出去，乐远趁此时机，连忙走进去，一一毁坏监控录像。但这时，他头顶的屏幕上，出现了一张似曾相识的面孔，那个人头蜜蜂的脸僵硬了一下，随后惊恐地凝视他，叽里呱啦地说了一连串外星语。乐远慌张地关掉了屏幕，他想起来了，那正是曾经在时空大厦的监控视频中，对黑衣人毕恭毕敬的外星人！

不好，这个外星人要是上报上级领导，他们就被发现了！乐远心想。

这时候，窦图图冲进来，见录像全被毁坏，高兴得直鼓掌。乐远却愁眉苦脸，拉着他不由分说地跑向放映厅。但是，来不及了！短短几分钟，他们在分叉路口停住步伐，探头瞄了几眼，放映厅外站满外星人，一排类似军队的队伍，迈着整齐的步伐，其中，有外星人押着两个小个子犯人，朝他们走了过来。

"哎呀，果然被你说中了，今天收获真不小呢！加上之前的地球人，一共就有十四个了，要是博士知道了肯定会高兴。"

乐远紧贴墙壁，目送那一对冷漠无情的领导人，恨不得冲上去把他们狂揍一顿，再抛进大海中喂鱼。不过，建筑小队有十二人，而今加上沈小丽和聂非凡，就是领导人口中的十四个地球人。这么一想，乐远顿时消气多了，终于可以确定，建筑小队还活着。

可当乐远再次探头远望时，两个小伙伴就被带离了他的视线范围，而这不过是短短数十秒的事。乐远前脚迈出，想追上去寻找队伍的影子，可窦图图拉住了他的衣襟。

"咕噜咕噜——"窦图图的肚子不断地发出声响，乐远也不自觉地摸了摸自己平坦的肚子。两人四目交对，最终决定在救人之前，先去厨房饱餐一顿。毕竟，只有身体充满了能量，才能应对后面的困难。

根据路牌指示，两人绕了一大圈，蹑手蹑脚地爬上楼梯，来到二楼。由于外星人抓到了敌人，除了宫殿，其余的地方都没人看守，上级领导为了庆祝，全聚在豪华的房间胡吃海喝。

厨房与仓库相连，厨师只有两位，分别在爆炒海鲜和擀面条。乐远和窦图图几乎伏在地上，像只虫子一样蠕动身体，成功进入仓库。两人很是高兴，眼前的食物成堆，有硕大的馒头、鲜榨的果汁、可口的水果、柔软的糕点以及悬挂于上空的烧鸡！这一排烧鸡可把窦图图乐坏了，他踩上桌子，轻轻松松地取下一只烧鸡,开始狼吞虎咽起来。

突然,一个外星人听到仓库发出窸窸窣窣的声音,把帘子猛地拉开,快速地扫了一眼。而躲在一袋袋沉甸甸的面粉下的两个小男孩,差点被压坏了,他们透过袋子的缝隙,见外星人把烧鸡全取下来后走了出去,便从袋子中探出头,深深地呼吸。

乐远喝完一杯果汁,起身找来几捆绳索,端起一盘馒头以及一把锋利而精致的匕首,将这些统统都装进了背包中。

"图图,吃快点,我们去晚一分钟,他们都可能会有危险的!"乐远催促道。

"唉,太可惜了,我还没吃饱,烧鸡就被带走了。"窦图图忍不住叹气。他的嘴里吐出一块块骨头,直到把一只烧鸡都啃得干干净净,方才罢休。他满足地摸了摸自己鼓起来的腹部,吃力地站起来。

第十三章　拯救建筑小队

1

根据地图,乐远只能猜测,建筑小队等人可能都被关进了守卫森严的宫殿中。他在监控室清楚地看见,宫殿外值守的都是身强体壮的军人。

"图图,这么大的一个实验室,我们怎么找沈大人他们呢?"乐远愁眉不展。

窦图图想了想,说:"你忘啦,我们有跟踪器呀!"

乐远拍着脑袋,他们身上都佩戴着跟踪器,只要将电脑拿出来,打开定位系统,沈大人的位置就能找到了。他立刻从背包中取出平板电脑,输入密码,焦急地等待电脑开机。然而,就在此时,平板电脑没电了!

"完了完了,我的电脑没电了,我们怎么去救人?"乐远再次皱起眉头,手指不停地按开机键。

神秘社 1

窦图图激动地大声说:"啥?!这时候没电?那我也没办法了。"说到最后一句,他颇为沮丧,声音也变小了。

此时,厨房的香气隐隐约约地飘进仓库里,两个厨师对话的声音格外清楚:

"宫殿那边的食物都做好了吗?"

"在这里呢,等下就给他们送去,我再去拿几个馒头。"

乐远忽然有了个好主意,他与窦图图耳语了几句,两人在仓库的小门旁找到两把小扫帚,然后分别站在帘子的两旁。外面的脚步声渐近,只听见"嗵"一声,那个年轻厨师双膝着地,乐远立刻又给他的后脖子一棍,这才让他昏过去。另一个厨师猛然转身,见年轻厨师的腿露在帘子外,以为他摔伤了,便奔向仓库。可他拉开帘子的下一秒,就被打晕了。

"图图,快快!咱们快换上他们的衣服!"乐远喊道。

"突突突……突突突……"两个厨师模样的人推着一板车的食物,他们头戴红色波点的帽子和口罩,明目张胆地行走于外星人的领域。他们从电梯直达一楼,路过的外星人都没有发现他们,直到宫殿外,两根刻着龙图腾的大圆柱旁,两个神情戒备的军人守在门外,拦住他们的去路。

"怎么以前没见过你们?"军人的眼神十分尖锐。

"呃,我们是新来的,刚刚师傅交代我们送饭过来。"乐远强装镇定地掏出口袋中的一张卡片。

窦图图没有吱声,只是在一旁默默地看着,可他的双手却在颤抖。

那个军人狐疑地瞥他们一眼,又瞧了瞧卡片,对另一位矮个子军人挥挥手示意,那军人便转身打开了大门。

两个小伙伴一进入厅内就惊呆了,宫殿不愧是宫殿,金光闪闪的墙壁,欧式水晶吊灯,紫檀木桌,描绘着精致花纹的茶具,连脚下的地毯都是貂毛制成。这些华丽的东西,足以证明外星人有多喜欢地球,连家具都一模一样。

可乐远不会在乎这些东西有多奢贵,他暗骂了一声外星人,真是太残忍了,光这一块地毯,就不知要杀害多少只动物。

矮个子军人领着他们,穿过长长的红毯,在最后一间屋前停住脚步,他打开铁门,冷漠地指着乐远,示意他送饭进去。

乐远将板车停在一旁,他看见这间空荡荡的屋子里,只有一层厚厚的杂草堆成的床垫、一扇特别高的小窗户和一群陌生人。那些人中,有躺着的,站着仰望窗口的,或缩在角落的。他们都有一个共同点,面色憔悴不堪,蓬头墙面,衣裳单薄破烂,最令乐远印象深刻的是他们的眼神,充满了不屑和愤恨以及一丝绝望。

是怎样的遭遇,让他们如此沮丧?乐远不禁攥紧了拳头,他把馒头一一送到同胞们的面前,在他们耳边低声说:"别担心,我是地球来的人,等下咱们一起把这个外星军人揍晕,然后逃出去。"

他一口气快速地说完,又冲建筑小队眨了眨眼。军人见他送完饭要退出来,连忙上前关铁门,却被身后的胖脚用力一踹他的臀部,毫无防备地栽了个大跟头。

窦图图冲进来,与建筑工人们一同狂揍军人,直到军人趴在地上。那一群建筑工人全都站起来,脸上露出解气的笑容,人群中走出一个类似包工头的男子,他握着乐远和窦图图的手,感激地说:

"虽然我不知道你们是如何来到这里的,但是我代表大家,真诚地感谢你们!"

他一手扫过身后的建筑小队,刹那间,十多号人深深地鞠了一躬。

这般举动倒把两个小伙伴吓一大跳,他们此生可从未受过此等大礼,于是乐远摆摆手,挠了挠脑袋:"不用,不用,这是我冒险大王的使命!"

在一旁的窦图图实在看不下去吹牛大王谦虚，故意咳嗽两声："咳！我们还是先离开这里再说吧，现在还要去找沈大人和聂非凡呢！"说着，他拉着乐远转身欲走。

那个包工头却把他们拽回来，急切地问："你们说的是谁？"

窦图图有些不耐烦："哎呀，就是我们的队友，去救你们时被抓了，现在也不知被关在哪里了。"

一个灰头土脸的中年男子凑过来，说："是不是两个小朋友？一男一女，与你们差不多高？"

乐远惊喜地笑："是啊是啊，大叔，你知道他们？"

那中年男子答："之前被关在我们的斜对面，后来有一天醒来，我就没看见他们了。"

乐远"哦"一声，眼中露出一丝失望。包工头见两个小伙伴有情有义，顿时萌生喜爱之情，他笑道："别灰心，我们帮你们找到队友，然后再一起回地球。我想，他们应该还在这里，这几天我发现这个看似简单的宫殿，实际上机关重重。"

包工头的话似有一种魔力，让两个小伙伴听后心安不少，只见他推开斜对面的那扇铁门，满屋的灰尘簌簌而落，他时而敲着四面金色花底纹的泥墙，时而用力推动。

乐远的脑海中忽然浮现一个画面，是沈小丽开石门时的画面。他在泥墙上到处摸索，从上到下不放过任何一个角落，可是找不到，十多个人都找不到，大家倚靠着墙，沉默了。乐远坐在杂草上，低着头，他的眼睛发酸，眼眶积满了不想让别人看见的泪水。

而这时，久久无言的窦图图"啊"一声，怒骂道："哪个缺德鬼放在这一颗石头啊？痛死我了！还好我是坐下，而不是躺下。"说着，他将地上的杂草都扫开，可映入眼中的却是一个小小的印章。

2

乐远缓缓起身，诧异又惊喜地望着那枚印章，那就是他一直寻找的东西！他拨开人群，使用全身的力气扭动印章，一堵泥墙慢慢地转动，展现出一条黑暗无比的甬道。

果然有机关。但愿老天保佑，沈大人和聂非凡还活着！乐远和窦图图紧紧握着手，不约而同地想到了一处。他们俩冲彼此点点头，示意着战争即将开始，内心已经做好准备了。

乐远回头一看，建筑小队有十二个人，这次主要目的就是来救他们，而今他们可不能和自己一同冒险，若是全军覆没，那不就便宜外星人了吗？

"叔叔，从这里的窗户跳出去，再穿过一片丛林，你可以看见一艘巨大的梦想飞船。只要是地球人，飞船就会自动识别和接待，你们的家人都在地球等着，快先回去吧，不用跟着我们冒险了。"这一刻，乐远变得像个小大人一样冷静，看着自己手上的地图说。

"那怎么行呢？你们俩个人势单力薄，要是他们人多，我们还能帮点忙呢。"包工头想也没想就拒绝了，见乐远犹豫，又说，"这样吧，咱们强壮的人留下，其余的从窗口爬出去，在飞船那边接应。"

窦图图推一推乐远的手，对他点点头，表示自己同意这个建议。

"那好，如果天亮之前，我们出不去了，你们一定要乘坐飞船离开。"乐远叮嘱道。

大家相视一笑，只留下四个建筑工人，其余的八个人立刻行动起来，先是一人踩上另一个人的肩膀，相继跳出窗户，由最先跳出的那个人在窗外接应。见到八个人都安全着地，乐远等人才开始走进甬道。

在狭窄又低矮的空间里，包工头和他的属下都弓着身前行，乐远用手电筒照着路，走了约莫十米，前方隐约亮起一抹黄色的光，照着一张人脸。

一定是他们！乐远兴奋极了，不禁加快步伐，走到近处，那张脸的模样清晰起来，确实是沈小丽和聂非凡。他们的脸色很不好看,发白的嘴唇被一团纸塞住,手脚也被绳索紧紧地捆着,两人半躺在地上,头歪着,似乎睡着了。

窦图图和乐远跑过去,用力地摇两个小伙伴的身体,激动得眼泪都要掉下来。沈小丽微微睁开眼,一见到眼前的人,她非但不高兴,反而神色慌张,猛地摇头。

乐远以为她是害怕,拉出嘴中的纸团,又拿出背包中的匕首,一一割断她手脚上的麻绳。

"沈大人!别怕,我们来救你们了。"窦图图安慰道。

沈小丽的嘴唇被纸团塞得生疼,只能小心翼翼地张口:"你怎么来了?你快走!别管我们!"

说着,她用力地赶窦图图和乐远走。

"沈大人,你怎么了?说好了,我们要走就一起走!"乐远转过身,拉住她的手腕。

"来不及解释了,我现在以班长的身份命令你,乐远,你们快走!先出去找支援,再来救我们。"沈小丽的眼中泪光闪闪。

年长的包工头看出了女孩的担忧,拉着两个小男孩往原处返回,可是,随着整齐的步伐声传来,黑暗的甬道亮起了无数双红色的眼睛。

沈小丽的脸色更难看,眼神充满诧异和恐惧,真的来不及了。

聂非凡扶着石墙站起来,他的眼皮不停地跳动,似乎在提示他,即将有一场硬仗要打。

那一阵阵整齐的步伐声,如同巨大的雷声般打在大家的头顶,压得他们的面色非常凝重。根据脚步声判断,敌人离得越来越近,而小伙伴们杵在原地,急得心中一团糟。

"孩子们,跟我来!"包工头挥了挥手,领着他们走进狭窄的门缝中。随后,两个建筑工人再次使用蛮力合上了石门。

原来包工头根据自己的经验,猜测这个密封的石室有许多机关,刚才便在四周到处寻找出口。经过他的敲击,他发现在这个小小的洞穴中,有一面墙是空心的,只要稍微用力一推,石门就打开了。

以前小伙伴们总以为,只有古代的建筑才会在家中设置机关门。万万没想到,外星人居然也生活在这样的地方!

"我觉得他们隐居在这里,定是在做不为人知的事情。他们生活在石室中,到处设置机关也是为了有路可退。只是,他们可能没发现,地球人的潜能已经超出他们的想象了。"包工头说。

然而,就在这时,他们的身后传来了呐喊声,带着一股火药味的愤恨和敌意。小伙伴们忍不住回头一望，敌人带着千军万马追上来了，气势汹涌。在军队的身后，有一个狼头外星人正猖狂地放声大笑，仿佛已经看到了这场战争的结果。

黑暗的通道中，道路坑坑洼洼，有些小外星人一脚陷进去，就难以拔出来，导致身后的同胞刹不住车，一个挨一个地扑倒在地。那个狼头外星人意识到前方发生了混乱，立刻停止大笑，睁大眼睛一看，军队中有一半的人都站不起来了。他立刻冲过去，一一扶起那些人。

突然，洞穴发生了颤动，一粒粒石子不断地掉落，小伙伴们的脸上满脸沙尘，身后的军队很是恐慌，身子摇摇晃晃，一个站不稳，导致全军队的人互相碰撞。

"快！前面就是出口了，再累也要坚持住，否则就出不去了！"包工头喊道。

洞穴颤动得越来越剧烈，大颗大颗的石头砸下来，小伙伴们顾不上身上的疼痛，冲着不远处洞口的光亮，一路奋力地往前跑。

随着三声巨响，洞口砸下一块巨石，包工头最先跑出，在外伸手接应小伙伴，直到巨石堵住了洞口。大家双腿瘫软坐在地上，望着对方满身的灰尘，没有一个人有力气去拍掉。

沈小丽张望四周，发现一共只有七个人，还少了一人。她焦急地问："窦图图呢？"

大家面面相觑，窦图图不是一直跟在身后的吗？

此时，洞穴里传来一道熟悉的声音："沈大人，我被堵住了，敌人就在身后，你们快点走！"

第十四章　超能力大战狼人

1

天色微亮,阳光射入丛林,鸟儿啼叫的声音格外美妙,隐没在山间的小溪潺潺流动,流水声宛如一个少女边采花边吟唱欢快的民谣,大自然中的一切是如此欢愉。

可沈小丽的脑海中却蹦出一句话:往前一步,是海阔天空;后退一步,是生死悬崖。这个时候她的心情跌入了深渊,无法再乐观起来。

聂非凡和乐远一时之间也不知如何是好,虽然只差一步,他们就能走出这个地狱般的地方,但回想一路走来,不论窦图图在这个团队中扮演着什么角色,他都是自己最忠实的队友!他们无论如何都不能抛下自己的队友!

三人简单地开了个小会议,最终,以沈小丽为代表来表明心中的想法。她径直朝包工头的方向走去,面色凝重,语气却柔和又淡定："叔叔，谢谢你一路帮我们逃脱，其实在来之前，我们就做过最坏的打算……"

"孩子们，我知道你们要说什么，但请你们听下我的想法，好吗？"包工头打断了她的话，他望着这三个懂事又勇敢的小孩，内心充满感动，眼泪不自觉地落了下来。

他继续说道："我们算起来，应该与你们的爸妈一样大，同样是有孩子的人，绝对不能让你们去承担这一切。你们是未来的希望，你们的人生还有很长的一段路要走，还有很多要体验和享受，我们怎么能够为了自己而剥夺了你们的人生呢？再说了，我们原本是没人可以活着回去的，而今已经有八个人逃了出去，这都是你们的功劳啊！"

"是啊，我们要把那个孩子救出来才能走，否则，我们还是人吗？"另一个中年男子说。

"没错，你们先走，这次换我们来救人！"其他两个男子连连点头。

三个小伙伴冲过去，一把拥住他们，泪水浸湿了彼此的衣服。

此时，又是一声巨响，洞口的石头被搬开了。刷、刷、刷，三道目光望向那一批军队，伤残的人员不少，但依旧气势汹涌。

为首的狼头外星人挥一挥手,一个军人押着窦图图从人群中走出来。

乐远激动地要冲上去,但被聂非凡拉住了。沈小丽的眉头皱起,她看见窦图图的脸色略显苍白,嘴角流着血,目光涣散,整个人像坏掉的扯线木偶,了无生气。这使三个小伙伴更加坚定,他们的决定是正确的!

"图图,你还好吗?你要挺住啊!"沈小丽带着一股哭腔,目光灼灼地瞪着外星人,她实在恨极了,窦图图怎么会变成这个惨样?

狼头外星人不但迎着她的目光,还讥笑道:"哈哈哈!你们这群地球上的笨蛋,天堂有路你不走,地狱无门还不请自来,来了我这里,休想再回去!"

他向后扫了一眼,语气的温度急速下降,冷冷地说:"看在你们如此有正义感的份上,我决定成全你们,让你们团聚!上!把他们通通抓起来!"

包工头迈出一大步,挡在小伙伴的面前,让他们快点跑。一瞬间,林子里沙沙作响,四处都是乱窜的人,惊起鸟儿往高处飞,动物也跑回了家。

"记住,你们不到走投无路,万不得已的时刻,千万不要叫醒我。"乐远的耳旁响起大脸图的声音。对不起了,大脸图,求你快出现,救救我们吧,我实在没有别的办法了!他在心中大声地呼唤大脸图,将心中所有的希望都寄托在它身上。

但是,他还是被抓住了。他的肩被捏得生疼,回头一望,外星军人扳住他的手臂,又用绳索将他捆绑起来,横搁在腋下,照原路返回。

当他再次大声地呼唤大脸图时,寄生在肚皮上的生物似乎有所感应,只一瞬间,乐远觉得自己浑身充满了力量,并且不断地膨胀着。

"啊"一声鬼哭狼嚎,外星军人被抛上天空,逐渐变成一个黑点,最终消失在天际。乐远不可思议地望向自己发着淡淡白光的手臂,他居然徒手将一个壮汉抛出去很远!他自信极了,像一头猎豹般冲向敌人,几乎轻轻松松就把敌人丢出了林子。

另一头,在洞口外,狼头外星人听到一声声的惨叫,慌张地站起身,问:"发生什么事了?"

他身旁的军人吞吞吐吐地说:"刚、刚刚,我看见同胞一个接一个地被丢出了林子。"

"什么?!"狼头外星人惊讶地说,眉头几乎拧在一起,扫了军人一眼,便立刻起身赶往林子。

"救命啊！救命啊！"一声又一声的求救，全部来源于被抛向空中的人。

狼头外星人脸上露出诧异的神色，他好奇地寻去，军人却苦口婆心地劝道："狼大人，您还是别去了，我听说林子里时常出现庞然大物，十分凶猛，现在肯定是庞然大物出现了。"

狼头外星人不以为然，冷哼一声："哼，我倒是要看看，是什么怪物这么厉害？"

不过走了两三步，乐远就出现在他眼前，挑衅道："原来你的军队没一丁点儿用，我才用了半个时辰，你们就全军覆没了，真没意思！"

"是你？就凭你一个小毛孩？别吹牛了！"狼头外星人不屑地挑起眉毛。

"不信？那你就来试试！"乐远见他上钩，嘴角不自觉地扬起一抹笑。

狼头外星人的双眼如同一把锋利的匕首，他眯起眼睛，不善地盯着眼前的小男孩，脸上的肌肉笑得发颤。随着他仰头大笑，他的身子发生了巨大的变化：体型迅速膨胀，手臂上的毛发疯长且竖立起来，前掌的爪子纤长，大腿的肌肉粗壮得撑破了西裤，连他上身的成人西装也十分滑稽，如同一件破旧的婴儿服，露出他背部的棕色毛发以及一条长而粗的尾巴不断地拍打大地。

"嗷——"他仰起头，大声地叫喊着，声音传遍了整个林子。这时，仅剩的五个外星军人回到他的身后，化成一只只小狼，簇拥着他。

乐远的脸色微微一变，眼神充满困惑，他对这头为首的狼似曾相识。他努力地想了想，脑海中快速地闪过一个画面，是飞船初到这片林子的那一夜，他去拾柴火，结果遇上了两头狼，而其中一只与面前的狼大人长得一模一样，尤其是那充满傲慢和不屑的眼神！

小伙伴们震惊至极，他们回到乐远的身旁，目光凶狠，丝毫不惧怕那群狼，就连平日里胆小的窦图图，此刻也没有露出一丝胆怯。

沈小丽在乐远耳旁低声道："他们高大威猛，数量也不少，我们现在该怎么办？"

乐远攥紧拳头，目光直视前方，沉默良久。那一群狼似乎在看好戏般，一动不动地紧盯着他们，等着他们做出反击。忽然，乐远浑身一颤，他的脑电波收到了大脸图的旨意，他知道自己该怎么做了。

"叔叔,我等下倒数三声,你们全部人一起跑回飞船。以我刚刚展示的超能力,这群狼今天完蛋了!"乐远的嘴角露出一抹狡黠的微笑。

大家的脸上露出惊魂未定的神态,若不是亲眼看见,他们是无论如何也不相信世上真有超能力的存在,更何况是发生在一个小学生身上。

包工头重重地点点头,他明白乐远的意思,却还是不放心,说:"好!但如果两个钟头内,你还没赶到飞船外,我们就来支援你。"

三个小伙伴也紧绷着神经,他们拍了拍乐远的肩,坚定地说:"两个钟头内,你一定要平安地赶来,否则我们也不会走的。我们说好的,大家要一起回家!"

此话一出,在场的人双眼发红,泪水蓄积了眼眶。沉默中,他们通过眼神说了很多话。

2

"哈哈哈！我还以为你们会耍什么招数，没想到只是一群狼啊，真让我大开眼界了，还请你们等会手下留情！"乐远憋回泪水，故意拖延时间，让身后的人慢慢离开狼群的视线。

狼大人以为对方心中害怕，露出鄙夷的眼神："早跟你说过，不要敬酒不吃吃罚酒，也不要闯进地狱的大门，现在知道错了吧？可惜呀，来不及了！"

乐远脸上依旧笑着："是吗？那今天，我这个宇宙无敌冒险家就陪你们玩玩？"

狼大人丢去犀利的目光，他惊觉那群地球人早已逃之夭夭，顿时脸色大变，讽刺道："瞧瞧你们地球人，说什么最讲情义，现在还不是只剩你一人。"

话音一落，他身后的狼群发出一阵刺耳的轰笑声。

狼大人见乐远面不改色，说："少废话，可怜的地球人，迎接挑战吧！勇士们，冲啊！"

狼群张开嘴，露出锋利的獠牙，它们聚精会神地紧盯目标，心有灵犀一般蜂拥而上，其中有两只狼朝小伙伴们离去的方向追去，它们奔驰着，又兴奋不已！而剩下的四只，踏着小碎步，包抄了独身一人的乐远。为首的狼大人似乎在琢磨乐远的小心思，它发现，这个小男孩与常人有点儿不一样！

可狼大人没想到，在它还未看透时，乐远浑身发着火光，一手抛出一条长鞭缠住了他的身子，并像一头猎豹般冲来，稳稳地坐在他的后背上。顿时，狼大人惊慌不已，一路乱窜，想以此来甩掉乐远。但他不知道，乐远举起手中的火把，点燃了他的毛发，一股浓浓的烧焦味弥漫在林子中。

"嗷——"狼大人发怒了，他猛晃全身，将背上的乐远狠狠地晃出去。而追上来的狼群却不敢靠近，狼大人的背部冒起了大量的烟，火势越来越大，几乎把他背部的毛发都烧光了。他滚在地上嚎叫，痛苦不堪。

在灌木丛中，乐远强撑着站起身，他的手臂被摔得生疼，脸上露出了痛苦的表情，那三只狼扫了他一眼，饶有兴趣地靠近他。更糟糕的是，不久前追小伙伴们的两头狼听到狼大人的惨叫声,半路折了回来,五头狼迈着步子逼近乐远。

谁都料想不到,不可思议的一幕发生了——

乐远丢出一支火把,吓得狼群后退了几步,他趁此机会,朝飞船的方向疯狂地跑。突然,他再次感到自己全身充满了力量,脚下似乎有一双风火轮,他跑得快要飞起来,像一匹脱缰的野马般,身体不受控制地奔跑,甚至把擅长快速及长距离奔跑的狼群甩得远远的。

不断地加速,加速,加速……

天啊,快减速,我要撞上了!

一路直冲的乐远瞪大了眼,在心中呼喊着,不远处的那一棵银杏树似乎也受到了惊吓,树枝颤抖着,落下一大把金黄色的叶子。离大树越来越近,乐远的脚却没有减速,他紧闭双眼,眉头扭在一块儿,心想这次要被撞成猪头脸了。

过了好久他发觉自己有所减速,便睁开了双眼,再回头一望,那棵银杏树早已被自己抛在身后。

难道是自己拥有了日本忍术,直接穿过了大树的身体?

就在乐远沾沾自喜的时候,肚皮上的寄生兽打压道:"笨蛋,别什么功劳都自己兜着,刚才明明是我救了你。"

"什么叫作是你救了我?"乐远问。

"若不是我寄生在你身上，你还能有超能力？就算是那些大叔，也不一定能举起一头狼，更何况是你一个小孩。不对，你该不会是以为自己练成了这股力量吧？"大脸图故作惊讶的样子，调侃他。

"喊，没有！"乐远反驳道，他顿了顿，非常认真地说，"不过，大脸图，谢谢你。"

"呃，别多想，我就是为了保全自己而已。我可不想你死了，还要我陪葬呢。"大脸图愣了愣，一脸不在意地说。

两人像小顽童似的，一路斗嘴一路笑，不知不觉中，他们走到了一个熟悉的地方。

而在靠近洞穴那边的林子中，一路穷追不舍的狼群停下脚步，他们的身躯仿佛被掏空般伏在地面，面面相觑，疲惫的眼神纷纷在说：真是见鬼了，那个男孩怎么能跑那么快？

那一夜，遗留在林子中的几顶打气帐篷，而今只剩破破烂烂的残骸，树上还绑着机器上的蓝色丝巾。乐远看到这一个画面，不知为何，他那颗小心脏忽然轻盈了许多。一缕刺眼的阳光洒在他身上，他的眉头舒展开来，面色如枫叶一般红润有光泽。

从这里住帐篷过夜，遇见野狼，到闯进实验室后，小伙伴被抓,两人因扮成厨师救出了建筑小队,再到后来的斗智斗勇以及大脸图的帮助,使他再次路过此地。乐远回忆起来,心中颇为感慨,只是,他至今还有一个百思不得其解的问题:

"大脸图,为何我拥有的超能力,而狼大人他们没有呢?你们可都是外星人呀!"

"这个我也不清楚,他们可能是基因突变了。"大脸图打了个盹。

"基因突变?"乐远不解,但这个缘由似乎很高大上。

大脸图再次化身为科普专家,滔滔不绝起来:"是的,据说有一个星球,将地球上的狼族或人类的基因,转植入外星人的体内,再根据他们自身的超能力,就会拥有变成狼或人的能力和样子,但这门生物技术不容易完成。其实,外星人都有点不一样,所以我的超能力也不是任何人都有的,我们星球都是要自我修炼的。"

"听起来很奇妙!"乐远感叹道。

"对了,关于超能力这件事,除了我们五个人知道,其他地球人都不能知道哦!"大脸图似乎想起了什么,叮嘱道。

"你放心,就算我说出去,也不会有人相信啦!大家都会以为是变魔术,比如在电视上,有人用意念把勺子折弯。"乐远笑道。

忽然空中刮起了飓风,周围的银杏叶翩翩起舞,乐远的发丝被吹得乱糟糟的,他抬头眯着眼,看见一个椭圆形的飞碟朝自己的方向而来,随着一道刺耳的声音,那架飞碟降落在不远处的林子中。

而这时,那一群伤痕累累的狼群坚持不懈地追了上来,他们一见乐远还在陆地,原本畏畏缩缩的身体,就像被注入了一支兴奋剂似的,充满了干劲,猛地奔驰而来。

乐远心头一惊,拔腿就跑,他知道梦想飞船就在前方,建筑小队和小伙伴们来接他了,他们很快就能回到地球,带着这个念想,他奋力地跑着。

"乐远!乐远!在这里!"小伙伴们大声地喊。

包工头和青年男子半蹲在飞船的门口,为了稳稳地接住奔跑而去的乐远,他们伸出了一只宽大的手,另一只手被里面的人牢牢地拉住。

"嗷——"乐远身后的狼群骄傲地嚎叫着,它们的步伐声越来越近,只剩两米,他就能踏进梦想飞船了。小伙伴们紧张得全身僵硬,一动也不动地站在门口,眼看一只强壮的狼就要扑上乐远,他们攥紧拳头的双手不自觉地加大了力度。

就在这个关键的时刻,乐远"啊"一声大叫,白衬衣上的一小块布料被狼咬去,他慌张地伸出一只手,包工头立即握住了,小伙伴们立刻按下按钮,门快速地合上了。而那头狼没来得及减速,整个重力都在前身,"砰"一声响,它重重地撞上来,头部流出一行血,脸部顺着身体滑了下去。

大家倒吸一口气,全都坐在地上,相互凝视着。片刻,每个人的脸上都露出了淡淡的笑容。

第十五章　重口味的银河餐厅

1

"各位旅客，欢迎大家再次乘坐梦想飞船号。现在是上午十点半，请旅客们一同前往银河餐厅，享受特别的美食。"一道熟悉的机械声响起。

"特别的美食？梦想飞船真是太贴心了，我正好饿了呢。"窦图图的脸上露出隐藏不住的笑。

大家纷纷站起身，手舞足蹈地迈向餐厅，远远听见一首欢快的民谣传出，吸引着众人的好奇心，脚下的步伐不禁加快。走到近处一看，大家都惊住了，餐厅的四面墙壁如画一般美丽，其中是一面繁星闪烁的银河系，一面是八个行星的模样，画得惟妙惟肖。

"咔！"灯自动关了，屋内黑压压的。更吸引人的一面发生了——墙壁爆出一颗颗钻石般的光芒，但每个人眼中的画面都不一样。大家看见墙壁上的银河旋涡更加立体，大量粉蓝色的星光闪烁着，并且这个旋涡按逆时针方向慢慢地转动起来。橘红色的火星、蓝色的海王星以及宛如一颗蓝水晶的地球，全都呈现了最真实的一面，他们各自转动着，将每一面都展现在大家的眼前。

银河餐厅，果然没有辜负这个名字！

"大家好，我是007号，麻烦让一让，要上菜了。"机器人重复着第一次说的话。

堵在门口的中年男人听到声音，奇怪地回头一看，却见身后一排冰淇淋头的机器人，他们端着热气腾腾的饭菜。趴在玻璃窗口的小伙伴们看得目不转睛，嘴唇呈"O"形，像是在无声的惊叹。直到窦图图闻到一股香喷喷的菜味，他立刻反应过来，拉着小伙伴们一起进了餐厅里。

"您好，这是骨头咖啡、血肉寿司、舌头三文鱼，还有镇魂馒头，请慢慢享用！"机器人上完菜，转身就走。

"等一下，请问有其他正常点的菜吗？"

机器人摇摇头，它那双红色的眼睛一扫，乐远便松开了抓住它胳膊的手。

窦图图愣了愣，没敢打开西餐盖，光是骨头、血肉、舌头三个词眼,就把他的食欲逼回去了。

沈小丽和聂非凡坐在位置上,盯着芥末和酱油以及精致的花瓷碗发呆,全都没动一下筷子。

而其他三桌的建筑小队中,开始有人发出各种各样的声音:

"我没听错吧?用骨头磨成粉做的咖啡,血肉做成的寿司,镇住魂魄的馒头,还有鱼的舌头?我这样理解没错吧,不过这都是什么鬼东西?"

"就是,这怎么能吃下去啊?"

"怕什么,吃坏肚子就找他们赔钱。"

"活了三十多年,还是头一次听说这些东西。"

"好了,大家都开始吃吧,别饿着肚子。说不定没有你们说得那么恐怖,只是菜名特殊了一点。咱们平时出去点菜,一盘鱼还叫闭月羞花呢。"包工头笑着说。他是这些人中年纪最大的,见识自然也多一些。

小伙伴们点点头,包工头说得确实有道理。乐远先揭开了西餐盖,一杯浓黑的液体映入眼帘,与普通的黑咖啡没有什么区别,其中,有一盘条纹鱼肉做成舌头形状,一盘紫菜包着肉色鲜红的寿司以及一盘紫香芋色的馒头。

小伙伴们望向建筑小队,刚才发出质疑声音的那两位叔叔,朝他们尴尬地笑了笑。果然，没有亲眼看一看，或深入地探究，最好还是别轻易地妄下断言。

"这个寿司也太好吃了，我从来没有吃过这么美味的，肉感太完美了。"吃货窦图图陶醉地说。

"图图，你用词有进步哦！"沈小丽的公主腔传入大家的耳中。

"这三文鱼的味道也很正宗，一入口凉凉的，也很新鲜。"聂非凡说。

包工头端着那杯骨头咖啡，往乐远那一桌走去，在他的身旁坐下，低声地问："乐远，你被狼群追捕的时候，是怎么逃脱的啊？让我看看你，一处伤痕也没有，真是太厉害了！"

"就是大脸图——"乐远说到一半，其他三个小伙伴都看向他，时间似乎有一瞬间的暂停：窦图图夹菜的手悬在半空中，沈小丽盯着自己的目光中有一丝诧异和担忧，聂非凡的脸被咖啡杯遮住了一半，但大家的眼神似乎在提醒他曾经许下的一个约定。

乐远拍着脑门，一脸恍然大悟，当初大脸图说过，若是它讲出实验室的秘密，那么小伙伴们要替它保密，守住它的身份以及继续让它寄生，不受到外界的威胁。

"你说谁？这里不是只有一个窦图图吗？"包工头问。

"没错没错，就是我，叔叔快吃吧，不然等下菜都凉了。"窦图图见乐远不吱声，赶紧转移了话题。

一行人吃过午餐，为了多多体验飞船，小伙伴们带着建筑小队的人员，一起参观了游戏厅、会议室、卧室，来到了最后的放映厅。

大家走得双腿发软，坐在放映厅的安全椅上，望着玻璃窗外的画面，心情格外美好。

可好景不长，飞船开始剧烈颤动，如同之前一样颠簸，小伙伴们以为这属于正常现象，便没有在意。谁知，这时广播传来机器人的声音：

"各位旅客，由于梦想飞船在穿梭的过程中发生了故障，虽然现在已经进入地球，我们也在全力补救，但、但飞船依旧有问题，不知将会被迫降在何处。希望大家坐在安全椅上，必要时刻需跳伞降落！"

话音刚落，飞船发生了翻转，每个人都像是坐在丧心病狂的过山车上，身体翻转了几个三百六十度，吓得他们尖叫声连连，尤其是小伙伴们，一向淡定的沈小丽都忍不住要哭了。

"妈妈，我要回家！我要回家……"窦图图说着说着，就昏了过去。

"呕,好想吐!"乐远捂住自己的嘴。

"怎么回事?怎么还不停?"包工头焦急地问。

突然,飞船恢复了正常,大家仍然心有余悸,被吓得失魂落魄,过了好半天才醒过神来。乐远的心中感到一种极不舒服,似乎整个身体在迅速掉落,心却悬在半空,不自觉地抓紧了窦图图的手。这一抓,把昏厥的人弄醒了。

飞船的广播又说道:"非常抱歉,刚刚让大家受惊了,现在飞船暂时稳定了,根据系统定位,可能会被迫降于黄土高原上。请大家别焦急,我们一定会安全着陆!"

小伙伴们半信半疑,一时之间,竟说不出一句话,却听见人群中有人质问:"又是这样,这个飞船也太不靠谱了,到底是谁弄出来的?"

"黄土高原?那是一个好地方啊。大家别急了,能够安全回来就是万福,咱们都保住命了,还奢求那么多干什么呢?就当来旅游一次吧。"包工头非常乐观。

"你们看,下面的风景好美。"沈小丽指着窗外。

小伙伴们伸长脖子,恨不得把眼睛贴在窗上。那是一片绿洲少,浅红色的沟壑密集,部分区域呈叠瓦阶梯状,层叠起伏的地方。飞船依旧行驶着,一片五颜六色的条纹山峰吸引了大家的注意,这块土地的山峰太有趣了,呈现出城堡状、宝塔状、柱状、棒状、方山状或峰林状,山峰的颜色更绝,有橙色、白色、红色、土黄色、淡黄色,看起来就像一个陆地的彩虹世界。

忽然下起了淅淅沥沥的雨,云雾缭绕,大家按耐不住内心的激动,纷纷说起回家之后要做的事。顿时,飞船上躁动起来,放映厅的电视却开始讲解黄土高原:

黄土高原是世界上黄土覆盖面积最大的高原,又称之为乌金高原,位于中国中部偏北。

由于水土流失,人类滥砍滥伐,植被被破坏,不合理的耕作制度以及开矿等因素,造成了黄土高原的环境恶化,人均耕地减少,灾害频繁等问题。

……

随着时间的过去,飞船终于在一片荒无人烟的地方降落。

走出飞船的那一刻,小伙伴们迫不及待地呼吸新鲜空气,在大家都仰面沐浴阳光时,乐远从背包中翻来翻去,最后掏出手机,"咔嚓"一声,将飞船的样子拍了下来。

沈小丽眉开眼笑:"我觉得还是地球好啊,终于回来啦!"

聂非凡张望四周,却一个陌生人的影子都看不见。他归心似箭,完全没有心思欣赏风景,又不知自己能做些什么,便朝包工头的方向跑去。他诚恳地问:"叔叔,我想早点回家,但我们现在该怎么回去啊?"

包工头认真地思考着,将所有人聚在一块,建议大家不要走散,一起寻找当地人。据他在飞船上的观察,这里应该属于西北地区,而他们的家乡却在南方,与这里隔着十万八千里。只有得到当地人的帮助,他们才能尽快到这座城市的市里,乘坐火车回家。

2

走了约莫两个小时,大家终于来到一片绿洲的范围内,并且发现了一个当地的农民,每个人都惊喜不已,脸上挂着灿烂的笑容。

"这位兄弟,你好,我们来自南方,对这里不熟。我想问一下,你们这里有汽车到火车站吗?"包工头问。

"有的,但是下一班车恐怕要两个小时后才能来了,你们要去火车站?"那农民的脸黝黑,边说边走向一辆小货车。

"是啊,我们急着回家,却丢了钱财,现在不知怎么去火车站。这个地方又没有信号,手机也拨不出去,真是急死人了。"包工头有些无助。

那农民看了一眼十几个壮汉,最后目光落在小伙伴们的身上,久久没有转移,他迟疑了一下,说:"那你们坐在车后面,我送你们去。"

"啊？真的吗？谢谢啊，谢谢。"包工头激动地握着农民的手。

农民笑了，在他黝黑的皮肤映衬下，那一双洁白的牙齿格外耀眼，仿佛是一缕阳光。大家快速地坐在后车厢，包工头则坐在副驾驶上，一路踏着颠簸的路途，几经周折，终于回到了南明市。

当天夜里，乐远偷偷地回到家中，大厅没有开灯，静悄悄的，他以为妈妈出门了，急忙轻手轻脚地爬楼梯。正当他在二楼的路口时，一双涂满红色指甲油的脚出现在眼前，抬头一看，那张皮肤白皙的脸上散发着怒气，空气仿佛弥漫着战争的硝烟。

"现在是晚上八点，昨天有个叫乐远的男孩出门前，告诉我他第二天中午回来，晚上把作业完成。请问一下，你有什么要解释的吗？"乐远妈双臂交叉地俯视着乐远。

乐远立刻站起来，妈妈一反平日里的性格，淡定得令他更害怕。于是，他眨着那双无辜的大眼，看起来楚楚可怜的样子，脸上露出了一丝歉意。他信誓旦旦地说："妈妈，对不起，让你担心了。我现在就去写作业，绝对在今晚完成，否则明天不出家门！"

次日下午，小伙伴们坐在沈小丽家中的沙发上，三双目光刷刷刷地望向乐远，一副欲言又止的神情。

"大脸图说，可以告诉你们，但是要求保密。"乐远微微一笑，见小伙伴们点点头，继续说，"由于大脸图寄生在我肚皮上，在能量充足且我们有难的时候，它会使出超能力，比如我力大无穷地抛掉一头狼，奔跑的速度超越正常人等。"

"聂非凡，你输了，我就说是超能力吧，你还不信！明天的早餐你别忘了哦！"窦图图一脸狡猾地笑道。

"喊，知道了，你整天就知道吃！但是乐远，你不觉得有点奇怪吗？实验室的小孩尸体，外星人到底是用来研究什么？"聂非凡接口道。

"大脸图也说了，那些狼人可能是基因突变，我猜是那个疯疯癫癫的科学家，为了侵入地球，将人类的基因插进外星人的体内，让他们伪装成地球人而做的研究。"乐远说。

"咦，乐远，你去了一趟外太空，变聪明了哦！"沈小丽笑道。

"沈大人，我以前也很聪明的好吗？"乐远纠正她，脸上却笑着。

接着，大家一边吃水果，一边打开了电视。那一刻，他们

神秘社 1

脸上的表情僵住了，电视上的画面十分熟悉，左下角一行写着"五年前消失的建筑小队回来，拯救者却是四个小孩？"标题大得吸引人眼球，屏幕上除了建筑队的面孔，还有四个小个子的背影。

那是昨日下午回到南明市，一群记者不知从何得知建筑小队回来的消息，为了取得新闻头条的功劳，争先恐后地来到火车站外眺望。一见到建筑小队的十二个人，记者拼死挤在最前面，包围了建筑小队，并递上话筒不断地提问，一遍遍"咔嚓咔嚓"相机的快门声传入耳中。

那场面十分混乱，小伙伴们简直看傻了，好在没人围观他们四个小孩。就在他们暗自庆幸时，一个年轻的女记者面带微笑地走来，四人下意识地转身，却被女记者叫住了。

她两三个箭步就走到他们的面前且蹲下身，她的目光柔和，声音犹如四月的花朵一样甜美："小朋友们，你们是跟时空大厦的建筑人员一起回来的吗？"

经她这么一问，旁边的摄影师立刻举起相机，将镜头对准小伙伴们的脸。沈小丽向来不喜这样的行为，用手遮住自己的脸，冷淡地说："麻烦你叫他们把摄影机移开，我们不想上报纸和电视，谢谢。"

那女记者一愣，讨好地笑着，让摄影师推到他们的身后。沈小丽说完就转身，自顾自地走了。

三个小男孩跟在她的身后，崇拜地望着她的背影，短短的发丝在阳光下泛着淡淡的棕色之光，穿着合身的警察服，双手插入口袋，抬头挺胸地走着，不用看也知道，她定是一脸自信。班长大人高冷起来的模样太酷了，简直就是女王！

这时，小伙伴们听见，五米之内的人群中，有人大声地说了句令人心惊胆战的话：

"我们都是坐飞船回来的，并且是四个小朋友救了我们，咦，他们人呢？"

小伙伴们心中一惊，佯装没听见般不回头，聂非凡警觉道："我们快走吧，被发现就不好了。"

记者们纷纷掉头，抱着话筒寻寻觅觅，其中一个戴着眼镜的男记者指着一棵大树，定睛一看，大声道："我看到了，他们在那里！"

一时之间，脚步声、相机的快门声不绝于耳，记者们像一头头猛兽般奔来，吓得小伙伴们撒腿就跑。人来人往的火车站，小孩轻轻松松从人群中挤过，记者大人可就不容易了。小伙伴们拐进第一个路口的巷子里，四人紧贴墙壁，拍着自己的胸口，长舒了一口气。而那群记者穿过拥挤的人流后，只顾一路直冲，错过了孩子们的踪迹。

第十六章　神秘社成立

1

忽然，一道别扭的公主腔打破了屋中的沉静："你们在吃什么东西啊？那个盘子里的……是舌头？天哪，你们居然这么重口味，我真是小瞧地球上的人了。"大脸图的表情丰富多变，由惊讶转换成嫌弃。

窦图图故意端过那一盘舌头三文鱼，在大脸图的眼前晃来晃去，看得它想呕吐。窦图图却夹起一块吃起来，一脸陶醉地微笑："你们外星人懂什么呀？这是三文鱼，肉感滑滑的，凉凉的，超级美味。我用了一个月的零花钱才买来的，就只有你嫌弃，等下你别吃哦！"

说完，聂非凡夹起一大块入口，边吃边赞扬。大脸图见大家吃得欢乐，它的食欲如同洪水猛兽般涌来，差点就流口水了，可他在心中提醒自己，为了尊严，不能屈服。然后，它又忍不住望向那一盘舌头三文鱼，可越是凝望，它就越恨窦图图。

最后，乐远不再配合窦图图，吃下了最后一块三文鱼，大脸图也如愿以偿。

小伙伴们吃饱喝足之后，沈小丽建议大家去看一眼时空大厦，那个让他们踏上冒险之旅的源头。自从建筑小队回来之后，关于大厦的负面新闻都消除了，听说地产商重新申请了批文，过几日大厦的工程可能就要开启了。

四人一寄生兽来到时空大厦，它的身体被一圈蓝色的铁皮包围，四周堆积了石灰泥浆。最不一样的是，南明市的人们对时空大厦不再恐惧。它就像一个被冤枉的罪人，多年来不停地被怀疑和唾弃，而今它的冤屈终于被洗去，在阳光下，它的身躯如最初般干净又完整。

小伙伴们满意地仰视着，正要离开，就听见大脸图说："其实，关于时空大厦，我还有一个秘密没告诉你们。"

窦图图吃惊地大声说："什么？还有秘密？"

沈小丽问："说吧，是什么秘密？你放心，我们会保密的。"

大脸图对他们点点头："为了你们专心地去救人以及不打草惊蛇，我才选择现在说出来。在时空大厦的第八层楼，有一个地方的实验装备，你们必须去毁掉。如果平行世界的实验室算是个地狱,那么这个疯癫科学家的实验设备一定也不安全,而且,你们不觉得太巧了吗?建筑小队消失,封锁时空大厦,再到科学家的实验设备,这一切都像是有预谋的。"

聂非凡说:"我也觉得。那个科学家将建筑小队抓走,然后散播大厦的恐怖传说,使人们不敢再来大厦,这样他才能安心地研究,我这样理解对吗?"

大脸图笑道:"不愧是聪明的副班长!你分析得很正确!"

为了摧毁实验设备,小伙伴们趁值班大叔换班的空隙,偷偷地溜进时空大厦。按照大脸图的指导,小伙伴们在吃人的电梯前停下脚步,三个小伙伴担忧地看着乐远进入电梯,即使有大脸图的超能力,他们依然害怕乐远出现意外。

接着,电梯的楼层数字疯狂地变动,升到二十一楼后,又在八楼停下,乐远毫发无损地走出来。石门打开了,小伙伴们走进一看,发觉这里就是缩小版的平行世界的实验室。

在一张桌子上,聂非凡发现了一张奇怪的纸,上面的字迹非常潦草,左看右看也不像地球上的字。于是,他拿着纸张去请教大脸图。

大脸图看了好几秒,脸色一点点变白,皱起眉头,喃喃道:"这是那个提出侵占地球计划的博士写的基因记录和一些研究成果,其中包括将狼或人的基因插入外星人的体内后,他们发生的变化、拥有的能力以及其他的结果。"

乐远扯过那张纸,可他看不懂,一想到实验室里的小孩尸体,就发怒地把纸揉成纸团,狠狠地扔在地上。小伙伴们的面色特别难看,似乎下一秒就要爆发。

"砰!"一声巨响,窦图图将实验室的电源关闭之后,推翻了几张大桌子,剪断了所有电线,玻璃装置被摔得粉碎,所有标本和样本都被摧毁了。不过短短几分钟,整个实验室成了一片废墟。三个小伙伴被吓呆了,三双目光停留在爆发了小宇宙的窦图图身上,随着窦图图的走动,他们的头也跟着转动。

"啊,吓死我了!你们三个干嘛这样?"窦图图猛地回头,却见身后的三人表情十分怪异。

"图图,你看看,你看看,这都是你一个人摧毁的哦!"沈小丽指着一地的碎玻璃。

"就是啊,一个人爆发了小宇宙,就完全变了另一个人,刚才你的眼睛眨都没眨一下,只凭着这双手就摧毁了实验室。图图,你还挺厉害的嘛!"聂非凡难得表扬他。

"图图,你太恐怖了,我以后要离你远点,免得被你暴揍一顿。"乐远故作惶恐。

窦图图挠了挠脑袋，脸颊浮现两片红晕，不好意思地说："没有啦，我就是太生气了。"

小伙伴们凝望着对方，会心一笑，然后走出了时空大厦。夜晚降临，时空大厦无人看管，只有铁门锁着，但大厦的八楼却出现了黑衣人。他在一片狼藉的实验室里，痛心疾首地一拳砸在墙壁上，又杵在原地许久，最后他弯腰拾起一个纸团，默默地离开了大厦。

星期一的早晨，南明市第一实验中学七年级一班的教室内，空气中弥漫着一股浓浓的早餐味，而在左边靠窗的最后一排，一个穿白衬衣的男生拿着手机，向周围的同学展示屏幕上的画面——银白色的椭圆形飞船停在黄土上。

"这个就是我们乘坐的飞船，超级豪华，上面有游戏厅、银河餐厅、会议室、卧室，还有放映厅。游戏厅的枪声效果超级棒，像真的在枪击现场似的，餐厅的墙壁上是一幅会发光的宇宙画，卧室的小电脑可以呼叫邻居，我们在放映厅看到了木星的真面目，还有月球、地球、火星等。"乐远挺起胸膛，一脸骄傲地描述。

"喊，吹牛大王，拜托你别再做白日梦了好吗？"周小龙打击道。

"就是，如果你坐了飞船，那我就能买坦克了，根本不可能嘛！"许光军推了推他的眼镜。

话音一落，乐远周围的人都哈哈大笑，随后大家回到自己的位置上，完全没有把乐远的话放在心上，除了几个男生围在一团嘲笑乐远痴人说梦。

乐远的心中难过极了，他伏在桌上，面无表情。沈小丽和聂非凡坐在他们的前面，无声地叹了口气，窦图图也无奈地摇摇头，只有他们三人知道，乐远不再是曾经那个只会吹牛的男生了。

2

为了转移乐远的注意力,聂非凡低声说:"我们现在把时空大厦的案件查清楚了,是不是该写一封信给神秘人了呀?"

果然,乐远的双眼一下就亮了,笑道:"对哦,我差点把这事给忘了。人不能言而无信,我现在就发。"

"等等,我觉得咱们应该为自己的团队取个名字,以后别老用超长的名字回复神秘人,这样更显得我们专业,是吧?"沈小丽说。

窦图图附和道:"沈大人说得有道理,那我们团队叫什么好呢?"

小伙伴们绞尽脑汁,天马行空地取了一堆名字,比如梦想队、破谜者联盟队、冒险取经队。

"不行,这些名字都太老土了!什么冒险取经队?我还西天取经呢!"聂非凡"扑哧"笑出声。

What？老土？乐远和窦图图的耳朵极敏感,这一瞬间就不服气了,他们斜睨着聂非凡,哼唧道:

"那你来,你取一个高端大气上档次的!"

"哼！你牛你来取啊,别瞎评论别人的成果！"

三个男孩又像最初那般斗嘴,争得面红耳赤。而沈小丽在纸上写写画画,过了一会儿,她放下圆珠笔,满意地笑道:"依我看,只有这个名字最适合我们了。"

小伙伴们立即停止了争吵,纷纷望向沈小丽,又看了看纸上的三个大字——神秘社。

"我觉得神秘社这个名字好,独特,洋气,高大上！"大脸图冷不丁地冒出一句话。

"连宇宙无敌的大脸图都说好,那就是真的好,你们觉得呢？"乐远问道。

只见其他两个男孩点点头,大家不约而同地认可了团队的名字。

趁离上课时间还剩十分钟,乐远打开书包,拿出了平板电脑,让沈小丽写信。在大家的遮掩下,沈小丽捧着平板电脑,快速地输入一行行字,简单地叙述了小伙伴们在平行世界救人的场景，并附上了一张博士写基因记录的照片。

"叮叮叮——叮叮叮——"

上课铃声颇有节奏感地响起，沈小丽把平板电脑放在乐远的桌上，匆匆地回到了自己的座位上。

时间一晃而过，神秘社成立之后，四人约定放学结伴回家。这时，四人走在林荫道上，嘻嘻哈哈有说有笑，夕阳泼洒在他们身上，稚嫩的脸上洋溢着发自内心的笑容。

小伙伴们谈起了自己最难忘的时光——乘坐飞船救人的事。大家对此并不意外，他们深知乘坐航空母舰是一件很奢侈的事。而去另一个时空救人的经历，犹如心中的烙印般令人刻骨铭心，却也令人矛盾——在他们回忆的时候，总有一种不真实的感觉，可那一幕幕惊心动魄的画面总浮现在脑海中，挥之不去。

乐远神秘兮兮地压低声："我跟你们说个事哦！昨晚我梦见大家一起回去救人了，但、但我居然穿着女超人的衣服，图图一身怪兽装，非凡是和尚服，沈大人是公主服，这还不算奇怪的。更奇怪的是，咱们最后都变成狼头外星人了，一下就把我吓醒了！"

其他三个小伙伴颇不高兴地说："乐远，别以为我们不知道，你又一本正经地胡说八道了。"

乐远翻了翻白眼，书包中突然传出"嘟嘟嘟"三声响，提示着他新的邮件信息。他停住脚步，猜测这次一定是"神秘人"的回信，当他兴奋地翻出电脑时，果然，信件的标题没让他失望。

"瞧你的表情，你见到什么好东西了？"窦图图好奇地凑过去，仔细一看，差点大声叫出来，"神秘人来信了。"此话一出，走在前方的两人迅速掉头返回，纷纷围在乐远身边，看见信件内容如下：

亲爱的"神秘社"：

你们好！

当我得知你们破解谜底，并且拯救了建筑小队的那一刻，我的内心无比激动。

在此，我真诚地说一句：感谢你们破解了"时空大厦之谜"。

你们是我见过最具能力的破解者，我已经将奖品发往你们的家中，马上就会有人送去，希望你们喜欢。

另外，你们不必担忧，飞船已被我的人修好，并回到了它该回的地方。

期待我们再次合作！

神秘社 1

神秘人敬上

小伙伴们的眼中几乎只有一行字：我已经将奖品发往你们的家中，马上就会有人送去。

还等什么？快回家呀！

四人攥紧书包的肩带，带着期待的心情奔向自己的家中。

乐远回到幸福小区，刚打开家门就看见，妈妈在拆一个快递，他大喊一声"妈妈"，然后快速地夺过快递，是一个路飞公仔以及一个很小的首饰盒，缝隙间透出掩盖不住月亮般的光泽。

打开一看，竟是一枚奇怪徽章，正面描绘了一个天秤星座的图案，背面却写着"好奇心"三个字。

与其同时，沈小丽在小区一楼的邮箱柜子收到了一小束花和写着"智慧"的徽章，聂非凡在杂货店收到了一顶男士贝雷帽和写着"侦查力"的徽章，而窦图图则收到了一箱来自世界各地的零食和写着"勇敢"的徽章。

小伙伴们将那一枚徽章握在手心，抬头望着蔚蓝的天空，鸟儿自由自在的飞翔，微风轻轻掠过他们的脸庞，大家心有灵犀地微微一笑，世界依旧如此美好。

青少年科幻冒险系列读物

王文杰 著

文汇出版社

神秘社2

目录 CONTENTS

引子 /1

第一章　"神秘人"的机器猫 /4

第二章　雪山大脚怪 /17

第三章　神圣的喜马拉雅山脉 /30

第四章　一个奇怪的外国老头 /42

第五章　瀑布旁的洞穴 /55

第六章　雪山的第五个大脚印 /68

第七章　超能力少年 /80

第八章　幽灵村庄 /92

第九章　雪怪现身 /107

第十章　雪怪的身份 /120

第十一章　四枚神奇的徽章 /131

第十二章　打开时空之门 /143

第十三章　遇见未来的自己 /156

第十四章　实验室的雪怪标本 /169

第十五章　大战黑衣人 /182

第十六章　罗洋失忆了 /193

引子

昏暗的天空下，白雪覆盖连绵起伏的山峦，呼啸的山风划过傲然挺立的针叶林，每一棵悬挂冰条的树上都蹲着两三只金丝猴，它们犹如这片森林的守卫者，警觉地盯着不远处的一支探险队伍。

队员们穿着厚实的冲锋衣，戴着毛绒帽，背着一个大登山包，在他们身旁，两匹黑牦牛驮着食物。他们喘着气，每走一步都很费力。漫天的雪絮遮蔽了他们的双眼，把裸露出来的皮肤冻得通红。

黄衣人忍不住抬手擦掉眼周的雪，却抬不起手来。怎么回事？他再次使劲抬手，却依然无济于事。眼前的牦牛晃来晃去，他的视线开始变得模糊，忽然，他一头栽进雪地里。

接着，队列最后"扑通"一声，一头牦牛倒在雪中哀嚎，它的头部流出大量血后，便一动不动了。

探险队所有成员都停下脚步，望着嘴唇发白的黄衣人和牺牲的牦牛，他们都担忧起来。

"如果暴风雪还不停下来,我们可能也会像这头牛一样饥寒交迫而死。"

"是啊,罗队,我们还是休息一夜再走吧?"

队中的黑衣人皱着眉头不搭话,过了许久才点点头。

天色暗下来,雪势渐弱,大家坐在帐篷外生火烤肉,阵阵肉香弥漫在山间,他们边吃边笑、载歌载舞,很是热闹。

"扑哧、扑哧",积满霜雪的针叶林里出现了奇怪的身影。罗队戒备地回头一望,却惊讶得目瞪口呆——数十双眼睛发着绿光,数十条长尾巴在林间摇晃,它们鼻间冒着白气,正朝自己走来!

"嗷呜——"它们为马上能饱餐一顿而欢呼!

探险队手举火把,缓缓起身,每个人都屏住呼吸,手心、脚心冒汗,惊恐地望着出了林子的西藏狼。奇怪的是,这群狼竟全部穿着黑衣裳。

"快跑!过吊桥!"罗队一喊,大家立刻飞奔而去,狼群却紧紧跟随他们,发出不满的吼叫声。

破旧不堪的木板吊桥在峡谷中摇晃,探险队一踩上去就发出"嘎吱嘎吱"的声音,狼群就要扑来,他们早已顾不上木板的质量便跑过吊桥。走在最前面的黄衣人不慎踩空一块木板,随着一声尖叫，整个人便消失在黑暗的峡谷中。

天啊，好险！剩下的人拽紧绳索，小心翼翼地看了一眼深不见底的峡谷，暗自庆幸。他们犹豫了，停在桥中央迟迟不敢迈出下一步。山风肆虐，木板桥摇晃得更厉害了，每个人的心也都仿佛悬在空中，回头一望，发现狼群已经上桥了！

"快过来！"罗队第一个上岸，对着身后的人大喊。

就在全队人准备往前走时，罗队忽觉脚下一空，雪地崩塌，整个人摔回桥边，这一摔他差点背过气去，顾不上疼痛，他赶紧起身，却发觉自己动弹不得。见鬼了，手也抬不起来？

这时头顶传来奇怪的声音，众人抬头，只见天空不知何时出现了粉末状的雪云，山神似乎发动内力震掉了一件雪白的披肩，大量的积雪从山顶滚落，宛如海上汹涌的巨浪。狼群见势立刻往回跑，桥上的人东倒西歪，一股巨大的力量冲击而来，木板桥再也抵抗不住，"咔嚓"一声，绳索断了！

"救命啊……"一道震耳欲聋的声音响破天际。

第一章 "神秘人"的机器猫

1

"沈大大,快开门啊!"

乐远、窦图图和聂非凡站在一栋公寓的楼下,朝着对讲机反复喊沈小丽。这四个小伙伴是南明中学的同班同学,曾组队侦破过神秘事件,并为小队取名为"神秘社"。

今天是暑假的第三天,一大早沈小丽就激动地通知大家,为了庆祝神秘社的成立,她特意准备了宴会和惊喜。平时睡到大中午才起床的乐远一听有惊喜,迅速从床上蹦起来,和小伙伴们飞奔而来。可此时三个男孩满怀期待地在门外站了许久,沈小丽却一直没有应答。

"沈大大该不会出什么事了吧?"窦图图扯着嗓子问。

"不会的,她的堂哥可是警察,谁敢动她呢?"乐远比较乐观。

"班长家该不会进强盗了吧，怎么这么久还不开门？"一向淡定的聂非凡也焦急起来。

"叮"地一声，门开了，却没有一如既往地响起沈小丽的声音。小伙伴们推开玻璃门，按第七层的电梯，来到一扇防盗铁门外。窦图图边看里面的红木门，边不停地按门铃。

整整两分钟过去了，沈小丽还没出现，屋内却传出一阵"咚咚咚"的声音，窦图图感到疑惑和惊恐，难道强盗劫持了沈小丽，正把她的头往墙上撞不成？

随着时间流逝，小伙伴们越来越不安，乐远甚至做好了战斗的准备——使用超能力将强盗从窗户丢出去！

"来了来了！你们催魂呀！"沈小丽和颜悦色地打开门。

"你没事吧？这么久才开门，我们都以为你家进贼了！"乐远第一个走进去，戒备地环顾四周的环境，看清一切后，他松了口气。

"我今天太高兴了，刚刚戴着耳机在听歌，加上杨阿姨在做菜，就没听见你们敲门，Sorry！"沈小丽抱歉地吐了吐舌头。

"沈大大，你这么早把我们叫来到底有什么事啊？"窦图图坐在沙发上，抱着一包薯片吃起来。

沈小丽无视他吃货的本性，从茶几的抽屉里取出一只蓝色的机器猫，挥着一张蓝色的银行卡和四张飞往喜马拉雅山脉的机票，说："'神秘人'派新任务啦！这次要去我心驰神往的喜马拉雅山脉，侦查雪山大脚怪之谜！激动吧？"

小伙伴们一听"神秘人"，迫不及待地夺过蓝色的机器猫按下开关，只听嗲嗲的公主腔响起："神秘社，你们好！现在有个新任务，需要你们前往喜马拉雅山脉完成——揭开雪山大脚怪的谜团。周日晚上八点，我会调动直升飞机去时空大厦的后花园接你们。这次的任务时间是半个月，所需的费用已汇入银行卡。

"由于这次的任务不轻松，目的地环境相对恶劣，希望你们做好准备，带上自己的徽章和机票，勇往直前。我知道，你们是最机智和勇敢的超能力者，相信你们这次也会成功！期待你们的好消息！"

不久前，"神秘人"通过电子邮件邀请"神秘社"破解南明市时空大厦的吃人传说之谜。由于小伙伴们拥有巨大的勇气、好奇心、丰富的知识和对神秘事件的热情，以及"神秘人"提供的梦想号飞船，他们很快破解了传说之谜，获得了"神秘人"颁发的特殊徽章。

虽然不知道"神秘人"是一个人还是一个团队，但对方允诺，凡是"神秘社"有侦查需要，他都能提供一切物质支持，包括直升飞机、豪华飞船、先进的科学技术和设备，以及所有费用等。大家都知道"神秘人"热衷破解世界之谜，肯定会再给他们派任务，只是以往他都会发电子邮件给每个成员，而今怎么换成机器猫了呢？

"咦？怎么是个小女孩的声音？沈大大，不会是你自己录下来骗我们的吧？"乐远好奇地问道。

"胡说什么呢？我可没有那么闲，自己花钱带你们去喜马拉雅山脉玩？废话少说，我只想问，你们敢接这个任务吗？"沈小丽抱着手臂，挑衅似的看着坐在沙发上的三个男孩，那气势像是随时要上战场一样。

三个男孩抬头齐齐地看向她，如果被一个女孩的气势打压下去，那他们不是太没面子了吗？于是，窦图图站起来，拍着胸脯说："为什么不敢？别忘了，我们可是'神秘人'钦点的勇士，这次肯定也能成功！"

话音刚落，一直不出声的聂非凡哈哈大笑，换作别人说这话，他或许还会点点头表示认可，但眼前发声的人是最胆小的窦图图。

图图的死党乐远也起身，手臂搭着图图宽厚的肩膀，边笑着挑眉,边模仿周杰伦的语气说:"哎哟,不错哦!图图的胆子变大了哦!"

"班长,你怎么对喜马拉雅山脉感兴趣了?"聂非凡露出讶异的眼神。在他的印象中,沈小丽从没提过她喜欢喜马拉雅山脉,相比之下,应该是热爱冒险的乐远更感兴趣才对。

"我不对山脉感兴趣,是对雪怪的传闻感兴趣。这两年我也听过世界各地的雪怪传闻,在网站上查阅过大量的雪怪的照片、影片、新闻、专门讨论雪怪的帖子等资料,但没有找到证明雪怪存在的确凿证据,所以一直很想见见真的雪怪。"

小伙伴们恍然大悟,他们都知道沈小丽向来喜欢钻研神秘事件背后的真相。

乐远好奇地问:"哦?这么神秘?"

不知何时,沈小丽拿来了一台超轻薄的笔记本电脑,放在茶几上。她坐在地毯上,手指快速地敲着键盘,脸色不太好看,问道:"是啊!而且你们知道吗?三年前,我们南明市有一支名叫'天梯'的探险队在喜马拉雅山脉消失了。"

"哦?什么情况?"同样作为神秘事件爱好者的聂非凡也兴趣倍增,身子不由自主地靠近沈小丽,双眼紧盯电脑屏幕,半天没有移动。

作为同一个团队的成员，乐远见两位班长脸上惊呆了的神情，便把窦图图的零食一把夺过来放在桌上，又拉着图图去看电脑，这才知道他们为何会诧异了。

原来灾难就像一场暴风雨，在来临之前，没有任何预兆。

二〇一二年十二月一日，南明市著名的探险家罗蒙——不仅热爱探险还是登山发烧友的他，曾登过阿尔卑斯山脉，拥有一定的登山经验，当时他听说喜马拉雅山脉出现了雪怪，一时心血来潮组织了一支十个人的探险队，并采用他儿子贡献的名字——天梯探险队。

身为队长的罗蒙，出发前几日就通过各大登山网站、知名博主和南明市的贴吧告诉大家，自己即将前往中国与尼泊尔交界的喜马拉雅山脉，此次前往不仅是为了拍摄喜马拉雅山的纪录片，还要寻找雪山大脚怪和拍摄雪怪的照片。

2

罗蒙的探险队计划每日都拍下大量照片和视频,并用文字记录当天的情况。起初,他们抵达喜马拉雅山脉的山脚时,就立刻上传了一些照片,如探险队队员的合影、在飞机上拍的大团大团棉花云、层峦叠嶂的群山等。他们也配了文字,讲述队伍抵达拉萨机场后来到珠峰路段时,队伍中有人因为不适应高原反应在旅店休息了几日。

沈小丽握着鼠标继续往下浏览内容,探险队拍摄的风景照片中,出现了一个她熟悉的身影,将照片放大,只见一个男孩穿着红黑拼色的上衣,戴着黑色鸭舌帽和画着大叉图案的口罩。男孩瘦高得像根鱼竿,他挤在人群中,像是在刻意躲避什么。小伙伴们歪着脑袋看了半天,却怎么也想不起这个男孩是谁。

乐远按捺不住好奇,摇了摇沈小丽的手臂,说:"沈大大,别看帅哥了,快看看罗蒙接下来的日记,说不定对咱们有用呢!"

沈小丽回过神来,发现罗蒙隔了很多天才又更新了一次,其中依旧有大量的照片,但这次的有点不一样:除了透迤的群山、大片大片的苍翠松柏、伏在褐色的岩石上试图隐藏自己的身影的雌性岩羊,还有一张特别显眼——白色的雪地上有大量红色的毛发。

那绝不是人的毛发!小伙伴们迫不及待地看罗蒙写下的日记式解说:

今天是我们登山的第十天,之前我们一直蹲点拍摄高原地区的稀有动物,但由于视频过大,这里的信号又不好,便停更了几日。其间发生了一件很遗憾的事,我们一共十人的队伍,由于一位队友久病不愈,他独自乘飞机返回了南明市。

在这氧气稀薄的高原地带,地形复杂,天气多变,我们的身体也逐渐吃不消,还要时刻戒备野兽的突袭。而最近,几乎每个深夜里都有奇怪的吼叫声。

就在我们也偶尔有放弃的念头时,竟拍到了罕见的红色毛发,随队的生物学家表示,这绝对不是一般动物身上的毛发，极有可能是雪怪留下的。因此，我们特别高兴。

我想我们的努力和付出没有白费，曙光就在前方，相信我们一定能拍到雪怪的身影！朋友们，等着我们的好消息吧！

"咦，怎么没有更新了呢？"窦图图觉得奇怪。

"可能后来就遇到危险了吧！"沈小丽答。

大家紧闭双唇，沉默了一会。通过彼此交会的眼神，大家发现他们头一次这么默契，居然都在想：红色毛发的主人到底是谁？难道雪怪真的存在吗？深夜里奇怪的吼叫声究竟是怎么回事？

沈小丽搜出一条新闻：《南明市著名探险家罗蒙寻找雪怪遇难，军用直升机搜寻毫无收获》。

不出所料，天梯探险队后来遇险，专业的搜寻队竟然找不到一具尸骨，不知探险队是被野兽吞食了还是莫名地消失了。单是想到这里，就让小伙伴们毛骨悚然。

"班长，我们先了解一下喜马拉雅山脉的地形和气候，以及登山需要的装备吧。我知道西藏地区地形复杂，气候变化无常，曾有人在海拔三千多米的拉萨坐公交车，前一秒还在晒太阳，下一秒就看见了冰雹。幸好咱们明天晚上才出发，现在还可以去准备东西。"聂非凡像表演脱口秀一样说了一堆话。

"不用查啦！我知道！别老是依赖手机或电脑，记在脑子里的才是真本事。"窦图图忽然扯着嗓子大声说。

"哦？你知道什么？说来听听。"沈小丽一脸看好戏的样子。

窦图图眨了眨大眼，他站起来，低头看了看胖乎乎的手臂，故意咳嗽两声："咳！喜马拉雅山脉的藏语意思是'雪的故乡'，所以山顶上常年覆盖了一层雪。它是中国与印度、尼泊尔、不丹等国的天然国界，也就是说，你在山上跨一步过去就到尼泊尔境内了。它的主峰是珠穆朗玛峰，又名圣母峰，海拔高达八千八百四十四点四三米，据说每年还在增高呢，全长两千四百五十公里，宽两百至三百五十公里，西起青藏高原西北部的南迦帕尔巴特峰，东至雅鲁藏布江急转弯处的南迦巴瓦峰。我的演讲完毕，谢谢大家！"

小伙伴们都知道班上成绩倒数的名单中有窦图图，他们对窦图图刚刚的一番演讲很是意外。大家的脸上分明写着：这人应该不是我们认识的窦图图吧？

"胖图图，你够了哦，你好意思一字不漏地念网上查出来的资料吗？"

乐远突然站起来，抓起窦图图的手臂给大家看，上面有抄好的资料，乐远露出鄙夷的眼神："图图，你不诚实哦！"

"咦？我好像听到了老朋友的声音呢。"沈小丽嘻嘻地笑。

经沈小丽提醒，大家下意识地望向乐远的腹部。窦图图一下反应过来，他捞起衣袖，揭开乐远的白衬衣，狠狠地揪住那对白白胖胖的猫耳朵。

"好你个外星人，本大爷好不容易扮一回学霸，你却和我作对，这回不惩罚你，我就不叫窦图图！"

果然，肚皮上的外星人很快面红耳赤，眉头拧成一根线，面部五官扭曲得几乎要凑在一起。外星人忍无可忍地伸出猫爪，愤怒地抓窦图图的手。可自从它化成寄生兽之后，手脚就变短了，这不，抓了半天也没有抓住图图呢！

"放手！你放不放？"外星人怒气冲冲地大喊。

"不放，我就要气死你。"窦图图朝它做了个鬼脸。

"图图，你饶过大脸图吧，我受不了了。"乐远低头看高高在上的大脸图也有这么一天，忍不住大笑起来。

聂非凡和沈小丽相视一笑，无奈地摇摇头：作为同龄人，他们怎么可以这么幼稚？

不久前，"神秘社"调查吃人的时空大厦之谜期间，大脸图借助雷电之力，寄生在乐远的肚皮上。它是修罗纪元的探险家兼科学家，也被自己星球的领导人选中派往地球打探消息。由于在穿越过程中消耗了大量的能量，身体缩小，只好寄生在人类的身体上，以此汲取养分，维持它的生命。它很喜欢睡觉，经常通过休眠来打发在地球上的时间。它几乎无所不能，上知宇宙下知地理，拥有超能力，会发明小道具，会模仿人的声音，会多种语言等。但是它怀揣着一个很邪恶的秘密：修罗纪元正在想方设法地侵占地球。

这一切消息，皆在小伙伴们的逼问下才得知。

第二章　雪山大脚怪

1

沈小丽拍拍手掌，示意大家安静下来："嘘！大脸图，你终于睡醒了。有个激动人心的消息要告诉你，我们又要去破解谜团了哦。小伙伴们，喜马拉雅山脉的气候变化无常，咱们最好现在开始准备衣服和粮食——"

大脸图打断沈小丽的话，问道："等等，你们又要去哪里？破什么谜团？"

聂非凡淡淡地说："我们要去美丽的喜马拉雅山脉，破解雪山大脚怪之谜。"

大脸图若有所思地"哦"一声："据我所知，那里虽然环境恶劣，但资源丰富，曾经发现过蓝宝石和黄金。你们该不会打着破解谜团的幌子，要去那里挖宝吧？"

窦图图像是听到了一个笑话，大笑起来，随即轻哼一声：

"只有你这个外星人才会想着去挖宝，我们都是正直的探险大师、冒险专家，我们的任务只有破解谜团、查清真相！"

"图图，我发现你变了，以前没看出来，你居然还是一个励志哥！"乐远冲窦图图竖起大拇指。

大脸图却不以为然，翻着白眼说："好啊！到时候雪怪出现时，你可别想退缩，胆小鬼！"

说完，大脸图故意做鬼脸，把窦图图气得团团转。

就在大家嬉笑打闹时，杨阿姨端着菜从厨房出来了。沈小丽立刻示意大家安静，他们的计划可不能被杨阿姨知道，大脸图也悄悄地躲进乐远的白衬衫内。

"小丽，我回家有点事，大概晚饭前再来。今天周六，人多，你们出门要小心哦！"杨阿姨挽着一个帆布袋，看小伙伴们吃得狼吞虎咽，笑着说。

"好的，你放心吧，我们会小心的。"沈小丽点点头。

小伙伴们吃完午饭，分别洗好自己的碗筷，再次聚在一起，将探险需要的装备抄在一个本子上。他们打算下午两点之后再出门，在此之前，沈小丽要去午睡，聂非凡和乐远在客厅玩游戏，窦图图则捧着笔记本电脑看动漫。

时间匆匆过去，阳光悄悄爬进房间，时间已到两点。男孩们戴上鸭舌帽，沈小丽撑着伞，一行人浩浩荡荡地来到公交车站。

忽然，一阵温热的风吹来，带着汽油的味道，大脸图一阵晕眩，脸色瞬间变得很难看，它压低声音说："乐远，你们能不能别坐公交车？我现在就有点晕车了。"

听觉灵敏的沈小丽撇过头，小声地答："不能。你忍忍吧，很快就会到的，毕竟我们是学生，只能坐公交车去呀！"

乐远一副欲言又止的表情，几乎与大脸图同时皱起眉头，由于与大脸图融为一体，他也被感染了公交车恐惧症。

庆幸的是，繁华的商业街离他们并不远。下了车后，沈小丽率先找到一家户外运动用品店，替四个小伙伴分别找到合身的冲锋衣和登山鞋。小伙伴们试鞋期间，她嘴上还念念有词："绳索、帐篷、防潮垫、头灯……"

沈小丽的视线一一扫过那些工具，无视身旁的售货员投来的怪异眼光，她知道售货员心里肯定觉得这四个小孩在浪费钱。约莫半个钟头后，她刷卡付款，身后三个小伙伴提着大袋小袋，大家浩浩荡荡地拐了几次弯，终于找到一家大药店。

三个男孩坐在一个台阶上，只见刚刚领错路的"导游小姐"——沈小丽走进药店，将一张纸丢给了穿白褂的姐姐。

"果然不能跟女生逛街，这简直是件体力活啊！我快挺不住了！"乐远按摩着自己酸痛的双腿，嘟囔道。

"这也是没办法的事，你不买，难道光膀子去雪山送死啊？"聂非凡抹了抹额头的汗水。

"嘘，沈大大来了！"窦图图朝穿着牛仔裙的少女微微一笑，声音小得像是从牙缝里挤出来的。

"你们怎么笑成这样？难道说了我的坏话？"

三个男孩笑着摇摇头，提着袋子站起来。

"走吧，我的苦力们，请你们去吃冰淇淋！"沈小丽摇身一变像个名媛，举着银行卡往前走，留下三个小伙伴面面相觑：这明明是"神秘人"的钱，怎么变成她请啦？

大家吃着五颜六色的冰淇淋，再次回到沈小丽的家，将十个袋子藏在书房里，便挥手告别。

夜晚十点，璀璨的星空下，小伙伴们穿着红黑相间的冲锋衣，背着一个满载的登山包，远看像是背上驮了一个人。窦图图累坏了，他卸下登山包，直接躺在背包上仰望星空。

"你们就不能不去吗？对于你们生活在平原的人来说，初次去喜马拉雅山脉，是很容易出现高原反应的，如果生病就更糟糕了，有些人甚至得了感冒就能引起肺水肿导致死亡。乐远，愿上天保佑你，你不要拉我一起去天堂啊，我还有使命未完成呢！"

乐远揭开白衬衫，见大脸图紧闭双眼，双手合十，满脸虔诚地祈祷，笑道："图图，你帮我鉴定一下，我肚皮上的外星人是大脸图吗？该不会这阵子休眠休糊涂了吧？"

"别闹了，我是认真的。你们好好想想吧！"

大脸图一听乐远的话，立刻藏起白白胖胖的猫耳朵，生怕窦图图又捏它，它撅着嘴，抱着双臂，瞪着窦图图。

"你还敢说自己的破使命？你们要是敢妄想侵占地球，信不信我打烂你们的牙齿？"窦图图忽然来了脾气，猛地一下坐起身，口水几乎全喷在了大脸图的猫脸上。

沈小丽和聂非凡也停了下来，在一旁看热闹。

忽然，繁星中亮起红色的光，那伴着红光的东西像陨石一样正朝他们落下来，接着耳边传来嘈杂的声音，荒野的风随着声音而来，吹得他们头上的帽子都要飞起来。

"嗡嗡嗡……"如同割草机般的声音越来越大。

"来了！是来接我们的直升机！"沈小丽激动地大声喊。

一架全身画满《海贼王》漫画涂鸦的直升机缓缓落地，四个瘦小的身躯立刻跑过去。小伙伴们仔细一看，顿时惊喜地瞪大了眼：路飞身边竟有"神秘社"成员的涂鸦，而且是他们第一次执行任务时的模样——与外星人融为一体的乐远、抱着一堆零食高壮的窦图图、穿着警察制服和黑皮靴的沈小丽、戴着贝雷帽穿着风衣的小侦探聂非凡。

这架漫画版直升机简直就是小伙伴们的专属飞机，大家相视一笑，尽管螺旋桨发出的噪音非常刺耳，但这丝毫不影响他们欢愉的心情。入舱之前，他们清晰地看见，飞机驾驶员竟是个戴着墨镜的卷发外国人。那外国人纹丝不动、面无表情地直视前方，看起来更像个机器人。

打开门的那一刻，传来了女主播的声音："各位乘客晚上好，请拿出你们的机票，在入口处刷票，找到位置后，请系上安全带，谢谢！"

2

小伙伴们按照提醒一一刷过票,坐在自己的位置上,等了半天,那个外国人驾驶员才发动直升机,耐不住性子的窦图图差点要投诉了。

坐在窦图图对面的沈小丽见大家都等得不耐烦,特意挑了个话题问道:"你们说,这世上真的有雪怪吗?"

乐远托腮思考,转了转眼珠说:"根据全球互联网上各大平台对雪怪的报道,以及炒得沸沸扬扬的舆论,我觉得有雪怪,否则那些大脚印和红色的毛发从哪来呢?如果没有的话,'神秘人'为什么要叫我们去查?"

乐远的话很快被聂非凡反驳:"我觉得有可能是炒作。现在全球各地旅游开发区为了增加游客数量、提高当地的经济水平,会用大脚雪怪来炒作一点也不奇怪。亚洲第一大猿红毛猩猩就有红色的毛发,大脚印也有可能是猩猩科的祖先巨猿留下的。"

乐远不服气地说:"拜托,巨猿早就灭绝了!"

聂非凡下意识地抬起头,正好迎上对面那一双几乎燃烧起来的眼睛,到嘴边的话瞬间被咽了回去,摆出一副"不屑与你争论"的样子。

空气中弥漫着一股硝烟味,原本在吃零食的窦图图也识趣地紧闭嘴唇,僵硬地把吐司发给小伙伴们示意他们消消气。然而,只有沈小丽接过吐司,其余两人都皱紧眉头望着窗外,机舱内一片寂静。

窦图图朝沈小丽眨了眨眼,沈小丽立刻会意,为了打破僵局,笑道:"乐远,你一定带了迷你平板电脑和墨镜吧,先把电脑拿出来查查关于雪怪和大脚印的新闻吧,好吗?我想这能让我们进一步了解雪怪。"

"好。"

乐远无奈地点点头,从登山包中取出一个成人巴掌大小的平板电脑,快速地调出大量资料,第一则资料就吸引了大家的注意:"大脚印确凿的足迹最早是在一八一一年被发现的。当时探险家大卫·汤普逊从加拿大的杰斯普镇横过落基山脉前往美国的哥伦比亚河河口,途中他看到一串人形的巨大脚印,每个长三十厘米，宽十八厘米。从此以后，关于发现大脚怪或其脚印的消息就络绎不绝，至少有七百五十人自称他们见到了大脚怪，还有更多的人说见到了巨大的脚印。

"在喜马拉雅山区，雪人被描绘成一种身材高大、半人半猿的传奇动物。它们高一点五至四点六米不等，头颅尖耸，红发披顶，周身长满灰黄色的毛。它们步履快捷，时而凶猛、剽悍，时而仁慈、温柔。

"雪人被称作'夜帝'，意思是'居住在岩石上的动物'。从公元前三百二十六年起，就开始流传关于雪人的种种传说。一八四八年，西藏墨脱县西宫村的村民桑达被雪人抓伤致死，雪人在他身上留下了臭不可闻的气味。

"一八八九年，英国陆军少校沃德尔在喜马拉雅山西北区海拔五千一百米的雪地上，发现神秘的大脚印，当地挑夫说，那是一种叫'雪人'的人猿留下的。

"一九三八年，加尔各答维多利亚纪念馆的馆长奥维古上尉独自在喜马拉雅山旅行时遇见了暴风雪，强烈的雪暴加上没有任何呼救措施的情况下，奥维古以为自己会死亡。就在这时，他觉得自己被一个又高又大的动物护住身体，保住了性命。等他意识清醒了，那个巨大动物却神秘地消失了，临走时还留下了类似狐臭的味道。

"一九五一年，英国珠穆朗玛峰登山队拍下了第一张清晰的雪人脚印照片。脚印是在坚硬冰面的一层薄雪上留下的，长三十一点三厘米，宽十八点八厘米，拇指很大，并向外张开。

"一九七五年，一名尼泊尔夏尔巴族姑娘像往常一样在山上砍柴，当姑娘放松警惕的时候，一头跟在她身后的雪豹突然发起攻击，没想到，一个凶狠的红发白毛动物冲出来和雪豹殊死搏斗。姑娘这才得救，逃回村子。这个红发白毛的动物就是传说中的雪人……

"我国人类学家周国兴认为，雪人是巨猿的后代。根据雪人和猿类的脚印对比，周国兴推测，古代的巨猿并没有真正的灭绝，而神秘的雪人止是巨猿扩散到雪山地区的后代。

"英国女性人类学家玛拉·谢克雷博士认为，雪人是尼安德特人的后代。她研究了雪人的脚印，它的大足趾很短，略向外翻，比起智人和猿类，与尼安德特人更为相似。苏联人类学家切尔涅茨基也认为雪人是尼安德特人的后代——当时，尼安德特人在与智人的搏斗中，节节败退，一支逃入森林，成为野人，一支逃入高山雪峰，进化成为雪人。

"然而，时至今日，尽管有许多雪人考察队进入喜马拉雅山脉寻找雪人的踪迹，但除了发现一些巨大的脚印外，几乎一无所获。他们没有拍到过一张雪人的照片，更没有人取到雪人的标本。"

所以，雪怪真的不存在吗？

乐远不甘心，调出更多来自外网的资料，终于看见一则具有科学依据的新闻：

"二〇〇二年英国《泰晤士报》报道，动物学家罗波·麦克卡尔宣布，牛津大学的科学家在不丹喜马拉雅山区的一棵树上发现了一团毛发，在对其进行的脱氧核糖核酸（DNA）分析后发现，这一团毛发不属于任何现在已经定种的动物。"这次，似乎是确确实实的证据。乐远把平板电脑平放在桌上，得意地推向对面的人，沈小丽碰了碰聂非凡，聂非凡回过头，匆匆瞥了一眼，仍旧不以为然："那也不能证明雪人的存在，至今没有任何一个国家、任何一个人明确表示拍到了雪怪的照片，更别提找到雪怪的生物组织了。这些传说就是无稽之谈！"

乐远一听这充满嘲讽的口气，气得要拍案而起，却被腰间的安全带固定住，只好再次坐下来。

这时，头顶传来女主播甜美的声音："各位旅客，我们即将抵达目的地，在飞机降落稳定之前，希望各位旅客系好安全带

坐在自己的位置上，谢谢合作！"

第三章　神圣的喜马拉雅山脉

1

"哇，好美啊！"

小伙伴们顺着窦图图的手望去，天空蔚蓝得像大海，没有一丝杂质，天边留着一抹橙色的余晖，透过层层云雾，隐约可见红褐色的高山连绵起伏，一条条弯曲的河流和山间小路绿意盎然。

乐远看了一眼手表，问道："现在就快九点了，怎么天还没完全黑呀？"

沈小丽回过头，笑道："乐远，叫你平时多读书，你就是不听。西藏与内陆有时差的，夏天通常是九点左右才天黑。"

直升机降落在一片旷野上，小伙伴们下飞机后，外国机长立刻开走了直升机。天色很快暗下来，在这旷野中电子产品如同摆设，一点信号也没有，沈小丽拿出指南针和一张纸地图，又让乐远用平板电脑调出之前下载的离线地图，小伙伴们很快知道了自己正处于喜马拉雅山脉海拔三千多米的区域。

小伙伴们没走几步路，沈小丽和聂非凡就停住了步伐，他俩扶着额头，感到一阵眩晕，差点倒了下去，幸好窦图图和乐远及时扶住了他们。

"我们可能是高原反应了，休息一下就好。"聂非凡云淡风轻地说，似乎刚刚要倒下的人不是他。

小伙伴们望着远处的高山和森林，照以往的经验，夜里不能轻易行动，于是大家再次分工合作。乐远和窦图图先去拾些木柴来生火，聂非凡和沈小丽研究接下来的路线，四人集合后再一起搭帐篷。

"乐、乐远，来，牵着我的手，别怕啊！"窦图图佯装镇定地伸出手，却慢慢地退到乐远的身后，紧张得声音都在打颤。

乐远"扑哧"一声笑出来，故意压低声音说："图图，你瞧那边黑压压的是什么东西？"

"是、是什么东西？"随着一阵凉飕飕的风吹来，漆黑的森林发出窸窸窣窣的声响，似乎有东西穿梭于树与树之间。

暮色渐沉的天空不知何时起了乌云，刚刚露面的月亮又悄悄躲了起来，凄凉冷清的荒原上，只有两个小男孩的身影。

"乐远，我们快点找些木柴就回去吧，这里也太恐怖了！"窦图图不安地望着眼前那片林子。

两人两步并作一步走，终于靠近了林子，跨过低矮的灌木丛，微风徐徐吹来，挺直腰杆的落叶松发出"沙沙"的响声，昆虫合奏的音乐声不断传入耳中。乐远拿着手电筒走在前面，戴着头灯的窦图图紧跟着他。

忽然"啊"地一声，窦图图不小心被古木藤绊住脚，整个人重重地摔下去，接着他又发出一声巨大的叫声："哎哟！乐远你压疼我了，快起来！"

"嘘！别叫！"乐远捂住窦图图的嘴，警惕地环视了一下周围，他感觉身后灌木丛中的植物摇摇摆摆，似乎还发出了啃噬食物的微弱声音。然而，乐远再一回头看，那片灌木丛却安静如水，只是那一片低矮的植物似乎都长高了一点点。

难道是出现幻觉了吗？乐远挠了挠头。窦图图拨开他的手，大口大口地喘着气，低声抱怨道："你想憋死我啊！咱们快回去吧，这里阴森森的，好可怕！"

乐远抱歉地笑了笑，搭着窦图图的肩膀原路返回。两人渐渐远离林子，丝毫没有察觉躲在一棵树后的黑影。小伙伴们扎营的地方已经生好了火，乐远隔着老远就看见营地火光冲天，还有一些不认识的人。难道小伙伴们出事了？他焦急地跑过去，不顾身后窦图图的抱怨，一路狂奔。

"这个小兄弟是谁？"一个用红绳子绑着山羊胡须的男人问道。

乐远不理会他们，冲进人群中找自己的伙伴，他看见这些陌生人都脚穿藏靴，内穿白色棉布衬衫，外搭羊皮袍，腰间扎着一条彩色的带子，脖子上戴着绿松石串和小叶紫檀珠串。他们五官粗犷，皮肤黝黑粗糙，嘴唇干裂，多留着胡须，脸颊的两坨高原红在火光的照射下如同两个红灯笼。他们的身躯挺拔，眼中透出善意，口中说着乐远听不懂的语言。

"哞哞——"沈小丽穿着一件红外套躲在聂非凡身后，双眼紧盯着帐篷旁的一群黑牦牛，神色很是害怕，嘴上还念叨着："你们别过来！我可不是来斗牛的！"

乐远和窦图图隔着很远都听到了这句话，忍不住笑出声，没想到一向女汉子的沈大大，被牦牛吓得像只小猫咪一样。沈小丽听到笑声转过头来，一边恶狠狠地瞪着他们，一边挥着拳头。

四人走进帐篷中，开始低声讨论。

"那些人都是谁？"

"应该是朝圣者吧。他们今晚要和我们一样留在这里吗？"

"朝圣者不会三五成群地出现，他们还带着驮食物的牦牛，应该是运盐队。有些生活条件不好的藏民会在这时候翻山越岭，到集市卖盐。"

"那太好了，他们在的话，我们今晚就不用担心藏狼和雪豹了。"

三个小伙伴齐齐望向窦图图，每次都只有他说话不着边际。这时，那个用红绳子绑着山羊胡须的男人走过来，一下坐在乐远的身旁，声音很低沉："小兄弟，我是运盐队的头人，名叫扎西。你们呢？来这里旅游的吗？"

小伙伴们面面相觑，仔细打量了扎西，向对方摇了摇头，表示不愿意告诉他。扎西也不追问，只是望着外面的夜空。乌云不知何时散去了，天空中泛着淡淡的青色的光，和闪亮的繁星汇成一条银河，简直就是一幅画。可下一秒，一个年轻的男子匆匆跑来，他似乎有点儿高兴，笑着说："扎西，我们今夜就在这休息一晚吧，大家连续走了一周，都很累了。"

扎西又看了看夜空，然后走回火堆旁，取来几颗盐石，他双手摩擦盐石后，放在额头上说："神的指引，如果发出'噼里啪啦'的声响，就不会有暴风雪。如果没有发出声音，我们等下必须马上走。"说完,他将盐石丢进火中。

原本窃窃私语的人群,瞬间安静。在场的所有人都紧紧盯着火苗,五分钟过去了,没有一丝声音响起。大家都自觉地放下手中的东西,去牦牛群检查绑着食物的绳索是否牢固。小伙伴们在一旁看得愣住了,明明晴空万里,怎么可能会有暴风雪呢?

刚才那个年轻人再次拦住扎西,苦口婆心地劝道:"扎西,休息一晚吧!人和牛都又累又饿,难道你要看着他们倒下才满意吗?"

扎西怒视着对方:"你说的是什么鬼话?这是神的指示,如果现在不走,暴风雪来了,那他们会真的倒下!"

年轻人不服气,几乎吼道:"什么神的指示?我不相信!这里天蓝草绿,现在天上星星无数,不可能会有暴风雪!"

"你爱信不信,几百年来我们都这么测算,从没出过错。"扎西不再理会他,朝愣在原地的小伙伴们走去,劝道:"我当了十年的头人,对群山已经很熟悉,如果你们相信我,就跟我们一起出发吧。"

2

话音一落,扎西就被他的人喊走了。小伙伴们再次回到帐篷,大家彼此看了看,聂非凡和沈小丽开口说:"我们不走。你们呢?"

窦图图不解:"为什么不走?扎西熟悉群山,跟他们一起走的话,我们安全得多啊!"

沈小丽叹了口气:"可是我们对扎西不了解,你这么容易相信陌生人,就不怕被人骗了吗?"

聂非凡双手交叉抱在胸前:"对啊,而且今晚星星这么多,应该不会有暴风雪。"

乐远努力地想了想,两个班长说得确实有道理,于是拍了拍窦图图的肩膀,安慰道:"图图别害怕,我这个冒险家会保护你的!而且我们有四个人呢,只要团队行动,一定可以击败藏狼和雪豹，实在不行就把大脸图掐醒。"

窦图图失落地摇摇头，他垂着脑袋，不知在想什么。一时间，帐篷里的气氛尴尬极了，谁都没再出声。

这时，一声奶声奶气的公主腔打破了这令人窒息的沉默："谁？谁要掐我？这么没礼貌。我一个上了年纪的人生活在地球容易吗？不仅要担心自己，还整天被你们这群小鬼欺负。我感觉这个世界不会再好了！"

三个男孩都听出了这是沈小丽的声音，但都默默望向乐远的肚皮，这个沉睡的外星人终于醒来了！

沈小丽捏起大脸图的肥耳朵，佯装生气道："好啊！你竟敢学我的声音说话了，看来这段日子对你太温柔了。"

大脸图见小伙伴们脸色不太好，立刻醒悟过来，哀求道："女侠饶命！我再也不敢了！"

聂非凡拉了拉沈小丽，沈小丽顺着他的目光望去，运盐队开始动身了，藏民鞭策着十几匹黑色棕色的牦牛，人和牛都开始跑了起来，扬起的沙尘渐渐掩盖了他们的身影。扎西凝视着帐篷的方向，见小伙伴们没有追去，他挥了挥手，向他们告别。

约莫过了半个钟头，运盐队的身影渐渐消失在小伙伴们的视线内。

乐远和窦图图守在帐篷外，窦图图双手托住下巴，望着星空，若有所思。

到了凌晨，气温骤降了十度，山风呼呼地刮起来，值守的两个男孩冻得身体颤抖，便去帐篷的登山包里取出厚衣服穿上。等他们再次走出来，两人顿时瞪大了眼睛，脸上是不敢置信的神情——天空飘起了棉絮一样的雪花！

乐远伸出一只手接住了雪花，手心冰冰凉，一股寒意瞬间侵入皮肤，他自言自语道："天哪！扎西的话也太灵验了吧！"

被冻醒的沈小丽披着毛毯走出来，半眯着眼问："好冷啊！怎么突然这么冷？"

聂非凡也走出来，惊讶道："真的下雪了！"

窦图图再次担忧起来："要是遇上暴风雪我们可怎么办？"

这句话让大家沉默了，四人围坐在火堆旁，丝毫没有发现正有可怕的东西在靠近。

"我觉得现在应该背好登山包，以备不时之需。"聂非凡低声道。

"什么不时之需？"乐远问道。

"嘘！别出声了！"沈小丽做了个噤声的动作，她拿起火把，警惕地环照四周。

连绵起伏的群山已经披上了白袍，像一头头雪白的猛兽，潜伏在这片静谧的荒野上。小伙伴们听见林子传来剧烈的声响，"砰砰砰"，随着大家心脏的跳动，林间亮起了几道绿色的光。

乐远拿出老爸送的特工墨镜，调节好镜片的距离后，他的双眼瞪得老大，露出惊恐万分的神情——那几道绿光就是西藏狼的眼睛，而且，一只棕红毛色的火狐也在慢慢地靠近他们。

怎么办？雪怪的谜团还没解开，今晚就要死在这里了吗？小伙伴们心慌意乱，这种情况是他们从未想过的：糟糕的天气里，两种凶狠的动物同时找到了他们。

"嗷呜——嗷呜——嗷呜——"狼高兴地仰头嚎叫，声音穿过林子，回荡在群山间，那只火狐似乎听懂了两只狼的警告，识趣地掉头跑走了。

"别怕，熬到天亮就没事了。"沈小丽紧张得双手不自觉地发颤。

"来不及了，木柴都快没了，靠火吓唬狼是没用的。更何况这种狼毛长色淡，藏人认为这种狼更具攻击性。"聂非凡说，"我们必须找到有人居住的地方才行。"

"呜呜——"

刺骨的寒风呼啸，小伙伴们一动不动地凝视林子，那两只狼露出狰狞又凶残的兽面，亮出尖利的獠牙，用阴绿幽深的狼眼死死地盯着四个小伙伴。

但这些只有戴着墨镜的乐远能够清晰地看见，在它们冷酷瘦削的外表下，眼中燃起了火焰，甚至露出一抹志在必得的神情。乐远一想到自己即将成为藏狼口中的猎物，不由得打了一个寒战。

两头狼渐渐靠近，在距离营地几米的地方，它们没有再往前，只是待在原地不动。聂非凡知道，这类生存于恶劣环境下的野生动物，都有一种高度警觉的意识，西藏狼此时还是捕猎前最后一个动作。

"聂非凡、沈大大，你们不是一向最有办法吗？快想想啊！"窦图图都快急哭了。

"别吵！你没看见吗？它们在试探我们，所以我们更加不能轻举妄动。"聂非凡心中更急，语气有些不耐烦。

沈小丽努力地想了想，说："聂非凡说得没错，它们明显是在打探我们的战斗力。现在我们唯一的路就是共同击退狼群，再往左手边跑。"

第四章 一个奇怪的外国老头

1

小伙伴们不敢有丝毫松懈，生怕被藏狼看出破绽，但随着对峙时间一分一秒地拉长，小伙伴们渐渐有些支撑不住了！两头狼似乎看出了他们在虚张声势，狰狞的脸上瞬间冒出了怒火，"嗷"地一声朝他们靠近。

"大家拿出冒险的勇气，用自己手上的工具，扪狼的头部，尤其是眼睛和鼻子。"聂非凡说完，伸长了自己从不离身的木棍。

沈小丽扯出腰间的鞭子，乐远和窦图图则举起火把和木板。

"一、二、三，打！"小伙伴们气势汹汹、鼓足了劲，举起手中的"武器"劈头盖脸地朝狼招呼去！

危急关头，小伙伴们爆发了自己宇宙般强大的力量——

不久前还胆小如鼠的窦图图，现在像个勇猛的战士般，挥着火把扑向狼群,又抡起厚厚的木板朝狼的头顶拍下去,木板瞬间裂开了!而沈小丽站在一侧,伸长鞭子狠狠地抽打藏狼的身体,一道道红色的痕迹露出来,那头狼从鼻腔发出沉闷的声音,双腿一软,倒在雪地。

"嗷呜!"另一头狼的眼中满是同伴身上的血痕,它仰起头发出毛骨悚然的嚎叫声,充满杀气的狼眼紧盯着沈小丽,猛地直扑向她。聂非凡眼明手快,立刻站在沈小丽面前,抡起自己的木棍乱捅藏狼,乐远则一个劲地乱打狼的脑门,让藏狼渐渐后退。

但这时,令人更惊骇的事情发生了——远处林子亮起了无数道绿光,刚刚的狼嚎声引来了它们的同伴!

"小伙伴们,就现在,跑啊!"聂非凡大叫一声,其他三个小伙伴们撒腿就跑。两头狼虽带着伤,却是一副势必要报仇的架势紧紧跟随。

大雪越下越大,耳中不断传入尖啸的风声,积雪已经到了小腿的位置,小伙伴们吸了吸冻得通红的鼻子,感觉躯体要被掏空,呼吸也急促起来。

"嗷——"

小伙伴们心头一惊,忍不住回头望了望,只见离他们最近的两头狼咆哮着奔来,坚定的眼神似乎在说:愚蠢的人类,你们死定了!

漆黑的夜,风雪交加,小伙伴们吃力地奔跑,戴着墨镜的乐远忽然笑起来,他指着前方烟囱冒出白烟的房子,大声喊道:"大家快看,前面有房子!"

这句话无疑是在告诉大家:我们有救了。小伙伴们的心情顿时激动起来,原本筋疲力尽的身体瞬间充满了力气,跑得异常快速。

这是一栋两层的韩式木屋,孤零零地站在荒无人烟的路边,大门前立着两根保龄球式的木柱子,外墙爬满了干枯的藤蔓,门窗也已破烂不堪,看起来已经经历了几百年的沧桑。

令大家惊喜的是,屋里灯火通明,宛如白昼。到了近处,小伙伴们才看清楚,屋檐下挂着一张"美食王国"的门牌,大门的把手处挂着一张"停止营业"的提示牌。

狼群越追越近,小伙伴们急得像热锅上的蚂蚁,一不小心在雪地里打了个滚,却顺着山坡滑了下去,像一颗大雪球般连门也没敲,一路滚进了木门。

"奇怪了!"乐远立刻把大门关上,又将脸贴着窗户,惊呼。

"咦，它们怎么不敢闯进来？"窦图图望着窗外的狼群。

"狼群大概是害怕这间屋子，或这个屋子的主人吧。我之前在书上看见过，西藏的雪豹常咬死羊群，却从不攻击当地人，原因很有可能是它们认为人比较神圣，不敢轻易侵犯，一开始藏狼对我们也是如此。"沈小丽的脑袋就像百科大全，总能道出旁人不知道的故事和知识。

"可是，这间屋子有人住吗？"聂非凡拍了拍身上的雪。

小伙伴们不禁倒吸一口凉气，他们环视屋内，漆成米黄色的墙壁上，贴着一幅《兰亭集序》和一幅藏獒的油画像，长方形木桌上摆着烛台和鲜花，墙上写着"可洗热水浴"的提示牌。冰箱里的食物大多是肉类和洋酒，少有鲜果蔬菜。

小伙伴们看了一圈，发现每一样东西上面都标了价格，并写着"若毁坏物品，则要赔偿此物十倍价格"的提示语。

"啧啧，这些东西都是用金子做的吗？价格也太坑人了吧！"窦图图吃惊地看着价格，轻轻地放下了一个穿着红衣裳和戴着鸡冠帽的陶瓷喇嘛雕像。

"哇！居然有这么古典的东西，好想听一听用它放的歌！"乐远一看见喇叭式唱片机，就移不开脚步，他定定地站在唱片机前，痴痴地傻笑，又举起一张超重的圆盘唱片，唱片上写着

"听一张收二十元,毁坏则收十倍价"的字样,但乐远还是忍不住放了一曲又一曲。

缓缓流动的音乐声中,窦图图的肚子"咕噜咕噜"地呐喊起来,小伙伴们都摸着腹部相视一笑,决定先填补被狼群追逐时耗费的能量。他们打开冰箱,取出几条冰鲜的鱼,用几根木棒横插鱼头和鱼尾,撒上食料,再放在炉灶上烤熟。

"我最爱的烤鱼,好香啊!肯定很好吃!"吃货窦图图笑得像鲜花一样灿烂。

片刻后,小伙伴们坐在长方桌旁,将餐巾轻轻放在膝上,吃相却不讲究,像是饿了几天那般狼吞虎咽。小伙伴们填饱了肚子后,又一一用了浴室。

不知不觉的,暴风雪已经停了,只剩呼呼响的山风,天色渐渐明亮起来,可这间屋子的主人还没有回来。小伙伴们双手捧着下巴,大眼瞪着小眼,终于再也抵挡不住困意,齐齐趴倒在桌上。

"轰隆隆……轰隆隆……轰隆隆……"一辆越野车穿行于白雪皑皑的群山中,十分显眼,更显眼的是那只像人一样端坐在副驾驶位的狗,开车的外国人不时欣慰地摸摸它的头。

当一缕金色阳光射入屋内时,小伙伴们迷迷糊糊中听见屋外传来的熄火声、狗吠声、脚步声,接着,木门"嘎吱"一声打开了,靴子踏进房屋的声音传进耳朵里。

"哦吼!哪里来的小兵?"一声如同黑熊般的低吼声吓醒了小伙伴们。

小伙伴们条件反射地跳起来,顾不上膝盖传来的痛感,便警觉地左顾右盼。他们看见一个年过半旬的外国老头,眼窝深凹,留着白色的山羊胡须,一头白发用彩色的带子编了几根辫子,高壮的身躯被冲锋衣包得严严实实,乍一看还真像头熊。

他牵着一条狗,狗是纯黑色长毛犬,浑身散发着野性和彪悍的美,一只眼球竟是白色的,脖子上虽戴着红色项圈,可它那茂密的鬃毛像非洲雄狮一样竖起来,目光炯炯有神,含蓄又深邃,仅仅是安静地站着就充满了王者风范,让小伙伴们心生畏惧。

2

完蛋了，这个老人和狗看起来都不太和善……大家仿佛石化了，待在原地一动不动，眼睛却飘向屋内的另一个角落，但是已经来不及反悔了。

"噢！天哪！你们竟用了我这么多东西，快按照上面的价钱付款！"外国老头瞪着圆眼，说着一口生硬的中文。

小伙伴们呆呆地望向外国老头，半天没有行动。忽然，外国老头身后那只吐着舌头的狗，龇牙咧嘴地吼了两声，好像小伙伴们再不付款，它就要扑上来狠狠地咬他们一口，看着怪吓人的！

沈小丽从登山包中取现金，聂非凡却拦住了她："慢着，他不会讹我们的钱吧？"

沈小丽低声道："现在管不了那么多了，保命要紧。那只狗可不是普通的狗，是青藏高原一带特有的藏獒。它的爆发力很强，力大凶猛，如果有人伤害主人，它就能扑上去把人活活咬死，就算敌人是一头狼，它也会全力以赴。历史上有'九犬成一獒'的说法，它们被看作西藏人的护卫犬和保护神。"

"这么厉害啊，沈大大快给他吧！我可不想死在这里。"窦图图不安地看了一眼藏獒。

乐远白了他一眼，劝道："别担心了，想死也要见到雪怪才能死啊。"

沈小丽无奈地摇摇头，都这个时候了，这群男生竟还有心情开玩笑，真是一群猪一样的队友。她将几张红色的"毛爷爷"递给外国老头，故作镇定地说："给你，不要想吓唬我们。"

外国老头接过钱仔细地数了数，又用那双深邃的蓝色眼睛反反复复打量着小伙伴们，然后他摘下毛绒帽，坐在木凳上，招手示意小伙伴们坐过去。

大家面对面坐下，外国老头问："你们怎么会来这里？别告诉我，你们是暑假来这里玩的。"

小伙伴们摇摇头，只有窦图图那个吃货淡定地说："你有其他好吃的吗？如果你能免费提供的话，我就告诉你。"

其他三人一脸无语，心想这家伙肯定是饿疯了，那个小气的老头怎么可能会答应！可外国老头大方地说："好啊，我刚刚从外面带来了蛋糕和藏式甜点，你们等着！"

外国老头一走，小伙伴们立刻轮流讨伐窦图图。

"窦图图，你也太不理智了，我们可不是来这里吃东西的。"

"图图，你减肥无望了。"

"小心他给你吃毒食。"

窦图图撅起嘴，一脸委屈："可是'神秘人'并没有规定我们不能说出去啊，而且你们放心，我再蠢也不会泄露咱们的任务的！"

没过多久，外国老头提着一大袋东西回来了，屋内立刻静悄悄的，仿佛什么事也没发生过。他将袋子里的食物装在盘子里，又递给小伙伴们，原来是芝士蛋糕、藏式糌粑和酥油茶。

此时的老头像变了个人一样，笑道："我几年前从加拿大来到西藏，朋友就送了这只藏獒给我，如果你们骗我，它可是会知道的哦，后果你们应该懂的吧。"

小伙伴们望了望那条脖子上竖起一圈毛的大狗，默默地离它远了点。大家双手捧着酥油茶，一股浓醇的奶香味扑鼻而来。

窦图图迫不及待地喝完一大碗，感到甜甜咸咸的，他满足地笑起来，声音也不自觉地提高："其实，我们是从南明市来这里看一种稀罕的动物。"

外国老头"哦"了一声,边喝酥油茶边抬眼看了看窦图图,随后放下杯子问:"你们说的动物,难道是雪怪吗?"

乐远一听这话就浑身沸腾,忙问:"哇,你知道?你见过吗?"

外国老头故意卖关子,笑笑不说话,又喝了一大口茶。

难道……雪怪真的存在吗?那它会在哪里呢?老头会不会告诉我们?小伙伴们一脸期待,恨不得上前逼他说出来,可那只藏獒仍旧警惕地盯着他们,小伙伴们哪敢轻举妄动。

外国老头缓缓转身,望向窗外的积雪,徐徐开口道:"今夜定会再下雪,你们要不再住一夜吧?"

沈小丽摇摇头:"不了,我们时间有限,必须尽快出发。谢谢你,等下我们就要走了。"说完,她催促起其他小伙伴。

外国老头拍了拍她的手,笑道:"别着急,你们要走也别空手走啊,我这里还剩一个豪华版的雪橇,你们在雪地里一定用得着。"

聂非凡吞下一口糌粑,问道:"豪华雪橇?多少钱?"

外国老头摇摇头,笑得意味深长:"雪橇不要钱,但我接下来要说的雪怪情报,你们可以考虑买不买。"

小伙伴们纷纷惊喜地望去,几乎同时说:"什么情报?我们买!"

外国老头哈哈大笑起来,说:"行!这些是我自己的亲身经历。价钱,你们看着给吧。"

原来,外国老头叫彼特,以前是一名记者,得知喜马拉雅山脉有雪怪之后,他与两个好友来到此地,先是拜访藏族家庭询问雪怪的消息,不料当地人听后脸色大变,操起扫帚就把他们赶了出来,一点情面也不给。

后来他们才知道,当地人是极爱自然的,动物保护的意识很强。由于雪怪的消息被大肆传播,越来越多的人不远万里来到西藏,破坏了大自然的赠予:稀有动物遭到杀害,它们的皮毛被残忍地剥下来,再运到大城市做成奢侈的衣物。

西藏地广人稀,村落与村落之间距离遥远,群山中,一个人影都难见。为了接下来的旅途能顺利进行,心思活络的彼特提议不再询问藏人有关雪怪的消息。果然,后来他们再也没有被逐出门过。

这时彼特一双深邃的蓝眼睛不自觉地收紧,像是想起什么惊险的事情般,他轻叹了口气,低声道:"我还记得那天很晚了,半睡半醒中,屋外传来人和狗的声音。第二天醒来听当地人说,夜里有个十几岁的男孩在羊圈里睡觉时被猛兽袭击,耳根被扯烂,耳朵被拉扯到嘴巴的地方。一年多了,现在还歪长在那里。"

彼特顿了顿,又喝了一杯茶,继续说:"当时,恰好有一支外国登山队称他们在附近看见了大脚印,并发现了雪怪的洞穴。洞穴位于群山深处,外面有一条巨大的瀑布,洞穴里面有羊皮做的垫子和猎物的残骸,还有……还有一桶血。不过,也有藏人猜测,这可能是野人的作为,在一些海拔高达五千米以上的地方常有野人活动。"

小伙伴们对雪怪越来越好奇,听过那么多雪怪的传闻,有的说雪怪会救人,彼特却说雪怪可能是野人,而且会伤人。

真正的雪怪到底是怎样的呢?

第五章　瀑布旁的洞穴

1

"故事很精彩吧？你们是现金，还是刷卡呢？"彼特捋了捋他的山羊胡，笑得满脸和蔼。

"你不会骗我们吧？"沈小丽半信半疑地掏出现金。

彼特一听就不高兴了："要是不相信，你们去洞穴看一看不就知道了。这个钱我不要了，你们马上坐门外的雪橇走吧，这里不欢迎你们！"

彼特下了逐客令，一旁的藏獒像是跟他心有灵犀，朝小伙伴们大声嘶吼。小伙伴们被吓得一愣。这个老头怎么翻脸比翻书还快呢？真是个怪脾气的家伙！

"砰！"没有丝毫商谈的余地，小伙伴们就被一人一狗赶了出来，登山包也被毫不留情地丢了出来。大家拍了拍登山包上的污渍，默默地转过身，看见了那辆彼特所谓的豪华雪橇，顿时，四个人都惊呆了——拉雪橇的竟是两头穿着藏袍的牦牛！

雪橇板上的位置很难容下四个人的体积，小伙伴们半天也没能全部坐上去。"哞"地一声，牦牛不禁轻轻地叹息，它伏卧在地，转过头来继续看小伙伴们争位置。

"窦图图，你一人占了两个人的位置，不如你下去吧？"聂非凡毫不客气地说。

"哼！吃得胖又不是我的错，你们都怪我咯？"窦图图委屈地说。

"图图，你真该减减肥了。"沈小丽无奈地劝道。

乐远索性走下车，看着大家安稳地落座之后，他撞了撞聂非凡的手臂，道："我们来当车夫吧？把雪橇改装一下，否则大家都坐不上去。"

聂非凡若有所思地点点头，跳下来帮乐远。由于雪橇是木质的，很快便被改装成功。

乐远拍着胸脯，自信地笑道："这样我们就能一起坐上雪橇啦。我这个未来优秀的冒险家真是太机智了！"

小伙伴们也配合地鼓掌，以示鼓励。临走前，沈小丽把钱放进彼特晾在屋外的靴子里，并特意敲了敲门，可屋内没有一丝声音。彼特肯定还没消气吧？沈小丽心想。于是，小伙伴们默默地乘着雪橇离开了。

"汪!"藏獒灵敏地嗅出小伙伴们已经离开了,它围着彼特叫了两声,彼特听外面没有动静,这才打开门。温暖的阳光不知何时藏起来了,空中再度飘起了雪花,彼特从自己的靴子里掏出几张红色的"毛爷爷",摘下自己的毛绒帽,摘掉白色的山羊胡,露出一张年轻英俊的面容。他望向远方,轻轻地说:"祝你们好运!"

乐远和聂非凡头一次当车夫,拿不准力度和方向,只好一直让牦牛向前走。这期间,小伙伴们停下来休息了几次,吃些东西补充能量,一转眼,天色渐渐暗下来,乐远凑近聂非凡说了句话,雪橇便停了下来。

"你们怎么停下来了?"窦图图不解地问。

"是啊,难道前方又出现野兽了吗?"沈小丽的身体前倾,和窦图图四目相对,诧异道,"不会是雪豹吧?"

只见乐远跳下马车,大步向前跑去,像是发现了,又招呼大家:"快过来看看!"

其余小伙伴也跑过去,在看清眼前的状况后,他们不禁长长地吐出一口气。雪地里赫然出现一大团红色毛发,与罗蒙拍到的照片简直一模一样,大家的脑海中都浮现出那句话:"我们拍到了罕见的红色的动物毛发，跟随我们而来的生物学家表示，这绝对不是一般动物身上的，极有可能是雪怪留下的！"

"难道世上真的有雪怪？"窦图图惊讶得嘴呈"O"字形。

"聂非凡，看到没，是红色的毛发？"乐远得意地笑起来。

"那又怎样？我说过了，这也可能是红毛猩猩留下的，没有亲眼见到就不能证明雪怪的存在！"聂非凡依然坚持自己的判断。

他们争论间，沈小丽则一心想要找到雪怪，她顺着红色毛发的痕迹寻去，殊不知自己离三个男孩越来越远了。

"咕咕——咕咕"，空中传来一阵低沉的鸟鸣声，一只金雕盘旋在小伙伴们的头顶。

"这只鸟的叫声好恐怖啊！人们常说有鸟叫的地方不会有好事发生！"窦图图惴惴不安地望着那只黑褐色的金雕。

"沈大大怎么一个人跑去那里了？"乐远看见沈小丽蹲在几十米外，拿着塑料袋采集红色毛发。

"班长大人！"聂非凡边挥手边大声地召唤沈小丽，可是寒风呼啸的声音掩盖了他的声音。

辽阔的雪原上，小伙伴们乘上雪橇，朝沈小丽的方向奔去，只见沈小丽将一袋红色毛发装进登山包中，冲男孩们笑了笑。

可三个男孩的脸色却瞬间变得惨白,像是见到了什么可怕的东西,连拉雪橇的两头牦牛都放慢了步伐。乐远用长绳鞭策它们,它们却更加惶恐不安,索性停住脚步。

沈小丽仿佛意识到了什么,顺着大家的目光扭头一看,差点没把自己吓昏过去:离她三米外是一只有"雪山之王"美誉的雪豹!

那头雪豹很漂亮,皮毛为灰白色,有黑色斑点和黑环,尾巴长而粗大,眼神凌厉,耷拉着脸,比之前的两头藏狼更令人畏惧。

"不行,得马上跑起来,把沈大大拉上车来,否则她就有危险了,你们想见到她被吃掉吗?"乐远伏在牦牛的背上,尝试与它们对话。

"噢!我们也不愿意看她被吃掉,但是雪豹太可怕了,我们过去就会被活活吞掉!"

聂非凡和窦图图四目相视,眼神充满了诧异,难道外国老头的牦牛会说话?他们凑近一听,原来是乐远在自言自语。

但奇迹出现了——牦牛仿佛真的听懂了乐远的请求,立刻站起身,快速地奔向沈小丽。

"接住!"聂非凡跪坐在座位上,抛出一条长绳,沈小丽敏捷地抓住了绳子,窦图图则朝雪豹丢去石头和木头,又与聂非凡齐心协力将沈小丽拉了上来。小伙伴们再次齐聚在雪橇上,窦图图发现一向大胆的沈大大额上的发丝都湿透了,双手双腿颤抖个不停。

以为暂时逃过一劫,可他们没想到后面的路更加艰险。

前方是一道深不见底的沟壑,牦牛雪橇车只能试着跳去对岸,小伙伴们才能活命。身后是庞大凶猛、身姿矫健的雪豹,倘若掉进它的口中,恐怕连根骨头都不会剩下。

"飞起来!"乐远见雪豹就要扑上来,没有丝毫犹豫,鞭策着牦牛,对它们喊道。

2

两匹牦牛拉着雪橇飞跃而过的那一刻,小伙伴们紧张地用手捂住了双眼,心悬在半空中,就在雪橇要落地的那一刹那,"嘎吱"一声,木板裂开了!

"啊——啊——啊",雪橇车坠落时四分五裂,小伙伴们的尖叫声响彻山谷,大家抱着必死的决心,再次闭上了双眼。然而,五分钟过去了,"砰,砰",一声又一声,小伙伴们睁开眼,自己的脑袋和臀部,竟然毫发无损。

"哈哈哈!果然,天无绝人之路啊!你们没事吧?"乐远发现自己从高处摔下却没死,不禁仰天大笑。

"我没事,有句话怎么说来着?什么大难什么后福?"窦图图歪着头,绞尽脑汁地想,却怎么也想不起。

"图图,让我看看你的脑袋,不会刚刚摔坏了吧?"沈小丽笑道,"那句话是'大难不死必有后福',希望能借你吉言,我们能平安地度过今晚。"

"哼!你们就知道欺负我!"窦图图假装生气,扯住一根藤条往外走,忽然间他大叫起来:"啊!救命啊!"

大家循声望去,窦图图的四肢都被茂密的藤条圈住了,整个人像被绑在满是藤条的墙壁上,随着他挣扎的幅度增大,藤条缠得就更紧,窦图图的皮肤瞬间被勒红了,人也要被藤条活吞了。

聂非凡大声地说:"你别动!你越动,它就勒得越紧。只有慢慢地放松身体,你才能安全地回来。"

小伙伴们俯视自己脚下,翠绿的藤蔓仿佛被赋予了生命,不停扭动,但藤条并没有缠住原地不动的聂非凡等人,反而渐渐蜷缩了回去。

窦图图听到聂非凡的话,调整自己的呼吸,放松身体,藤条慢慢地松开了他。

"这是传说中有灵性的藤条?这是什么鬼地方?我们赶紧走吧!"窦图图心有余悸地看了一眼满是藤条的篱墙。

"好啦,下次小心点,不要像个小女生似的赌气走掉,咱们是一个团队,不能分开行动。"乐远像个啰唆的老爷爷般念叨。

"嘘！我好像听见水的声音了。"沈小丽小心翼翼地说。

转眼间，大家看见了一道光从前方射进来，越是靠近，水声越大。这里怎么会有河流？难道……

小伙伴们跑过去一看，果然是一条瀑布！大家环顾四周，发现这里简直是一个世外桃源，河流清澈，树木苍翠，而且气温至少有十多度，与山上的暴风雪环境截然不同，简直就是冰火两重天。

小伙伴们满心欢喜地找到彼特所说的洞穴，却闻到了一股刺鼻的味道，小伙伴们用衣袖掩住鼻子，硬着头皮走到洞口，一看，一堆白骨，还有一堆血淋淋的小鸟尸体。

聂非凡大着胆子摸摸小鸟的尸体，说："这只小鸟的身体还有余温，看样子是刚被杀害的。"

"难道是雪、雪怪干的吗？"窦图图害怕地咽了咽口水。

"这个洞穴里有人吗？我想进去看看。"乐远好奇地丢了几颗石头进去，洞穴里半天没有动静。

"那我们拿出手电筒，一起进去看看吧。"沈小丽也好奇洞里是否有雪怪。

话音刚落，黑漆漆的洞内传来"砰"的一声，地面剧烈震动，石墙和瀑布仿佛要倒下来，小伙伴们被震得坐在地上，他们惊骇地望着洞内，先是遇见藏狼，接着是雪豹，现在是雪怪了吗？

"天哪！天哪！地震了吗？我在哪里？"

慌乱之中，乐远的白衬衫下露出一只神情惊恐的猫脸，小伙伴们看向被"地震"晃醒的大脸图，顿时生出一丝希望，有大脸图帮忙，说不定他们能全身而退！

然而，他们似乎高估大脸图了，只见大脸图捂住自己的耳朵，脸色青一阵白一阵，抱怨道："乐远，你们为什么要到这个鬼地方来？我都劝过你们了，千万别来，这里很危险！你们这些笨蛋！"

忽然，大地停止了晃动。小伙伴们的眼前出现了一只庞然巨物，乐远揉了揉眼，随即嘴巴张得能塞进一个鸭蛋，难以置信地仰望眼前的猛兽——竟是一头两米多高的红毛猩猩！它手臂上的红褐色毛发长如垂柳叶，圆盘般的面部布满了褶皱，脸颊两侧是大块大块的赘肉。

"轰隆隆！轰隆隆！"红毛猩猩一边发出震耳欲聋的声音，一边用宽大的手掌像擂鼓般捶击胸膛，表达自己的满腔怒火。他伸出那双一米多长的手臂，把这群吵醒它做梦的家伙通通抓起来，再狠狠地摔进草丛里，这样反复两次后，再揽过宛如蚂蚁的小伙伴们，将他们带回了洞穴。

红毛猩猩打开了一扇天窗，洞里明亮起来，小伙伴们脸色痛苦地憋着一口气，差点被洞里的臭味熏晕，大脸图难以忍受，从乐远的白衬衫里探出头来。小伙伴们像是抓住了一根救命稻草，请求大脸图用动物语言与红毛猩猩谈判。

为了生存，大脸图只好开口道："那些动物都是你吃的吗？"

红毛猩猩蹲下身，眼中露出一丝惊讶，来回打量乐远肚皮上的怪物，发觉大脸图无意攻击它后，反问道："关你什么事？"

大脸图又问："那我就不拐弯抹角了，你能不能放我们走？"

红毛猩猩不屑地说道："哼！你们这群可恶的家伙，打扰了本大王的美梦，休想就这样离开！"

大脸图翻了个白眼，这个红毛怪还自称本大王，若不是乐远被绑得行动不便，它真想帮乐远骑到红毛怪的头上去！

"那你说，怎样才能让我们离开？"大脸图再次试图沟通。

"嗯，你们要帮我做些事情。"红毛猩猩笑得意味深长，仿佛看透了人类的意图。

小伙伴们听完大脸图的转述，纷纷露出了疑惑的神情，还有他们能帮忙的事情？该不会是猎杀动物吧？这他们可做不来！

红毛猩猩将乐远和沈小丽绑在洞穴里，放了身材较高的聂非凡和窦图图，让他们俩背上两个大竹篓去摘果子，这样它就能继续睡觉了。

红毛猩猩满意地目送他们离开，又回到洞里，问道："你们怎么会找到这个隐蔽的地方？"

大脸图翻译后，沈小丽抢先一步答："雪豹！我们是因为被雪豹追逐，不小心掉到这里的。"

红毛猩猩狐疑地看向他们："哦？我听说山上最近出现了雪怪，一个比我还高大的怪物，你们来时没看见吗？"

乐远激动地跳起来，追问道："真的吗？在哪座山？雪怪长什么样子？"

红毛猩猩脸色忽然一变，发出阴冷的笑声："你们这些愚蠢的人类，这山上根本没有雪怪，你们白来了！"

第六章　雪山的第五个大脚印

1

"嗒嗒嗒，嗒嗒嗒"，洞口出现了两道黑影，窦图图吓得把竹篮里的果子打落了一地，猩猩和聂非凡大步地走到小伙伴的身旁解开了绳索。

红毛猩猩捡起地上的果子，凶巴巴地说："赶紧走，赶紧走！喜马拉雅山不欢迎你们，不要再用找雪怪的借口来猎杀动物了，否则山神会惩罚你们！"

说罢，红毛猩猩再次举起小伙伴们，把他们丢出洞外。

天空漆黑一片，森林中传出无数种声音，虫鸣声、流水声以及窦图图肚子发出的咕噜咕噜的响声。三个小伙伴齐齐望向窦图图，图图不好意思地笑了，他跟随大家到了离瀑布最近的大树下，然后偷偷地拿出一袋用报纸包着的果子。

乐远吃着果子说："我觉得红毛猩猩在说谎。"

沈小丽接着说:"我也觉得疑点重重,这里的人或动物只要谈起雪怪,就不给我们好脸色,或者突然性情大变,实在很奇怪!聂非凡,你觉得呢?"

聂非凡低头看那张泛黄的报纸,不知在研究什么。沈小丽见他半天不吭声,用手肘撞了撞他。聂非凡指着报纸的右下角印着三个藏民头像的位置说:"你们看,这是西藏报社一年前报道的新闻和寻人启事,当年有三个转山的人,在路过无人区时失踪了。"

"什么叫转山?"窦图图凑过来问道。

沈小丽边吃果子边说:"转山是一种祈福的方式,简单说就是围绕着神山走路,很多来西藏旅游的人都会这么做。"

"噢!"三个男孩恍然大悟。

"咦?"聂非凡露出了吃惊的表情,紧张地说,"班、班长大人,雪怪有可能真的出现了。"

乐远闻言一把抢过报纸,小伙伴们凑了过去,报纸不起眼的版面上,登着一张全身长毛的人形怪兽照片,乍看还真有点像网上那种电脑合成的雪怪照片呢!

只是,这张照片不是电脑合成的,怪兽的面部与普通人有相同之处,小伙伴们看着怪物感觉似曾相识。

"怪兽出现的时间,与转山者消失的时间相近啊!"乐远的话引起了小伙伴们的注意。

从外国老头的亲身经历,到红毛猩猩否定雪怪的存在,接着是人形雪怪出现与转山者消失同时发生,这其中有什么不为人知的秘密?小伙伴们隐约感到一丝不安,"神秘人"派来的任务,仿佛并非解开雪怪之谜那么简单。

"你们是不是也感觉?"聂非凡率先开口,"嗯,我总觉得咱们最后完成任务时,会有更大的发现,或者……"

"或者是更可怕的东西?"乐远接道。沈小丽和聂非凡同时望向乐远,面色凝重地点点头。

忽然窦图图关了聂非凡的手电筒,跳起来抓住了一个闪着绿光的东西,张开双手一看,激动地说:"哇!是萤火虫!我好久没看到过萤火虫了!"

小伙伴们一齐向窦图图翻了个白眼,心想:怎么每次他的关注点和我们都不在同一频道上呢?

"虽然大城市污染严重,萤火虫难得一见,但你也不用这么开心吧?"聂非凡拍拍窦图图的肩膀,示意他安静。

"不过,真的好美啊!"沈小丽不禁感叹。

小伙伴们躺在一片干净的草地上,萤火虫围绕着他们翩翩起舞，仿佛一颗颗在林间闪烁着的绿星星，昆虫们在歌唱，瀑布的声音成为了伴唱。这时候，小伙伴们像是在欣赏自然界的一场演唱会，疲惫的身躯也轻盈起来，双眼慢慢合上，各自的思绪被巨大的困意往下拉，拉往一个叫梦乡的地方。

"吱吱吱——"

太阳鸟披着鲜艳的羽衣，立在一棵大树上，用欢快的歌声唤醒了小伙伴们。大家都重新背上登山包，沈小丽拿着指南针，乐远打开平板电脑的离线地图，两人领头走在前面，不一会儿，他们停住了。

"怎么会？地图显示我们一直停留在原地。"乐远露出不可思议的神色，他顿了顿，懊恼地说，"不是吧？这个节骨眼上居然自动关机了。"

"我这个指南针也很奇怪，转了半天，南北磁极竟然对调了。"沈小丽出示指南针给大家看。

"我们不会又迷路了吧？"窦图图沮丧地问。一回想上次去救建筑小队，走了几个小时却依然在转圈，他就有点腿软。

"森林这么大，没有太阳，电脑关机，加上指南针失灵。没有工具的帮助，咱们可能要一直迷路了。"聂非凡说道。

"咦，咱们还有个不会坏的工具哦！"窦图图一脸坏笑，扯着大脸图的猫耳朵呼唤它。

"各位大爷,请问有什么吩咐啊?"大脸图半眯着眼,不停地打哈欠。

窦图图见大脸图一副半睡半醒的样子,担心它指错路,便用力地捏了捏它的猫耳朵。大脸图瞬间怒了,骂道:"窦图图你这个笨蛋,再不放手,我就跟你绝交!"

"别这样嘛,我们迷路了,这不是担心你没睡醒指错路嘛,消消气!"窦图图轻轻地抚摸它的头。

大脸图不领情,拍掉他的胖手,双手抱胸说:"你们一直朝东边走就能出去了,不过……"它脸色一变,表情有些凝重,"前方看起来很危险,你们自己小心。尤其是乐远,你可千万别死了,否则我就回不到母星了。"说罢,它装模作样地擦眼泪。

"你够了!"乐远吼道。

大脸图做了个鬼脸,提醒道:"另外,你们要记住,我不能轻易出面,如果你们再遇到这样的小事,别叫醒我。"

2

小伙伴们答应了,他们之前保证过不暴露大脸图的身份,不管这个外星人是带着何种目的来到地球的,他们要做个言而有信的人。

顺着大脸图指示的方向,大家一路向东走,远远望见靠近出口的树上全都结了冰晶。

"哇,我都不知道,原来冬天的森林这么漂亮!"乐远拨开一条条冰柱,结了冰的树枝互相碰撞,发出了银铃般的声音。

出了森林,凉意瞬间划过他们每一处裸露的肌肤,寒风不断从缝隙里钻进衣服内,小伙伴们拉上衣服的拉链,顿觉呼吸不畅。忽然,沈小丽和乐远的脸上浮上了一抹笑容,几乎同时脱口而出。

"我的指南针有反应了!"

"我的地图显示位置了!"

话音刚落,两人的表情就僵住了,头晕乎乎的,激动得差点晕倒在雪地里。聂非凡和窦图图扶着他们慢慢坐下来,让他们缓解高原反应。

雪花飘落,小伙伴们看地图和指南针,发现他们已经抵达海拔五千米的地方,这里的空气非常稀薄,加上寒风呼呼地刮,倘若人激动或者患上感冒,恐怕就要看医生了。

窦图图耐不住性子,在周围玩起了丢雪球,这时,他的雪球砸到了什么东西,窦图图抹开那东西上面的积雪,惊喜道:"瞧,这里有一张指示牌!"

荒无人烟的雪原上,唯有一块遗世独立的指示牌,上面刻着"无人区"三个大字,以及一行提示语:

> 亲爱的游客,切勿踏入无人区,切勿踏入无人区!否则你将受到山神的诅咒,永远留在这个寒风刺骨的地狱里,留在幽灵居住的村庄,受尽痛苦的折磨!

"山神的诅咒?什么诅咒?那我们还要不要去无人区呀?"乐远挠着脑袋问。

"去!"聂非凡分析道,"西藏报社报道了雪怪曾在无人区出现,我觉得这是个不可多得的机会。"

"可是我不想去。这里不是写了吗？我们踏进去就可能一辈子都出不来了。"窦图图不安地看了一眼小伙伴们。

"图图，咱们千辛万苦来到这里，先后遇到藏狼、雪豹，然后又是红毛猩猩，那么多的挫折都扛过来了，这算什么！"乐远鼓励道。

"还没尝试就选择退缩，那是胆小鬼的做法。"沈小丽拍了拍窦图图的肩膀。

"胆小鬼赶紧回南明市吧，咱们剩余的时间不多了，快点走吧。"聂非凡催促道，他对即将见到雪怪热血沸腾，不想浪费时间劝说他人。

窦图图瞅了他一眼，轻哼一声，似乎在说：我会证明我不是胆小鬼！

小伙伴们看着窦图图第一个踏入无人区，相视一笑，他们没想到聂非凡这一招挺管用。走了约莫两个小时，大家的肚皮都饿得干瘪瘪的时候，戴着墨镜的乐远像是发现了什么，跑过去一看，脸上露出了灿烂的笑容，语气中也掩饰不住喜悦之情，他大声喊道："小伙伴们，我看见真实的大脚印啦！"

"天啊！这么大，这么深，雪怪不会长成巨人了吧？"窦图图惊讶不已。

"我量了,长三十厘米,宽十八厘米。"聂非凡手握卷尺,若有所思地说,"看来雪人的身高堪比一座小山。"

小伙伴们还沉浸在发现大脚印的喜悦中时,沈小丽的一句话让他们警觉起来:"大家小心,那边有几个人过来了。"

白茫茫的远方,出现了几道黑影。乐远将墨镜的距离调近,焦点落在黑影上:那是五个男人,他们都戴着黑色的口罩,皮肤黝黑,衣服破破烂烂的,沾满了泥土。其中有两个年纪较大,其余三人皆是二十多岁的青年。

"不用担心,他们应该是来转山的吧。"乐远说。

"那两个中年男人的手怎么缩在衣服里?"窦图图迟疑地问。

"估计是天太冷了。"沈小丽答。

聂非凡没有说话,他正一动不动地注视着转山者们,他有种强烈的预感,这五个转山者似乎有点儿不对劲。

暴风雪越来越大了,模糊的视野中,转山者们只用了两分钟就走到了这里,速度比平常人要快一倍。在酷寒的天气下,转山者长时间行走,身体疲惫,速度应该更慢才对。这使聂非凡更加怀疑他们了。

"嘭嘭嘭——嘭嘭嘭——嘭嘭嘭——"那个双手缩在衣服里

的中年男人发出石头撞击的声音。

忽然，聂非凡和沈小丽的脑海里闪过一束强光，打了个激灵，他俩攥紧拳头，脸上露出一丝担忧。乐远和窦图图不明所以，催促着他们快点往前走。

这时那三个发色鲜艳的年轻人背着背包，与小伙伴们擦肩而过。其中一个绿发的年轻人，扫了一眼小伙伴们，眼神犀利而不友善，他与两个大红发色的年轻人耳语几句，又催促着后面两个年纪较大的男人加快步伐。

"那三个背着包裹的年轻人，看起来和两个转山者不是一路人，却又和他们装作关系很亲密的样子。"聂非凡像福尔摩斯那样分析道，"刚刚中年男人发出的石头声为三长三短三长，并且重复了多次，这明显是摩斯电码的求救信号。"

"什么？你的意思是，那三人是坏人？"乐远惊讶地问道。

"我也发现了。我们先躲起来观察一下，如果他们是坏人，肯定会在没人的地方露出马脚。"沈小丽镇定地说。

小伙伴们不动声色地躲在一块大岩石的背后，没过多久，那两个红发人停下脚步，回头看了又看，发现没人后丢下了包裹，他们脱下藏袍，换上一件后背绣着骷髅头图案的黑色斗篷。

绿发黑衣人也趾高气扬地命令手下重新绑住两个年长者，

红发人齐声答"是",马上掀起两个中年男人的袍子。小伙伴们这时才发现,两人衣服上有几个留有血渍的破洞,隐约可见破洞下裂开的皮肉,他们手上的勒痕也已经发紫。

那两个年长者一被扯掉黑口罩下的纸团,便高声呼喊救命,红发黑衣人顿时惊慌不已,从腰间扯出长鞭,狠狠地抽他们,又用纸团堵住了他们的嘴。两个中年男人痛苦得眉头拧紧,在寒风中东倒西歪,像是断了线的人偶,仿佛随时都会倒下。

小伙伴们的脑中忽然闪过一个画面,他们不约而同地看向彼此,似乎在说:这两个中年男人就是报纸上失踪的转山者!

没走几步,老年转山者落在了后面,红发人跑过去,对老年转山者一顿抽打。老年转山者扛不住巨大的痛苦,"砰"的一声,僵硬的身体直直地倒在雪地里。

第七章　超能力少年

1

"太可恶了！这些家伙是什么人？"乐远愤怒地捶击岩石，差点冲了出去。

"别冲动，我知道你想救人，但我们先观察一下，再找个合适的时机去救人。"聂非凡拉住了乐远。

"还等什么时机啊？我看最好的时机就是现在，从背后突袭，胜算不是比较大吗？"窦图图也一脸焦急。

"图图，聂非凡说得对，别心急，我们要分析下怎么突袭，否则到时候救人不成，反成了黑衣人的阶下囚。"沈小丽劝道。

就在小伙伴们讨论时，走在前面的中年转山者听到声音回头，便想跑过去，没想到红发人死死攥住了他。老年转山者躺在地上像只困兽般呜咽，绿发黑衣人见他不站起来便用脚踹他。中年转山者终于忍受不了，一边低声地咒骂，一边疯了般冲向黑衣人，顿时四个人抱成一团拼命扭打起来。

"哎哟，痛死我了！是谁？谁在附近？"为首的绿发黑衣人捂着右手臂。

两个红发黑衣人闻言都收回拳头，从背后取出一把猎枪，这时中年转山者也爬向老年转山者。黑衣人们举着猎枪警惕地环顾四周，可一眼望去，除了白色的雪山和大地，什么也没有。

"扑通"一声，绿发黑衣人突然单膝跪地，红发黑衣人顺势去扶他，他却摆摆手，大声骂道："到底是哪个王八蛋？有本事就给我出来，光明正大地较量，别跟个胆小鬼似的躲躲藏藏！"

话音一落，两个红发黑衣人小心翼翼地靠近左边的岩石，可岩石后却连连传出嗷呜的狼嚎声，两人顿时吓得连滚带爬地回到原点。

"老大，有狼！狼来了！"红发黑衣人神情十分慌张。

"嗷呜——嗷呜——"左边岩石后的大脸图正用蝴蝶结变声器学狼嚎。乐远望着惊慌失措的黑衣人，忍不住笑起来。这群笨蛋真以为有狼来了。

蓝发黑衣人瞪了他们一眼，狐疑地望向岩石，不屑地说："怕什么？你们手里有枪，狼不敢靠近。你们给我让开，我看是谁在捣乱！"

乐远一听，焦急得双腿发抖，问道："怎么办？他们手上有枪啊！"

沈小丽按住乐远的肩膀，目光却望向双腿发颤的绿发黑衣人，在如此寒冷的环境，他竟满头大汗。而右边岩石后的窦图图和聂非凡，趁大家的注意力集中在左边，悄悄地解开了转山者手上的绳索。

"嘘！你们为什么会被抓起来？"聂非凡问道。

"我们也不清楚。这两三天里，他们常用电脑和一个声音老成的人通话，只听到他们要抓很多活人去做临床试验。"中年转山者说。

"哦？那你们现在快走吧，走得越远越好，这里就交给我们了。"窦图图解完绳索，扶起转山者们。

"谢谢，谢谢你们！但你们……真的能打赢他们吗？我看我们还是留下来帮忙吧？"中年转山者担忧地问。

聂非凡本想解释，但想了想后，他冷冷地说："你们留下来只会帮倒忙，如果你希望大家都能活命，就快点走吧。"

中年转山者还想劝说，但老年转山者拉住了他，冲他摇摇头，并微笑着向聂非凡表示感激。

"老大，他们跑了！"红发黑衣人忽然扭头，发现转山者们已经跑出去很远。

绿发黑衣人气得头发都竖起来，命令道："追！要留活口！如果追不回来，就拿你们的命顶他们的命！"

见黑衣人们向转山者跑去，沈小丽说："大脸图，接下来就看你的了，发挥你最厉害的本领吧。"

乐远愣了愣，发挥什么本领？

大脸图轻轻地叹了口气："乐远啊，为了让你活着，我豁出去了！记住，每次我输超能力到你身上，只能维持大概三四个小时，你要把握时间打败坏人。"

"我活着不就是你活着吗？怎么老把功劳自己兜着呢？"乐远翻了个白眼，突然醒悟过来，"什么嘛？你们又要我变成超人？"

乐远浑身一抖，散发出一种幽蓝色的荧光，漆黑的眼瞳"唰"一下变成幽蓝色，令人不敢直视，他的手腕和膝盖都陡然生出特殊的盔甲，整个人高大魁梧了不少。

沈小丽第一次见到乐远变身，震惊得说不出一句完整的话："乐、乐远，你，小心！"

乐远没有回应，只是往绿发黑衣人的方向冲了过去，他的步伐迅速又轻盈，像鬼魅一样猛地扑倒绿发黑衣人，并抢过对方手上的武器,用长鞭绑住对方的双手双脚,将猎枪丢给了沈小丽。

绿发黑衣人迎上乐远的目光,看着那双眼透出的寒气,不禁打了个寒战。他哆哆嗦嗦地问:"你想干什么?救命啊!"

"老大!"红发黑衣人们想解救同伴,但回头一望,又被面孔凶煞,一副"杀死这个家伙"模样的乐远吓了回去。

暴风雪骤然大了,凛冽的山风仿佛将魔鬼的恐吓传入每个人的耳中,同时卷起了蘑菇云样的积雪,白晃晃的雪光犹如骄阳般刺眼睛。小伙伴们眯起眼,看着这一场雪山大战般的玄幻电影。

"天啊!这、这到底是谁在鬼叫啊?那朵诡异的蘑菇云是怎么回事?"窦图图躲在聂非凡的身后,不安地左顾右盼,可广阔无垠的土地上,除了他们和黑衣人,根本没有其他人的身影。

2

尽管耳边萦绕着可怕的声音,红发黑衣人们也没有停止步伐,他们一边靠近,一边开枪。

"砰!砰!砰!"

小伙伴们惊愕万分,一发发子弹像骤雨般向乐远呼啸而去,大家以为乐远这次绝对完蛋了。就在这千钧一发之际,奇怪的事发生了——子弹离乐远还有一米时,突然掉头射向了远处的雪山,而情急之下,乐远像电视中的孙悟空一样,凌空翻了好几个跟头,最后稳稳地落在了地上。

小伙伴们看得目瞪口呆,心想总算逃过一劫。接着,惊奇的事又发生了——空中那朵诡异的蘑菇云盘旋在黑衣人的头顶,快速准确地砸在了他们身上。

"哈哈哈!活该!"窦图图指着红发黑衣人幸灾乐祸。

"该死的！谁在恶作剧？"红发黑衣人抖掉身上的雪，重新站起来，再次尖叫着冲乐远而去，只见乐远像出膛的炮弹一样弹了出去，没入了白茫茫的天空中。

"咦，人呢？"两个红发黑衣人背靠背，警惕地望向四周，确定乐远消失了之后，他们笑得无比猖狂："看谁现在还能来救你们？嘿嘿，把你们统统抓回去，我们就立大功了！"

小伙伴们猛地后退几步，沈小丽挥舞着长鞭，聂非凡手持猎枪，窦图图祈祷着超人乐远赶紧回来。黑衣人看到猎枪，先是愣了愣，然后继续逼近他们。

"你们看！乐远回来了！"聂非凡朝远处挥手。

"哼！想骗我们，傻子才会上当！"黑衣人们没有回头。

"笨蛋，看招！"一道声音从头顶传来。

大家纷纷望去，只见乐远悬浮在半空，像只小鸟般自由飞翔。突然，乐远手上的雪球变成了黑色的炸弹。黑衣人们慌了，他们丢掉长鞭，撒腿就跑，可是已经来不及了。乐远丢下炸弹，"砰"一声巨响，红发黑衣人像火箭般飞上高空，很快消失不见。

"哇，飞行的感觉太爽了！"乐远高兴地大笑。然后一眨眼，他就站在了绿发黑衣人面前，说道："现在只剩你一个了，如果你把事情完完整整说出来，或许我能饶你一命。"

此刻，沈小丽等人回到乐远的身旁，朝绿发黑衣人冷冷地问："你是什么人？到底有什么目的？"

绿发黑衣人发出嘲讽的笑声，万万没想到，他的任务竟被一群半路杀出来的黄毛小子破坏了。更没想到的是，他还落在了这群小毛孩的手中。

"笑什么笑，快点说！否则把你送去喂狼！"窦图图故意恐吓。

绿发黑衣人不屈不挠，双眼死死瞪着小伙伴们，指着乐远说："哼！你们都没资格知道，只有他才有资格！"

什么？我们没资格知道？窦图图一听就来气，胖乎乎的拳头立刻落在黑衣人的身上，痛得黑衣人一声尖叫。

聂非凡怀疑绿色黑衣人使诈，拉过乐远在他耳边低声提醒了几句。

乐远点点头，示意小伙伴们后退两步，独自凑近绿发黑衣人。即便这么小心，小伙伴们还是暗箭难防。

绿发黑衣人先是要求乐远解开脚上的麻绳，然后双手放在胸前，在乐远俯身凑近他的那一刻，他的脸化成了狼脸，乐远愣了愣，以为自己出现了幻觉。忽然，一种白色的粉末洒向空中，与雪花同时落在乐远的身上。

"小心！"小伙伴们满脸惊恐。接着，"砰"的一声，乐远被撞倒了。

绿发黑衣人趁机爬起来，拔腿就跑，殊不知裤兜掉出一枚红色的芯片。

当白色积雪扬起的尘埃落定时，小伙伴们错愕地看向窦图图，没想到他反应异常快速，为了保护乐远，竟舍身扑了过去。

窦图图甩了甩头，轻轻擦掉脸上的粉末，睁开眼看着小伙伴们紧张的表情，忽然笑出声："我没事，我闭着眼睛的。"

沈小丽轻轻地吐出一口气："那就好，差点吓死我们了！"

聂非凡捡起那枚红色的芯片："这是黑衣人掉下的东西，会不会有什么重要信息？"

乐远拿出自己的平板电脑，笑道："打开看看就知道咯！"

小伙伴们盯着电脑，可半天也没能开机，乐远捧着电脑敲了敲，又甩了甩，依旧显示是关机中。难道在高原地区，电脑也发生高原反应了吗？

就在大家百无聊赖的时候，大脸图探出头来，说道："乐远，这次你变身好玩吧？我看你初次运用悬浮术就有分寸，控制力不错哦！"

沈小丽一听变身就激动，眼中不断闪着星星，像个小粉丝一样崇拜："乐远，你变身的时候好厉害！"

窦图图和聂非凡没想到一向高高在上的班长大人，竟然有小姑娘娇羞的一面。虽然他们知道大脸图能传输超能力给乐远，却从未见过乐远大展身手的样子。而乐远每次变完身后，就像得了健忘症似的，将自己变身为超人的过程全都忘光光。

"你们说的这些，我都不记得啦。看来电脑是患上高原反应了，一时半会也开不了机，咱们走吧，继续赶路！"乐远收起平板电脑，戴着特工墨镜，走在前头。

窦图图忽然"啊"地叫了一声，他的眼睛剧烈疼痛起来，他闭上双眼，几秒过后，疼痛感又自动消失了。

沈小丽见他不舒服，反复确认："你真的没事吗？"

窦图图摇摇头，他估计疼痛感应该是眼睛疲劳过度导致的。

石室里，绿发黑衣人跪在地上，垂着脑袋，哀求道："大人饶命！我们也没想到半路会杀出个程咬金，本以为四个小毛孩不是我们的对手，没想到——"

"闭嘴！不要找借口！"墙壁显示器上忽然出现一个戴着宽大墨镜的黑衣人，打断了他的解释，沉声道："你赶紧去打听一下,他们现在在哪里?去跟紧他们,别再让他们破坏我们的计划!"

"是!"绿发黑衣人不敢抬头,似乎很畏惧卷发黑衣人,"他们正往无人区的幽灵村庄前进。您放心,这次我们一定完成任务!"

卷发黑衣人点点头,消失在屏幕上。绿发黑衣人这才敢抬起头,嘴角浮起一抹邪恶的笑容,眼中闪过一丝寒光,像是计划了什么可怕的事情。

第八章　幽灵村庄

1

天幕漆黑，雾气弥漫，古树森森，藤蔓丛生。小伙伴们又累又饿，不知不觉中来到了原始森林里的一座小村庄。

从山坡上望下去，村庄有七八户人家，每栋房屋都用木头建造，外墙涂成了土红色和白色，屋顶的颜色也很鲜艳，彩色的窗户既少又小，每户都有一个具有民族特色的带日月祥云图案的门。远远望去，整个村庄像是缩小版的童话村。

诡异的是，彩色的村庄此时一片漆黑，没有一丝光亮，家家都房门紧闭，只有院子里传出了狗吠鸡鸣。

"为什么天这么黑，他们都不开灯呢？难道没有人住在这里吗？"乐远一问，小伙伴们顿时被吓白了脸。

这么大的村庄，怎么可能没人住呢？难道这里就是幽灵村庄吗？

这时，小伙伴们的耳边萦绕着无人区的诅咒：

  亲爱的游客，切勿踏入无人区，切勿踏入无人区，否则你将受到山神的诅咒，永远留在这个寒风刺骨的地狱里，留在幽灵居住的村庄，受尽痛苦的折磨！

"完蛋了！完蛋了！我们来到幽灵村庄了，无人区的诅咒生效了！"窦图图焦躁不安地说。

"沈、沈大大，我们还要继续往前走吗？"乐远眼中流露出疑虑和不安。

"走！"沈小丽看了又看，"如果没有人住，又怎会有动物在这呢？"

小伙伴们战战兢兢地走进村庄，狗吠鸡鸣瞬间销声匿迹，白雾越来越浓。小伙伴们能感受到，每一扇紧闭的窗户后面都有很多双眼睛在盯着自己。

窦图图大着胆子望进窗户，屋内那双眨巴眨巴的眼睛却消失了，他甩甩头，怀疑自己出现了幻觉。忽然，他的双眼再次剧烈疼痛起来，疼得他无法忍受，"啊"的一声跪在地上。

"你怎么了？"聂非凡蹲下身，紧张地问。

"我也不知道，我的眼睛好疼！"窦图图紧闭着双眼，几秒钟过后，他眼睛疼得要渗出泪水来。

小伙伴们扶着窦图图，赶紧敲响了最近的门。

"您好，我们的朋友受伤了，外面这么冷，您能让我们进去休息一下吗？"

"有没有人啊？请开门帮帮忙啊！"

沈小丽把耳朵贴在门上，听见屋内静悄悄的，没有一丝动静。她无奈地摇摇头，示意大家走向邻近的房屋。

"砰砰砰、砰砰砰"，敲了几扇门，屋内都没有声音，乐远趴在窗户上往里望，这一望将他吓了一大跳："妈呀！屋子里有好多双绿色的眼睛，还有白色衣服飘来飘去。"

"怎么可能？"沈小丽问道。她好奇地往里面看，可屋内一片漆黑，什么也看不清。

窦图图咳嗽两声，脸色越来越苍白，像只漏气的皮球般，几乎全身伏在乐远的身上。

聂非凡伸手试了试他的额头，脸色大变："他的体温很高，正在发烧，看样子眼疾引发了其他病。"

"啊？那怎么办？图图，你是为了救我才这样的，你一定要扛住啊！我们一定会找到办法的！"乐远的声音哽咽，差点哭起来。

风雪无情地落在小伙伴们的身上，这一刻，他们深感无助。

气温还在下降，倘若窦图图的体温不降，一定会牺牲在这高原地区。

"既然他们不肯开门，我们的帐篷又都落在路上了，只能继续往前走了。"沈小丽无奈地说道。

小伙伴们沿着林间小道行走，踩着厚厚的落叶，发出"咯吱"的声响，这片林子的古树都挂满了彩色的经幡，枯萎的枝叶上似乎有东西在蠕动。呼啸的风雪中，小伙伴们的头顶响起了窸窸窣窣的声音。

"等等，我们的头顶好像有东西在爬！"聂非凡说完倒吸一口冷气。

"这里除了大树，还有什么东西？"乐远抬起头看。

小伙伴们用手电筒照向大树，却看到了惊骇的一幕——

冰雪覆盖的树枝上有不少绿色的东西，诡异的是，那些绿色的东西正一点一点地移动，最后全都聚集在小伙伴们头顶的树枝上。聂非凡戴上乐远的特工墨镜，调节了一下，他惊得眼睛放大了一倍，那是一群鞘翅上覆着绿色鳞片、薄翼闪着金光、头部有一只长长的鼻状喙的雪山甲虫。

想到自己的头顶上密密麻麻的雪山甲虫随时都可能掉在自己的头上、吞噬自己的肉，隔着厚厚冲锋衣的小伙伴们无不感到背后一凉，浑身出冷汗，紧张得心脏都快跳到嗓子眼了。尤其是从小害怕昆虫的沈小丽，她早已惊得抱住聂非凡的手臂，吓得说不出话了。

"好恶心！这些都是什么虫子？"乐远看清之后，脸色苍白。

"别紧张，这些雪山甲虫是啃食腐尸的，我们躲开他们就没事了。"聂非凡边说边帮助窦图图绕过木藤。小伙伴们沿着泥路一直跑，跑出了丛林。然而，没有树木的遮挡，大风裹挟着大雪吹来，高温不退的窦图图开始不断咳嗽。

乐远扭头看了看图图那张渐渐苍白的脸，一心只想早点找到暖和的地方，可这天寒地冻的雪山上，别说生着火炉的房子，就连一座茅草屋都看不见。

"你们过来看！"不知何时，聂非凡已跑到五米开外，挥手大声呼唤小伙伴们。

大家过去一看，雪地上竟再次出现了大脚印，令人惊喜的是，每隔几步路，便是一个大脚印。

沿着大脚印的痕迹寻去，小伙伴们站在一个又大又黑的山洞前，用手电筒照了照。那个山洞并不深，里面也没有人，但是地上有草席和棉被，以及一个堆满了新鲜果蔬的木箱。

"看样子不像是雪豹的窝,我们先进去吧,图图快受不了了!"

情况危急,沈小丽带领小伙伴们走进去,乐远将窦图图轻轻地放在草席上,替他盖上了那床散发着异味的棉被。奔波了一天一夜,大家朝那箱果蔬看了又看,摸着饿得干瘪瘪的肚子,不住地吞口水。

"咕噜——咕噜——咕噜——"洞内同时响起三道肚子饥饿的提示音,小伙伴们相视一笑,决定先解决温饱,等主人回来后再付款。

"我说,你们能吃点烤鸡吗?别吃得这么寒酸,我都快饿死了!"大脸图哭丧着脸。它可是仅次于窦图图的第二个吃货。

"在这荒山野岭的地方,有吃的就不错了,你再嫌弃,这个都不给你!"沈小丽轻哼一声,抢过它口中的桃子。

乐远不理会大脸图,因为大脸图需要乐远身体的养分来维持生命,乐远的胃口通常堪比孕妇。他早就饿惨了,这不,一口气吃下七个桃子、五个板栗。

2

半个小时后,小伙伴们躺在草席上,心满意足地笑了笑。乐远撑着鼓起来的肚子躺下,却发现草席太小,必须搬开木箱才能躺下来。他轻轻地推了推,木箱一动不动,索性站起来搬,木箱却丝毫不动,难道主人用强力胶粘住了木箱?

乐远的好胜心一下被激活了,他吼了一声,使劲去搬,木箱终于搬开了。与此同时,他的身后响起了石头摩擦的声音,一扇巨大的圆形石门缓缓打开。

聂非凡和沈小丽猛地坐起来,不禁面面相觑,用手电筒去照,圆形隧道黑不见底。沈小丽捡来一颗石头丢进隧道,随后听见了石头落地的声音,说明这个隧道并不是无底洞,底下也没有水。

这时,"轰、轰、轰",天地间传来一阵沉重的脚步声,石洞开始剧烈晃动起来，头顶的碎石不断落下。接着，洞外响起一阵阵可怕的咆哮声，这种仿佛地狱魔鬼的声音似乎之前在哪听过，但小伙伴们来不及细想，就看见洞外卷起了翻滚的蘑菇云，洞口砸下好几颗大石头将出口堵住了。

眼见头顶的石头就要不堪重负砸向自己，小伙伴们心惊胆战地望着那扇圆形石门，又看了看洞口，现在他们只剩隧道这个出口了。

"快点！从这里跳下去，否则我们都会被砸死在这。"聂非凡率先钻进隧道，顺利地滑了下去。

"乐远，你先跳，然后在下面接住图图。"沈小丽抹开满脸的沙石，大声说道。

乐远点点头，迅速地滑下隧道，洞底很快传来声音："沈大大，我们安全滑下来了，你把图图放下来吧。"

"好！"沈小丽的公主腔传进隧道，费了老大的劲才把窦图图抬进隧道。

沈小丽跳进隧道之前亲眼看见，石洞几乎被砸成了废墟。她甚至有些好奇，到底是什么怪物的咆哮声有如此威力，竟能摧毁一个坚固的石洞？

在隧道的小伙伴们并不知道，石洞外正在展开一场特殊人种的较量，场面十分激烈，雪地上很快被鲜血染红了，身披黑衣的人最终败下阵来。

隧道上面传来石头滚落的声响，小伙伴们的心情有些沉重，心跳声犹如一列行驶中的火车，发出"哐哐哐"的声音。隧道的路很平整，像是有人刻意修过，沈小丽打开电灯在前面领路，灯光照射在墙壁上，大家没发现有任何异样。

就在小伙伴们以为这只是个普通隧道，神经稍稍放松了一点时，乐远发出了一声尖叫。

"啊啊啊——"乐远跳了起来。

"嘘！小心引来雪怪。"聂非凡一手捂住他的嘴唇。

"我的脚下有东西，而且不止一个。"乐远哭丧着脸。

沈小丽和聂非凡同时用手电筒照去，也个禁猛地后退了一大步——

那是一具干净整齐的人体白骨。小伙伴们定了定神，仔细一看，一群密密麻麻的绿色雪山甲虫，正一点点吞噬上面的最后一块腐肉。

沈小丽转过头去，她的胃里已经翻江倒海，额头上冒出密密麻麻的汗珠。乐远和聂非凡故作镇定地往前走，手电光扫到角落的几个大竹筒。

聂非凡打开了第一个，里面是一些破旧的红黑色冲锋衣、棉衣、毛衣，还有一双草鞋。那双鞋大得离谱，甚至可以容下好几双窦图图的脚。

"这双草鞋长三十厘米，宽十八厘米，码数和大脚印一模一样！"聂非凡拿着直尺，吃惊地说。

"难道这里是雪怪的藏身地吗？赶快找找其他的东西。"沈小丽双眼一亮，拆开了第二个竹筒。

第二个竹筒也沉甸甸的，里面装的是一些帐篷、睡袋和药品，以及一捆捆登山绳索。

"太好了，图图有救了！"

小伙伴们露出笑容，从一堆药品中搜出一盒退烧药，沈小丽看了看日期，确定药品没有过期后给窦图图服下。

与此同时，聂非凡打开了第三个竹筒，但这个竹筒并没有包装好的物品，只有一个保存完好的密码箱。他取出密码箱，见盖子上一尘不染，刻画着一个满脸络腮胡的中年男人头像。

沈小丽和乐远凑过去，看了又看，发觉这个头像的中年男人很眼熟，像在哪里见过。

挺直的大鼻子，满脸络腮胡，红黑冲锋衣……难道是天梯探险队的罗蒙？

小伙伴们心头一惊,刚刚那具尸骨不会就是罗蒙他们的吧?

沈小丽的心揪紧了,她看了看密码的按键,都是英文字母,又试着输入了两个字的开头字母,随即箱子一阵震动,提示密码错误。沈小丽若有所思地再次输入一个名字的开头字母,"啪"的一声,箱子打开了!

另一边乐远打开睡袋,将窦图图放进睡袋中,便拿起密码箱里的无线通讯器材,与聂非凡一人一个对讲机,玩了起来。

"喂喂,我是未来优秀的冒险家乐远,目前安全抵达喜马拉雅山脉,Over(完)!"

"喂喂,乐远笨蛋,我是副队长聂非凡,我也已成功抵达,Over(完)!"

沈小丽白了他们一眼,说道:"你俩很有闲情啊,还演起来了。"

说罢,她蹲下身,埋头将密码箱的东西都拿出来:单反照相机、摄影机、放映机、广角和长焦镜头、折叠三脚架、海事卫星电话、GPS,还有一台平板电脑。这些电子产品都毫无损伤,看起来崭新如初。

平板电脑设置了密码,沈小丽输了五次,屏幕仍然显示密码错误，甚至提示过五分钟后再输密码。她转向单反照相机，熟练地操作起来，"咔嚓咔嚓"拍了几张小伙伴们的照片。

随后，她调出相册，翻看起来，随即眼中闪过一丝惊讶，道："天哪！天哪！你们看这是谁？"

两个男孩放下手中的对讲机，一本正经地凑过来，看清照片里的人后，也露出了诧异的表情。

"我不认识其他人，但中间这个是罗蒙啊！"乐远像个好奇宝宝似的问道，"难道他们还活着吗？或者、或者那一具尸骨就是某个队员的？那剩下的人呢？"

"没错，照片上的人是他们，至于那具尸骨是谁的，我就不知道了。你们看这个日期，应该是罗蒙日记上写的，天梯探险队来到喜马拉雅山脉的第一天，全体队员留影纪念的照片。"聂非凡很快恢复了平常淡定的样子，"班长大人，你按下一张吧，我早就想看看他们拍的照片了。"

沈小丽点点头，相机里出现一条流淌着金黄色光的河流，两只马鹿背对背，安静地伏在岸边，画面非常唯美。

这时，小伙伴们听见一个熟悉的声音："你们在看什么？"

沈小丽淡淡地答道："在看天梯探险队拍的照片。"

小伙伴们抬头一望，乐远高兴地呼喊："图图，你醒啦！真是太好了！"

聂非凡伸出一只手指，在窦图图的面前晃了晃，问道："你的眼睛看得见了吗？这是几？"

"一！我又没傻！"窦图图也有些奇怪，他的眼睛时好时坏，但目前除了眼睛偶尔发痒，并没有其他异常症状。

大家见窦图图没有问题，再次蹲下来看照片，接下来的一个视频令大家都惊讶了：探险队遇到一群穿着黑衣的狼群，为了逃命，队员过吊桥时掉下了山崖。

"见鬼了！这年头还有狼穿衣服？"乐远吃惊极了，好半天才将无线通讯器材收入包中。

"说不定是它们喜欢穿黑衣裳呢。"瞧，窦图图又开始一本正经地胡说八道了。

"瞎说什么呢？你见过野生动物穿衣服的吗？按理说，藏狼常年在雪山上生存，它们的毛发和皮脂肯定是足够抗寒的。"沈小丽说道。

"所以说啊，天下之大，无奇不有！"聂非凡再次背起登山包往前走。

即使不知前方通往何处，将会遇到什么困难，小伙伴们仍旧肩并肩一起走了下去，因为他们已经没有了退路。

"不过,我有种强烈的感觉,一种来自女性的第六感,雪怪之谜即将解开。"沈小丽坚定地说。

第九章　雪怪现身

1

前方不远处,透出一丝光线,小伙伴们跑过去,聂非凡则站在窦图图的肩膀上,"砰"地一声撞开圆形盖子,是一间屋子。聂非凡只探出半个头,凌厉的目光扫过屋内每一处,确定没人后,才从隧道爬出来,揭开盖住出口的毛毯。

乐远等人也一一爬出洞口,只有窦图图费劲了些,圆圆的腹部卡在了洞口,好在小伙伴们齐齐联手用力地拉他,好不容易将图图从洞口拉了出来,他又因重力前倾,摔在了地上。窦图图暗暗发誓,这次任务完成之后他一定要开始减肥。

"图图,你是不是在想你应该减肥了呀?"乐远好像图图肚里的蛔虫,一眼就看出了他在想什么。

"哼!我长得这么壮,总当你们的苦力,还能吓跑动物。你们难道不觉得很庆幸有我这样的朋友吗?"窦图图故意哼道。

"一点都不觉得。"沈小丽轻声说,"图图,我发现你向乐远学会了一种特长。"

窦图图和乐远同时望向她,露出疑惑的神情,等着她回答,乐远除了热爱冒险还有什么特长?

"就是,一本正经地胡说八道。"聂非凡直接回答了他们,目光却停留在这间不同寻常的茅草屋上。

"你们就知道欺负我!我要告诉'神秘人',像你们这种欺负队友的人,一点都不可爱!"窦图图抱手在胸前,故作生气状。

"哎哟,你还学会矫情了。"大脸图也从白衬衫里探出头来凑热闹,它揉揉惺忪的双眼,一脸坏笑。

窦图图索性不再开口,给大脸图一个直接又"温柔"的问候方式——他捏了捏那对白白胖胖的猫耳朵,笑得比大脸图还邪恶。

沈小丽等人认真地巡视茅草屋。为了猎户或游人夜晚路过时有落脚处,在雪山上建一座茅草屋并不奇怪。但奇怪的是,这间茅草屋过于宽大,房顶与地面起码有一座小山的距离,并建了一个小小的阁楼,估计是储藏室。

墙壁上挂着特别大的棉衣和几把做工精良的弓箭,没有卧室，没有凳子，没有火炉，也没有钟表。只有一张毛毯、一张桌子、一个橱柜，以及三五盆花草。蜡烛是唯一的灯具，竹篓是唯一的衣柜，似乎没有其他值钱的东西了。

茅屋虽然简陋，却有着人间烟火的气息，木桌上的碗里还剩下一块鲜红的羊腿。窦图图靠近一闻，差点被恶心得呕吐，那块羊腿肉不但有一股腥臊味，还混着一股腐臭味。

"啧啧啧！这个屋子的主人也太重口味了，居然生吃羊肉。"窦图图捏着鼻子，将那碗羊腿放到橱柜里，与外界隔离，他这才松了一口气。

"你们看，这里有几张照片，估计是这间茅草屋的主人拍的。"

聂非凡指着茶几上的相框，相框里是一个穿着红黑拼色上衣、头戴着黑色鸭舌帽和大叉图案口罩的少年，少年露出一双明亮又好看的眼睛。

另一个相框里的黑白照片是满脸络腮胡的罗蒙，照片后有一个黑色的小坛子，照片前有一鼎点了香火的小香炉，香只燃到一半，看样子主人离去不久。这个主人与罗蒙有什么关系呢？是当年幸运地活下来的队员吗？

小伙伴们盯着照片出神，沈小丽突然想起什么似地一拍脑袋,把三个男孩吓一大跳,纷纷倒了杯茶来压惊。

窦图图边喝茶边拍着胸脯,道:"沈大大,你吓死我幼小的心灵了!"

沈小丽不好意思地笑笑,分析道:"根据我们在隧道看见的东西来看,我敢确定,这间茅草屋的主人肯定是天梯探险队的队员。"

话音刚落,"砰砰砰、砰砰砰",伴随着一道熟悉又沉重的脚步声越来越清晰,茅草屋微微颤抖,小伙伴们紧张地望着木门,完全没有注意到手边的茶杯被晃得洒出了水,"啊"的一声,窦图图甩掉滚烫的茶水,伸手一看,手背一片通红。

"咚咚咚——咚咚咚——咚咚咚——"

小伙伴们警觉地望向木门,聂非凡问道:"谁在外面?"

"你们是谁?怎么闯进我的房子的?快开门,我要进去!"门外的人粗声粗气的,嗓音带着一点沙哑,像黑熊发出的咆哮。

小伙伴们面面相觑,不敢开门,乐远趴在小小的窗户前往外望,这一望却把他吓得双腿发软,差点跌坐在地。

屋外敲门的不是人,也不是黑熊,而是身躯比茅草屋还高、比黑熊还壮、浑身长满浓密红毛的怪物。尤其是他那两条长臂上的毛发,更是堪比垂柳叶,随着寒风飘呀飘;他的脚上穿着一双硕大的草鞋,手腕戴着一串缀着黑色珠子的手链,身上挂了一件不合身的红色衣裳,看起来非常惊悚诡谲。

敲门的人扭过头来,瞥了一眼窗户,退后好几步才弯下腰看着窗户,乐远被近距离的接触吓得猛退几步,大声道:"妈呀!怪物!不,是雪怪!雪怪出现了!"

小伙伴们心头一惊,眼睛瞪得老大,血液仿佛凝固了。

"啊啊啊——"尖叫声传遍雪山的每一个角落,甚至穿过林子,传到了幽灵村庄。

"闭嘴,你们这些小鬼,吵死了!"雪怪揉了揉耳朵,原本扭曲的面容变得更加难看,语气也十分不友好,"你们休想从我家里偷走什么东西!快开门,否则我就不客气了!"

隔着薄薄的木门,小伙伴们也感受到了雪怪暴躁的心情,但他们万万没想到,雪怪竟会说普通话。敲门声越来越剧烈,大家都紧张极了,既不敢开门,也不敢出声。

"咚咚咚!"乐远再次望向窗户外,雪怪已经气得毛发竖起了。它停止敲门,舒展了下身体,踹向木门。下一秒,木门被踹开一个洞,小伙伴们的眼前出现了一只长满红毛的巨脚。窦图图害怕不已,抱着乐远差点哭起来,一向淡定的聂非凡和大胆的沈小丽也同时用力握紧了杯子,动弹不得。

小伙伴们眼睁睁地看着木门倒下，又看着门口出现的庞大身躯挡住了外面的光线，都呆住了。雪怪弯下腰，面无表情地进来，两眼瞪着小伙伴们。

不知何时，乐远已经手持弓箭瞄准了雪怪的心口，沈小丽也回过神来，扯出腰间的长鞭，脸上再无畏惧之色。窦图图和聂非凡立刻拿下另两把弓箭，站在他们身边。一时之间，小伙伴们像一支精悍的队伍，没有丝毫胆怯，反倒是雪怪举起了双手，摆出一副投降的姿势。

2

小伙伴们凑过去看清了雪怪的面容，乍看之下，这副饱含沧桑的面容有点像罗蒙，大家的脸上露出不可思议的表情，但很快恢复了警惕。

乐远瞪着大眼，凶巴巴地问："你是雪怪，还是其他什么怪物？罗蒙是不是被你杀了？"

雪怪哭笑不得，低声道："别激动，我并不是怪物，也不想伤害你们。请放下武器，听我说，好吗？"

三个男孩望向沈小丽，只见班长大人眼中闪过一丝犹豫和疑虑，她看了好几眼雪怪，随后才点点头答应："你别耍花样，否则弓箭不长眼！"

怪物一脸认真地说："好！"

大家分别在桌子两旁坐下，小伙伴们笔直地端坐，紧紧盯着对面的雪怪。怪物坐立难安，却故作镇定地喝完一杯茶，才抬眼迎上小伙伴们质疑的目光。

"你、你、你想说什么？快点说吧，你应该知道吧，我们心中有很多疑虑。"聂非凡竟然结巴起来。

雪怪轻轻地叹了口气，眼中流露出一丝悲伤，几乎恳求道："唉，如果我说出来，你们能保密吗？"

咦，这句话大脸图也曾说过，难道雪怪也有不可泄露的秘密吗？

小伙伴们点头，乐远拍着胸脯说："你放心，我们最讲信用了，一定替你保密。"

雪怪的目光飘向小伙伴们身后的相框，忽然鼻子一红，眼里的泪光一闪一闪的。他又喝了一大杯茶，低声道："我原本是一个正常的男孩，三年前踏入无人区后，才变成了这副人不人鬼不鬼的样子。"

"等一下，你是说你进入无人区才变成雪怪的？"乐远突然激动地站起来，难以置信地问道。

窦图图脱口而出："你该不会是惹怒了山神，中了无人区的诅咒吧？"

雪怪摇摇头说："无人区的诅咒是我写的。为了不让无辜的人被牵扯进来，不让我的行踪暴露，才出此下策。三年来，除了熟悉群山的当地人，还没有任何外地人敢进无人区。没想到你们居然这么大胆，我挺佩服的！"

窦图图不好意思地笑道："没有啦！我们就是好奇。"

沈小丽轻咳一声："请问，你是谁？你和罗蒙是什么关系？即使你现在长得很奇怪，我的意思是，你脸上长了红毛，五官却还是很像他。还有，很抱歉，我们在隧道翻出了他们拍摄的照片。"

聂非凡也忍不住问："你和天梯探险队有什么特殊的关系吗？他们现在还活着吗？"

雪怪的神色变得哀伤，眼中蓄满了泪水，整整五分钟没有说话。小伙伴们隐约觉得，雪怪的身世背景，与天梯探险队有很大的联系。说不定，这背后还发生了可怕的事情，所以他才恳请大家保密，又这般难以言语。

"好吧。既然你们都问了，那我就告诉你们。我是罗蒙的儿子，名叫罗洋，我不是雪怪。"他顿了顿，语重心长地说，"这件事关系到很多条人命，万一你们说出去，以后可能有更多人葬身于此，而你们也未必能活着回去。"

小伙伴们面色凝重，认真地竖起耳朵。

三年前，罗洋瞒着父亲罗蒙，偷偷地尾随天梯探险队来到喜马拉雅山脉。原本罗洋只是抱着玩玩的心态，打算跟踪探险队一周，如果探险队没有拍到雪怪，罗洋便独自启程回家。

一切也如罗蒙日记中所写的那样，直到一周后，探险队拍到雪地里的红色毛发，探险队员们都雀跃无比，充满希望。当晚起了暴风雪，就在探险队员们讨论雪怪和摄影的事项时，从天地间传来一声咆哮，整间屋子都被可怕的声音包围了，显得异常诡异。

天梯探险队认为雪怪出现了，他们提起弓箭，一步一步靠近门和窗户，小心翼翼地打开一看，屋外却什么也没有。整整半个小时过去，除了漫天飞雪，依旧什么也没有。

可就在后半夜，所有人都睡熟了，那可怕的咆哮声再次响起，这声音中还混合野猫婴儿啼哭般的声音，诡异的声音融合一起，让人毛骨悚然。

探险队员们没敢再入睡，他们快速地抓过弓箭，警觉地环顾四周。这时窗户"哐"的一声响，黑暗中出现了一双绿色的眼睛，严肃地与探险队员们对视着。

那双眼睛甚至深深地回望了罗蒙一眼。探险队员们这时才松了口气，暗自庆幸还好是一只野猫。

然而，探险队员躺下来不到五分钟，门外又出现了一道瘦瘦的黑影，过了几分钟，又来了一道黑影……在接下来的半个小时里，不断有黑影加入，最终门口的黑影形成了一只庞大的怪物。

探险队员们紧张得快要窒息，浑身像被定住一样动弹不得，甚至忘记了逃跑。就在这时，门外响起了敲门声，但没有人敢去开门。

而躲在木屋不远处的罗洋，亲眼看见抱着黑猫的人下令后，一群穿着黑斗篷的人以迅雷不及掩耳之势冲进木屋。不一会儿，探险队员们就被绑着由黑衣人押着走出来，还都被戴上了黑色头套。

"我当时头一次遇见这样的事，心里非常害怕。但探险队的队员都是我熟悉的人，我放不下他们，一心只想救人，于是偷偷地跟踪他们，来到一个需要口令才能打开的山洞。"罗洋握着杯子的手不断地颤抖，似乎至今说起都无法摆脱那种恐惧感。

"那你进去了吗？"乐远迫不及待地想知道当年的真相。

"没有，我本想趁黑衣人出来时溜进去，但我太天真了，根本没想到洞外安装了摄像头。他们趁我夜里打盹，把我绑了进去。"罗洋的眼中流露出一丝恨意，咬牙切齿地说。

罗洋和探险队关在一起。罗蒙一见自己的儿子被抓进来，特别慌张，大喊大叫着求饶，但没有人理他。

原来，天梯探险队被抓进山洞后，黑衣人便每隔一小时就带走一名探险队员，随后就传来痛苦又绝望的哀号声，这令罗蒙头皮发麻。

罗蒙激动地握着罗洋的手，要他想办法逃出去。没过多久，黑衣人出现在门外，直冲罗蒙而来。罗洋拼命地拖住罗蒙，两人难舍难离，黑衣人不耐烦地踹开罗洋，并快速地关上了门。罗洋哭着大喊，他知道这一离别，就是永不再见。

"那你是怎么逃出来的呢？"沈小丽追问道。

第十章　雪怪的身份

1

"后来，探险队的十个人加上我，都被当作活生生的实验品强行灌下他们制作的特殊药液，那是一种颜色奇怪的液体，如果不喝，他们就用鞭子抽打我们！"

罗洋越说越激动，忽地站起身，他垂着头，双手撑着桌子，长毛虽然遮住了他的面容，但难掩他那老人般脆弱的声音。

"凡是、凡是喝下这种药液的人，半个小时后痛不欲生。然后那些黑衣人就将痛到失去意识的我们扔到幽灵山庄后面的林子里，任雪山甲虫慢慢啃噬我们的腐肉。"

一想到密密麻麻的虫子在自己身上爬，小伙伴们毛骨悚然，黑衣人真是太残忍了，简直不是人！

沈小丽想了想，问道："那你为什么还活着？你知道黑衣人真正的身份吗？"

罗洋抬头，收起悲伤，说道："林子非常大，黑衣人肯定想不到我还活着，他们当时扔下我就走了，我也不知道自己为什么活了下来，但一醒来我就变成了这副样子。他们什么身份，我并不知道。但我知道一个关于幽灵村庄的秘密。"

原来无人区并不是真正的无人区，幽灵村庄一开始也不是幽灵居住的地方，而是一群老人和孩童居住的村庄，探险队路过村庄时，正值"七胜节"，家家户户的人都穿新衣服聚在一起吃羊肉，手牵手围着篝火跳舞、唱歌，就这样愉快地庆祝了七日。

七胜节的最后一日，探险队正往村庄后的林子走去，黑衣人就在夜晚突然降临村庄，强行拽走了老人和孩童。即使隔得老远，探险队都听见了孩童的惊叫声和老人的哭喊声。

可当探险队返回村庄时，已经迟了，原本热闹非凡的村庄再无一点人声。再后来，有人路过村庄，看见房屋一片漆黑，敲门总是无人回应，却能听到窸窸窣窣的声响，甚至能看见若隐若现的眼睛，才有了幽灵村庄的传言。

窦图图"咦"了一声，怯怯地问："那屋子里到底有什么东西？不是幽灵，难道是外星人吗？"

罗洋哈哈大笑，摇头道："你的想象力太丰富了，这世上怎么可能会有外星人啊？有一次我回去看了，其实就是一些老鼠和蜘蛛。"

"哎哟！"乐远突然扭腰尖叫了一声，引得大家纷纷望向他，罗洋尤其疑惑，脸上的表情仿佛在说："我说错了什么了吗？"

乐远尴尬地笑了笑，端起杯子喝茶："我都不知该说你笨还是蠢，这世上怎么就没有外星人了？你歧视外星人吗？"

小伙伴们再次望向乐远，他明明在喝茶，怎么说出话的？难道说话的是……是大脸图！

罗洋一听就不高兴了："你说世上有外星人，那你证明给我看啊！"

乐远摸着后脑勺，哭笑不得："不是的，你一定是听错了，我刚刚在喝茶，没有说话啊！沈大大，你听见我说话了吗？"

沈小丽见乐远拼命地眨眼，也不想惹火眼前的巨人，立刻摇摇头："我没有听见，你们听见了吗？"

"我听见了……哎哟！"窦图图的腰被聂非凡一掐，瞬间改过口来，"我听见了才怪，罗洋大哥，是你出现幻听啦！"说完，窦图图生气地瞪了一眼聂非凡。

"难道真的是我出现幻听了？"罗洋开始自我怀疑。

小伙伴们顿时松了一口气,随后不禁掩面偷笑,为刚才的机智在桌下击掌。

聂非凡看了看罗洋,努努嘴,一副欲说还休的模样。罗洋有所察觉,与他对视,笑道:"你是不是想问我什么?问吧,反正我自己的故事都已经告诉你们了,也没什么好隐瞒的了。"

聂非凡轻声问:"这么多年,你怎么不回南明市呢?"

罗洋露出淡淡的哀伤,笑得既苦涩又无奈,沉声道:"我也想回去,但我变成了现在这样,就连在雪山上露面,也会引起藏民的恐慌,红毛猩猩都要让我三分。大家都把我当成怪物,我还看见有人偷拍了我的背影刊登在报纸上,引来不少人到雪山找我。"

他顿了顿,轻轻地叹口气,继续说:"那些被我吸引来到雪山的人也无非是被黑衣人发现,然后抓进石洞里,当他们实验的牺牲品而已,白白搭上一条命。"

"他们到底是什么人?竟然这么嚣张,在喜马拉雅山脉这种圣地撒野,我看他们是活腻了!"乐远不禁义愤填膺。

"乐远,别激动,坐下来认真听别人说话。"沈小丽劝道。

罗洋也静下心来,仔细打量小伙伴们,摸着胡须,笑得意味深长。

小伙伴们被看得坐立难安，不禁问道："我们脸上长了什么东西吗？为什么要这样看着我们？"

"没有，我是觉得你们四个小孩来到喜马拉雅山脉，很不简单啊！你们为什么来这里啊？"

罗洋转身端了壶酥油茶，他们一人倒了一杯，又翻出竹筒里的新鲜蔬果和面包。

男孩们早就饿了，狼吞虎咽地吃了起来。沈小丽一脸嫌弃地看着三个男孩，不禁想，我怎么会有这样的朋友？她朝罗洋微微一笑，罗洋却无所谓地耸耸肩。

沈小丽优雅地喝了口酥油茶，说："我们是接了一个游戏的任务才来到喜马拉雅山脉，现在任务完成了，我们也要准备回家了。"

"我还不想回家。"乐远难得不同意沈小丽的话。

"那你留在这里陪罗洋吧！"沈小丽无情地说。

"沈大大，咱们留在这……"沈小丽那双漂亮的眼睛一瞪，窦图图立刻识趣地闭嘴了，他可不想被警察世家之女暴打一顿。

"但是我觉得，我们的任务还没有完成。"大家纷纷望去，没想到这句话竟是从聂非凡的口中出来的，沈小丽诧异地看了看他，窦图图和乐远却冲他感激一笑。

2

沈小丽一脸严肃地拉开椅子,对三个男孩做了个"请"的动作,语气却十分平静:"各位侠客,咱们借一步说话!"

乐远和窦图图担忧地看聂非凡,这家伙敢顶撞沈大大,看来他今天要完蛋了!

聂非凡却从容不迫地拉开椅子,和小伙伴们一起来到屋外,耳边只有寒风呼呼的声音。

"聂非凡,你什么意思?我们已经找到雪怪了,并且知道了他的身份,雪怪之谜不就解开了吗?任务怎么没有完成呢?"沈小丽一口气问道。

"班长大人,稍安勿躁,听我说好吗?"聂非凡淡定地说。

"好吧。你说说看。"沈小丽点头。

从转山者被抓开始,到雪怪罗洋讲述的凄惨经历,再到得知幽灵村庄的来历，以及探险队全军覆没的消息，这一连串的事情都很蹊跷，几乎全与黑衣人有关系。沈小丽也有点疑惑，犹豫着到底该不该继续深究下去，或许观察能力和逻辑思维能力较强的聂非凡，能给她一些建议。

"第一，'神秘人'的信里并没有说明，雪怪之谜只是雪怪存不存在的谜团。第二，关于雪怪的真相，我们确实已经查清了，但我总觉得跟黑衣人脱不了关系，这背后肯定有一个更大的阴谋需要我们去破解。第三，现在无辜受害的人那么多，你甘愿放任黑衣人继续杀害无辜的人吗？我觉得'神秘人'派我们来，肯定不只希望我们破解谜底，更希望我们发挥正义的能量，铲除黑暗势力。"聂非凡分析道。

在小伙伴们若有所思地点头时，突然冒出了一道低沉的声音："说得有道理！我也发现了，黑衣人团队的确是个很可怕的黑暗组织，背后可能藏着更大的阴谋！"

"大脸图，你刚刚学我声音说话很好玩是吧？不给你一点颜色看看，你就无法无天了！"乐远一看见大脸图就来气，忍不住捏住它的耳朵转呀转，直到白白胖胖的猫耳朵变得通红，他才罢休。

"没错，我们可是集正义、智慧、勇敢于一身的'神秘社'。

沈大大,我们留在这想想办法,把黑衣人打败,救罗洋回去吧!"窦图图劝道。

沈小丽见小伙伴们一脸诚恳,暗自惊讶于他们的成长,不禁笑出了声:"好吧,这次我就听你们的。但我提醒一下,救人行动的风险太大,任何人都不能擅自行动,一定要团队行动!"

"Yes, Madam!"三个男孩不约而同地并拢双脚,向沈小丽做了个敬礼的动作。

小伙伴们默契地相视一笑。

"外面很冷,你们快进来吧!"罗洋站在门口,朝他们大喊,待小伙伴们回到屋内,他问:"你们说了什么,笑得那么开心?"

"哦,这是个秘密,不能告诉你!"乐远卖起了关子。

"我们决定暂时不回家了,因为还要完成一个任务。"沈小丽答道。

"哦?我忽然想起一件事,你们知道自己被黑衣人跟踪了吗?"

罗洋的话一出口,小伙伴们便呆住了,他们丝毫没有察觉被跟踪了。

"若不是我进洞穴时碰见黑衣人,用咆哮声吓得他乱了手脚,再趁乱打败了他,他肯定会继续跟踪你们,也会暴露我的行踪。你们不知道吧?隧道是我挖的,我知道你们会来到这间茅草屋。"

小伙伴们惊讶极了,原来石洞被摧毁,是因为罗洋。

"这样说的话,你曾经还救过我们?我们在拯救转山者时,也听见过一种类似的咆哮声。"聂非凡问道。

"还有那朵诡异的蘑菇云。"窦图图念念不忘积雪卷成的蘑菇云。

"噢……我想起来了,当时我去找食物,碰巧路过,没想到你们竟敢和黑衣人交手。这次我和黑衣人交手的时候,发现绿发人带了一种奇怪的香粉,很像我在实验室见过的东西。"

"你确定吗?图图就被香粉喷中了眼睛。"乐远说着,大家都望向窦图图,下一秒,他们都错愕极了——

窦图图的脑袋瞬间变大了两倍,五官也随之扩大了近两倍,头发长至肩膀,只有身材没变,那双油桃般大小的眼睛下,长睫毛一眨一眨的,看起来更像一个男儿身的芭比娃娃,十分怪异。

在场的人忽然"扑哧"笑出声,但很快收住笑声,憋得脸通红。

窦图图被他们吓到了，赶忙四处寻找镜子，当他看到镜子中的女孩脸时，难以置信地捏了捏自己的脸——好痛，这不是在做梦，他真的变成一个女孩了！

"哇！"窦图图大哭起来，"怎么办？我怎么会变成女生？"

这时，躲在白衬衫内的大脸图也笑出了声，它模仿乐远的声音火上浇油："图图，你别哭了，你妈妈要是见到你，肯定会很高兴吧？她不是一直想要个女孩吗？你现在终于实现了她的愿望呀！"

第十一章　四枚神奇的徽章

1

窦图图一听，哭得更大声了。接着，怪事又发生了：随着分贝的提高，窦图图的哭声也越来越像女孩的声音。

"死大脸图，我再也不想和你玩了！"窦图图委屈地骂道。

"图图……"小伙伴们大吃一惊，忙伸手去捂住窦图图的嘴巴，但是来不及了。小伙伴们再次望向罗洋，只见他一脸平静，估计没听到窦图图刚才的话。

"据我所知，这种香粉就叫大头药粉，它会发生三种症状。第一阶段时它只会让你局部疼痛，你以为自己没有大碍；过几个小时，它就会放大被药粉喷过的部位，让你变得像巨人一样；第二阶段，它会加重你的情况，开始长一根根红色的短毛；第三阶段，就是像我这样的了。但是，这种香粉是有解药的。"罗洋解释道。

一听说有解药，窦图图破涕为笑，他忙问道："解药在哪里？要是不变回原样，我就不回家了。与其被人当做怪物看待，还不如待在这里呢。"

沈小丽插了一句："解药在石洞的实验室里吧？"

聂非凡也对罗洋说："你现在的样子，肯定也是被香粉毒害的吧？如果找到解药，你是不是也能恢复原样？"

"嗯，你们全说对了。但是，我当时被灌下的药中，不止香粉这一种材料，还掺了其他东西，所以我会吃生羊肉，吸食动物的血。"罗洋一脸严肃地说，"这种病，看似不危害性命，但会经年累月不断地放大你的身体，让你长成奇怪的样子！我的症状比图图的严重多了，你们还是先别管我了。"

"你放心吧，我们会带解药回来给你，然后咱们一起回南明市。"窦图图一开口，顿时让罗洋感觉自己被暖阳包围了，他和小朋友们素昧平生，对方却愿意关心和帮助自己。

"谢谢你们！"罗洋感动地说。

就在小伙伴们向罗洋询问石洞的位置时，聂非凡拿出一枚红色的芯片："这是黑衣人掉下的东西，乐远，你打开电脑看一看。"

乐远将芯片插入迷你型平板电脑，开机之后，屏幕上弹出一个窗口，要求输入密码。乐远三五两下就破解了密码。小伙伴们惊讶不已，乐远什么时候成为电脑高手了？

罗洋猫着腰看电脑，眯着眼睛，视力似乎不太好。乐远见罗洋的姿势太辛苦，一心想拉大电脑的屏幕好方便他看，突然手一滑，平板电脑的屏幕瞬间扩大了一倍！看着屏幕无端增加长度，大家眼睛都直了！

"乐远，你不仅成为了电脑高手，还学会变魔术了啊？你什么时候偷偷去学的技能啊？"沈小丽冲他眨了眨眼。

乐远"啊"一声，瞬间会意，尴尬地笑了两声："哈哈！毕竟我未来要当个优秀的冒险家，总需要一些特殊技能，你们说对不对？"

"你小子学习能力还不错嘛！"聂非凡也和他唱起双簧。

见窦图图眨着大眼睛，差点就要说出"超能力"三个字，乐远立刻掐了一下图图的腰，笑道："图图，你就不要说话了。"

"啊啊啊——"平板电脑剧烈地震动，发出凄惨的叫声。

屏幕上播放的视频看起来更像黑衣人为了记录研究成果而摄制的影片。先是拍摄了石洞的路线图、每个实验室的摆设、研究人员配置药液的过程，接着是关押"实验品"的房间，最后是"实验品"服用药液的反应过程。越是往后看，大家的脸色越凝重，伴随着一阵阵痛苦的号叫，小伙伴们的心一点点往下沉，胸口因为愤懑充斥着一腔热血。

"你们也看到了，他们简直不是人！所以，我劝你们还是别去了，真的太危险了。而且，这三年我多次找过石洞，却一点痕迹都找不到，实验室简直像凭空消失了一样。"罗洋语气平淡，却难掩哀痛和愤怒。

沈小丽扭头望着罗洋，说道："也许你不能理解，但我们必须去实验室完成任务。你现在能给我们一点空间吗？我们想讨论讨论战略。"

罗洋先是愣了愣，然后背上弓箭出了门，一晃眼消失在雪山中。

茅草屋恢复了平静，一刻钟后，大家才从可怕的实验视频中缓过神来，聂非凡率先挑起话头："你们有没有发现，这个石洞的规模像是疯癫科学家曾经建在时空大厦的实验室啊？"

"咦，还真的很像，刚刚听罗洋的叙述，我猜这个实验室实际上还在喜马拉雅山脉，可能被隐形或者被转移了，所以才找不到了吧。"乐远又仔细看了一遍视频。

"有可能！我觉得疯癫科学家经历过上次的教训，这次不会再设置实验室的机关了，如果他设置了隐形功能，那我们怎么进去呢?"沈小丽问道。

"说得这个科学家像有超能力一样,还能设置隐形功能哦。"窦图图冷不丁地冒出一句。

但就是这一句,小伙伴们相视一笑,有了主意。

"大脸图,大脸图,你不是想吃香喷喷的烤鸡吗?"窦图图亮出了绝招。

果然,大脸图露出头来,眼中闪着亮光,惊喜地问:"烤鸡在哪里?在哪里?谁都别和我抢,否则我就哭给你们看!"

小伙伴们一时无语,他们至今不明白,这个外星人的心智水平到底是儿童的还是老年人的。

"别急,只要你答应我们一个要求,任务完成后,请你回南明市大吃大喝一顿,你看怎么样?"沈小丽豪气地说。

"呵呵,我就知道你们叫我出来没有好事。"大脸图撇过头。

"废话,天底下哪里有白吃的午餐?莫非你们星球还能用超能力,让老天掉免费的馅饼给你吃吗?"聂非凡淡淡地说。

大脸图轻哼一声,撅着嘴生气。沈小丽拉开聂非凡,继续谈判:"但是你想啊,接下来有好多烤鸡吃,你也不亏啊!"

大脸图转念一想,眼前已不自觉浮现自己大口大口地吃烧鸡的画面,一想到那嫩滑新鲜的鸡肉,口感薄脆的鸡皮,它差点就流口水了。

"那好吧,你们先说说,这次是什么事?"大脸图谨慎地问。

沈小丽趁热打铁,噼里啪啦说了一堆:"长话短说,我们要去一个实验室找救窦图图和罗洋的解药,然后摧毁实验室,不让疯癫科学家继续害人。但是现在我们猜测实验室无故失踪,是因为它被隐形或者转移了,根据西藏多年来人口失踪的情况来看,我们觉得实验室肯定还在喜马拉雅山脉。"

"所以呢?"大脸图隐约有种不安的感觉。

"所以我们希望,你可以用超能力帮我们找到实验室,或者告诉我们通往实验室的方式,仅此而已。"聂非凡接着说。

2

大脸图撑着脑袋若有所思,渐渐地,他的脸色变了,眉头皱成八字,用手摸了一下鼻子,摇头说:"不行,我做不到。"

小伙伴们一愣,这世间还有神通广大的大脸图做不到的事情?大家交换了一下眼神,接着,窦图图上阵了。他蹲在乐远的肚皮前,还未开口,外星人"扑哧"一声爆笑起来。

"哎哟图图,你怎么比沈大人还可爱!"

"喂,你够了!说话喷我一脸口水就算了,人家都这么惨了,你还笑话我。我告诉你,你再继续笑的话,咱们就绝交!"窦图图擦干脸上的口水。

"对不起嘛,可我一看见你的样子就忍不住想笑啊!"大脸图抿着嘴憋住笑声。

小伙伴们在看着"二图"一旁在打闹,一扫之前的疲惫,纷纷露出了快乐的笑容。

"说正经的，大脸图，你是不是隐瞒了我们什么？你刚刚说话时用手摸了摸鼻子，这个举动在心理学上是说谎的暗示行为。"聂非凡说道。

乐远等人突然恍然大悟，连沈小丽都没察觉大脸图的异样，但饱读诗书的她点头认同："这确实是心理学书籍上有的知识，大脸图，你还是说实话吧。"

大脸图知道以聂非凡的观察力，加上沈小丽丰富的知识，自己是瞒不住的。它叹了口气："唉，实话告诉你们，通往实验室的方式就是穿越时空，这个需要很大的能量才能进行，我的能量不够，很有可能在途中发生意外，如果穿越错误，你们就回不来了。并且，我们星球规定，在异球领土上，不能擅自使用这种能力，违反者将受到非常严厉的惩罚！"

小伙伴们有些失落，窦图图盯着镜子里的自己，忽然鼻头一酸，豆大的眼泪一颗颗掉落，难以抑制心中的难过和害怕，低声抽泣起来。

屋内的气氛冻至冰点，空气仿佛结了一层冰晶。小伙伴们虽然平时总是打闹，但一想到窦图图不能回南明市，也都难过极了。

"大脸图,你想想办法,否则我怎么向图图的爸妈交代啊?"

"是啊,虽然图图喜欢吃东西,不爱动脑筋,但是个很善良、团结的队友,我们是绝对不会把他丢在这里的。"

"大脸图,你所说的惩罚,具体指什么?"

肚皮上的外星人叹了口气,垂头丧气地说:"比如说,我将留在地球上百万年,甚至上千万年,或者星球会限制我的某些超能力,一旦被限制,我就要花很多年来重新修炼。我们是外星人,被限制超能力,这简直比杀了我还难受啊!"

乐远眼珠一转,有了主意:"假如你留在地球上百万年,那就可以和我们当一辈子的朋友,不是很好吗?"

沈小丽等人微微一笑,乐远果然很乐观,凡事先想好的一面。大脸图就不这么想了,它一个劲地摇头,死活不答应他们的请求。

聂非凡不耐烦地捏住大脸图的脸颊,语气霸道:"好了,既然谈判无效,那我们取消好了。你听清楚我接下来的话,如果你不带我们回到三年前的实验室,我们就带乐远去看生物学博士,再把你从肚皮上剥下来,你自己选择吧。"

大脸图拍掉他的手,生气地瞪了他一眼,又望向一脸无辜的窦图图，不禁动了恻隐之心。大脸图想到中国的一句老话：留得青山在，不怕没柴烧。最终，它可怜兮兮地说："真不知道我上辈子造了什么孽，连你们也要欺负我。唉，我带你们去，但是回不来的话，你们可别怪我。"

小伙伴们面露欣喜之色，齐声答："好！"

窦图图擦干眼泪，捧着大脸图的猫脸，猛地亲了一口，笑道："大脸图！我就知道你最好了，爱死你了！"

大脸图厌恶地推开他："放开我！你的口水好臭！我要告你企图谋杀！"

小伙伴们哄堂大笑，"二图"组合果然是绝配！乐远将平板电脑收入登山包中，待他再次伸出手时，多了一枚星座徽章。

乐远看了半天，好奇地问："神秘人的信里提醒我们这次行动要戴上徽章，可我们一路上也没用过，这徽章到底有什么用处呢？"

"对哦！我都还没见过你们的徽章呢，大家拿出来看看吧。"窦图图第一个将徽章放在木桌中央。

沈小丽和聂非凡打开登山包，往里面掏了半天。大家看着彼此的徽章，上面刻着他们每个人星座的图案。

"这个看起来很眼熟啊，是谁给你们的？"大脸图问道。

"我们完成第一次任务后,'神秘人'送的奖品,专属的星座徽章,很酷吧?"乐远笑嘻嘻地炫耀。

沈小丽和聂非凡也在想,"神秘人"特意提醒他们携带徽章,那定是对执行任务有用,但到底是什么用处呢?

小伙伴们集中注意力观察桌上的徽章,突然四枚徽章像磁铁般互相吸引,逐渐聚在一起呈"田"字形,接着,徽章发出四道亮光,组成一面屏障,上面出现了一封信:

亲爱的"神秘社"成员:

在你们执行任务期间,徽章会记录你们破解谜团的过程,以此记下每个人相对应的任务积分。当积分达到一定数目,则会收到一份神秘又厉害的礼物。

所以,请你们保护好徽章,切莫丢失或摧毁,否则你将永远失去领取这份礼物的资格。

神秘人

敬上

第十二章 打开时空之门

1

"哎呀,原来是个宝贝,我得赶紧收好了!"亮光消失后,乐远立刻把徽章藏在登山包中。

"哇,又有礼物收,真是太好了!"窦图图咧开嘴笑道。

"那么会是什么礼物呢?'神秘人'真讨厌,总爱做些神神秘秘的事情,来吊我们胃口。"沈小丽埋怨道。

"嘘,好像有人来了!"聂非凡打断了大家。

小伙伴们以为是罗洋打猎归来,欣喜地望向窗外,可屋外别说人影了,连只动物也没有。乐远正想说是不是出现了幻觉时,房顶的茅草漏了个洞,一道黑影从洞口一闪而过,静默之中,大家听到"咯吱咯吱"的响声,积雪和尘埃同时落在他们的肩上,大家仰望屋顶,除了那间小阁楼,其他什么东西也没有。

聂非凡眯着眼睛，举起猎枪对准阁楼，其他人也不敢掉以轻心，乐远戴上墨镜观察，与窦图图一样拉开弓箭，沈小丽则握紧长鞭。阁楼的门忽然打开了，一晃眼黑影落在门口，大家看清了来人，是绿发黑衣人，这家伙真是阴魂不散啊！

"嘿嘿，朋友们，好久不见啊！"绿发黑衣人客套地打招呼。

"呵呵，谁跟你是朋友，看招！"一支箭快速准确地射中了黑衣人的大腿，"啊"地一声，他的腿已经流出殷红的血液。

"你……"绿发黑衣人脸色煞白，话还没说完，就痛得晕厥了过去。

小伙伴们诧异地望向窦图图，没想到一运动就疲惫不堪且只爱美食的窦图图，竟然擅长射击。

"黑衣人三番五次来攻击我们，看样子我们早被他们监视了，安全起见，这下不得不和黑衣人斗一斗了！"沈小丽说。

"轰"地一声，大门被撞开了，巨大的身影出现在小伙伴们眼前，大家惊骇地望着门下，估计黑衣人已经被压成肉饼了。

"大事不好了！"罗洋一边喘着气，一边火急火燎地说。

"什么大事？"聂非凡见他神色紧张，不禁眉头一皱。

"我在林中打猎时，听见一群人说，他们打听到了雪怪住在无人区,即使无人区危险也要来找雪怪,并且他们看到了脚印,正往这边来呢!"罗洋喝下一口酥油茶,又把门板抬起来重新装好,看到绿发黑衣人时,他什么也没问,只是将绿发黑衣人丢了出去。

小伙伴们也动起手来,想将大件家具移到门口,却被罗洋拦住:"别慌!我们先进密室,如果他们发现不了就会走的。现在拦住门,反倒会引起他们的注意。"

小伙伴们想了好一会儿才点头:"有道理!我们快点走吧!"

小伙伴们背着猎枪和弓箭进了隧道,罗洋则抱着他父亲的遗照和一坛骨灰。

一个小时后,地上传来了脚步声,接着,有人说话了。

"这里看起来很像一个猎户的家啊,你们是不是找错了?"

"怎么可能?那绿发人告诉我们的地址,地图显示没错啊,就在这里!"

"该不会是雪怪还没回来?或者看见我们就藏起来了吧?"

这些扛着摄影器材、穿着羽绒服的人,开始翻箱倒柜,小屋里噼里啪啦一阵响。沈小丽见状况不太妙,想与大脸图商量对策,于是她掏出一个复古翻盖怀表,让罗洋看自己变魔术。罗洋盯着晃来晃去的怀表,慢慢地合拢了双眼。

"好!"沈小丽见罗洋被催眠成功,收起怀表,"我们先商量一下,如果上面的人发现了隧道,我们该怎么办?"

"罗洋这个目标太大了,很容易被黑衣人发现,是不可能跟着我们去实验室的。而且如果他去了,就会发现大脸图的存在,也不妥当。"聂非凡说道。

"那罗洋在这被发现了怎么办?外面那些人看起来很不友好。"窦图图有些担忧,此刻的他对罗洋有些同病相怜的意思。

"大脸图,你觉得呢?"乐远问道。

大脸图认同地点点头:"我估算了一下,以我的能量,只能维持罗洋几个小时的隐身状态,在这期间我们去实验室,但必须要抓紧时间。"

小伙伴们齐齐点头,但问题又来了:他们怎么去?穿越时空的大门又在哪?

这时头顶传来一阵"砰砰"的声音,那群不速之客似乎暴躁了起来。小伙伴们紧张得流汗,祈祷着他们千万不要发现隧道。然而,墨菲定律在此应验了。

一个中年男子的声音:"快来看,这里有密室!"

"不好！我先给他隐身！"大脸图的猫爪一指，罗洋瞬间披上了一层透明的网，除了乐远，其他小伙伴都看不见罗洋了。

凌乱的脚步声在隧道里回响，一道道刺眼的灯光照得小伙伴们睁不开眼，有人大喊："这里有人！他们果然藏在这里！"

接着，"轰隆隆、轰隆隆"，隧道里响起了千军万马奔腾的声音。混乱中，小伙伴们被一堆木头绊住了脚，大脸图却眼中发光，它一只猫爪一指，那堆木头变成了一个圆形小飞船，悬浮在半空。它另一只猫爪摸着石壁，嘴中念念有词。

离奇的一幕发生了——

石壁上出现一面圆镜，飞船随后穿进石壁，悬浮在镜中，瞬间变大。而浑身发着光的乐远也踏进了镜中，并稳稳地坐在了飞船里，沈小丽等人来不及问，被乐远催促着跑进圆镜。

"我的天哪！你们看见了吗？飞碟！外星人消失了！"长发披肩的男子回过神来，难以置信地揉眼睛。他跑去敲捶石壁，又用放大镜来观察石壁。

"不！不可能！世上怎么可能会有外星人！我肯定是看错了……我肯定是出现幻觉了！"一个长发披肩的男子沮丧地靠着石壁。

其他人也不可思议地瞪大了眼，有人环视四周，脸色煞白，自言自语地说:"那几个小孩是神仙,还是外星人?一会儿变出个飞碟,一会儿穿进石壁就消失了。"

另一个人没好气地反驳:"你玄幻片看多了吧?世上哪有外星人和神仙啊!刚刚那么黑,连个人影都没看清。"

他们一行人在隧道徘徊了两个小时,依旧一无所获,于是背起拍摄器材,垂头丧气地打道回府。

2

　　小伙伴们的头顶是一扇半圆形透明玻璃盖，眼前只有黑白色的旋涡，这就是时空隧道吗？窦图图好奇地打开了玻璃盖的缝隙，一阵飓风钻进舱内，每个人的皮肤都被吹得像是要撕裂开来，头发仿佛被闪电击中一般根根竖起，大家感觉自己的心都快跳出来了，却因强烈的气流而不敢开口尖叫。

　　驾驶飞船的乐远快速地关闭窗口，小伙伴们才恢复正常的模样，乐远怒气冲冲，对着窦图图一顿教训："你知道刚才有多危险吗？我们现在是超光速，如果没有这艘飞船的保护，人体根本适应不了这种速度，而你刚刚的举动，差点把大家的脸都撕成碎片了，严重的甚至可能被吸走！"

　　大家听得目瞪口呆，他们从未见过乐观的乐远这么愤怒过，再往下一看，原来开口的是大脸图。

"对不起，都是我的错，我再也不敢了。"窦图图内疚地说。

"好啦！知错就改，是个好孩子。再说，图图也是不知者无罪啊！"沈小丽冒出来打圆场。

船舱内的气氛很尴尬，乐远打算转移话题，便故意轻咳两声问道："大脸图，为什么我们周围这么黑啊？"

窦图图靠近了聂非凡一点，说道："就是啊，看着怪可怕的。"

"哦，你们觉得无聊想换背景就直说嘛，其实只要乐远脑中想象什么画面，就会变成什么样子，但是你们不能离开这艘飞船，这可是我好不容易……"

"哗"地一声，大脸图的话被打断，周围的黑幕变成了海南岛的沙滩，近处的海水碧绿清澈，一排排高耸的椰子树上结满了硕大的椰子，五位戴着大沿帽的游客躺在椅子上喝着椰奶沐浴着阳光，十分惬意和美好。

"哎呀，我也好想去海边！"沈小丽也被吸引了。

"我好想喝椰汁。"窦图图这个吃货，就知道吃。

"乐远，赶紧换一个吧，他们都快跑出去了。"原来，聂非凡拉住了沈小丽和窦图图的臂膀，他们差一点就被诱惑走了。

"哗"地一声又一声，背景变换如飞：有唐老鸭和米奇老鼠人偶的迪士尼乐园；有成群的大象、犀牛随意行走的热带草原；有长颈鹿与人类和睦共处的非洲风情；还有新疆的薰衣草花海，以及最后的南明市地铁站。

小伙伴们呆呆地站在地铁站，眼睁睁看着自己的亲人和同学有说有笑从自己身边走过。大家不约而同地蹦出了同一个念头——我想回家！

"哗"地一声，画面又换成了宇宙，星光包围着小伙伴们，粉灰色的银河带，红色的火星，泛着冷冷白光的月球，像蓝水晶的地球，一一呈现在小伙伴们的眼前。

接着，一个宛如游乐园般的国家出现了：左边的城市满眼恐龙标本和建筑；中间的城市满眼奇形怪状的动漫涂鸦；右边的城市有几座建在森林中的童话城堡，森林里的蘑菇像一把巨大的伞，替扮演公主的女孩挡雨。那里的牵牛花鲜艳硕大，花蕊宛如大象的鼻子那般长；最上面的城市里摆放着无数颗星球，与小伙伴们在宇宙中所见的丝毫不差，看起来就像真的一样。

小伙伴们心头一动，感叹道："哇，这是什么地方？好美呀！"

"这就是我曾说过的最美丽的修罗纪元，我的家乡！"

大家忍不住看了一眼大脸图，只见它面色红润，　脸骄傲。

忽然，光线暗了下来，森林的大树被砍伐，动物无家可归，一座座有趣又美丽的城市瞬间倒塌，变成了废墟。几名坐在飞机上的人在旷野中嚣张地宣布——所有生物都不允许留在修罗纪元。

"这个画面让我想起考古学家的一句话：'人类不能当自然界的征服者和掠夺者，而是要敬畏自然，保护生态，与之和谐相处，不以食物链的顶端自居。'"聂非凡说得风轻云淡，小伙伴们听完都沉默了。仔细想想，如果地球毁灭了，肯定也是因为人类不懂得保护和爱惜她。

"的确如此。"大脸图叹了口气，"这只是修罗纪元从辉煌到衰落的缩影，尽管现在它不再美丽，我也还是很想回去。别说你们想家了，我都不知道能不能回去了。所以，你们千万不能打退堂鼓啊！"

小伙伴们重新振作起来，沈小丽安慰大脸图："放心啦！我们会勇往直前的。你呢，只要还记得回家的路，还这么热爱自己的星球，就一定能回去！"

"哐——哐！"飞船突然停了下来，周围的环境依旧没变，大脸图眼中闪过一丝焦虑，叮嘱大家别乱动。然后它闭着眼，脑中快速地转动，一个红点显示出大家所在的地理位置。

它猛地睁开眼，紧张地说："告诉你们一个不好的消息。"

小伙伴们相视一眼，似乎有了答案，难道是大脸图的能量不够，飞船发生了故障？

"我们跃进失败了，超空间的轨道发生了扭曲。"大脸图说道。

"为什么失败了？能说清楚点吗？"聂非凡问道。

"由于要消耗很大的能量，我的身体和飞船都受不了，所以机体出了故障，我们被迫停下来了。"大脸图解释道。

"啊?!"小伙伴们面面相觑，激动地问，"那我们现在在哪里？"

"我们穿越到了十年后的南明市。"大脸图答道。

什么?! 十年后的南明市，那意味着……小伙伴们已经是二十多岁的青年，他们将见到自己成年后在社会上摸爬滚打的模样。但大家都不敢想象，自己会变成理想中的那个人呢，还是自己讨厌的那个？

一时间，舱内鸦雀无声，大脸图以为他们被吓坏了，忙安慰道："放心！等我修好飞船，就能重新出发，直接回到三年前实验室的门外。"

小伙伴们听到大脸图的解释，不禁呼出一口气，总算有惊无险。大家既期待又好奇,接下来他们会见到怎样的自己?

忽然前方亮起一道强烈的白光,刺得小伙伴们闭上了眼睛,再次睁开眼时,他们已降落于最熟悉的南明市,那个生养他们的家乡。

第十三章　遇见未来的自己

1

南明市发生了天翻地覆的变化，原本只有少数高楼大厦，而今竟耸起了一座座高达百层的大厦，市中心的江流上架起了一座长长的大桥，桥上挂满了大大小小的心愿锁，甚至有人把自己和恋人的名字刻在心愿锁上。

此时天幕漆黑，月亮躲进了乌云中，个远处的山上还亮着霓虹灯光，不断有人坐着缆车上山看夜景，大厦的外墙上还亮起了一行"愿有情人终成眷属"的大字。人来人往的行人中尽是对对的情侣，从他们的口中得知，今天是七夕。

忽然，眼前闪过一个非常眼熟的胖男孩，那男孩一边打着电话，一边急匆匆地赶路，但大家从他的口中听见了一个熟悉的名字："沈大大，我正赶去汇合呢！你们一定要等我啊！"

三个男孩不约而同地望向沈小丽，又看了一眼窦图图，然后穿过拥挤的人潮，追上了那个胖男孩。只见胖男孩乘坐地铁来到了一栋陌生又宁静的别墅区，他递给门卫大叔一包香烟，门卫大叔便放行了。令小伙伴们惊讶的是，那门卫大叔就是当年看守时空大厦的钟叔叔，十年后的他已经成了老大爷，头发花白，身体消瘦。

小伙伴们一下子倍感亲切，与钟大爷热情寒暄，钟大爷仔细打量他们。过了会儿，钟大爷摇摇头，劝他们离开别墅区，并死活不承认自己和他们认识。小伙伴们郁闷极了，原路返回到一个湖边，坐在白椅子上。

"大家快想想，我们怎么进去？"沈小丽兴奋地说。她对未来的自己充满了期待和幻想。

"我有一个好主意。"乐远低声和小伙伴们说了几句话。

"只有你才会出这种奇怪的办法。"沈小丽毫不留情地说。

小伙伴们再次来到别墅区的大门外，乐远敲了敲窗户，钟大爷一打开就嚷嚷道："你们怎么又来了？我不是说了吗，没有卡就不能进去，你们快点走吧！"

乐远将一瓶水和一包香烟放进门卫室，钟大爷愣了愣，放松了警惕，聂非凡趁机拿出一块复古翻盖怀表。钟大爷看着晃来晃去的怀表，视线越来越模糊，最后他合拢双眼，趴倒在桌上。

大脸图伸出猫爪一指，"吱"的一声，铁门打开了，小伙伴们一进去就按照大脸图的指示，跟着胖男孩走进了一栋白色的别墅。

从窗户看去，室内的摆设和装饰风格与沈小丽小时候的公寓几乎一模一样。屋里的四个青年非常高兴，大男孩们脱掉西装外套，挽起衬衫的衣袖，点燃一根蜡烛，"啪"地一声，室内的灯光熄灭了，传出洪亮的生日歌的合唱声。

曲毕，灯再次打开，屋内亮如白昼，四个高大的身影在眼前晃来晃去。乐远通过特工墨镜看见，墙上挂着一张"神秘社"的合影，稚嫩的脸庞与他们此刻的完全相同。

"我看见我们的合影了，这里就是沈大大的新家！"

"是吗？给我看看。"沈小丽戴上墨镜确认了一遍，"没想到这里是我未来的家，那我们现在要进去吗？"

"等等，别冲动，你们这样进去会吓坏他们，而且严格意义上来说，我们穿越过来，是不能轻易与未来的自己见面的。"大脸图的话又让大家兴奋的心情降到了谷底。

"不过，如果你们想见，在回去之前，我会想办法让你们见一面的，前提是他们不会当真。"大脸图微微一笑，似乎有了主意。

小伙伴们轻轻地叹了口气:"好吧。"

忽然,公主腔钻入耳中:"窦图图,你想挨揍吗?竟然敢把奶油涂我脸上!"

小伙伴们纷纷望去,只见穿着一身白色连衣裙的姑娘正举起盛满奶油的纸盘子朝胖男孩丢去,尽管胖男孩侧身躲开,可那盘奶油还是准确地砸在了他的衬衫上,又顺着衣服滑落于他又圆又大的啤酒肚上。

"沈大大,这衣服我还怎么穿呀?"青年窦图图一脸委屈。

屋内的欢笑声连绵起伏,青年们嬉闹一番才坐回原位。四人当中,只有聂非凡的脸上涂满了白色的奶油,看起来他才是真正的寿星。成年后的聂非凡变化并不大,依旧有一头微卷的头发和一张俊朗的面孔。

正在用眼镜布擦拭圆形眼镜的男孩,想必就是青年时期的乐远,令人惊讶的是乐远的身材,魁梧高大,小麦色的肌肤表明他热爱运动。

一旁的沈小丽酒红色头发随意扎起,正在收拾桌面上的蛋糕和餐具,其他三个大男孩见状,自觉地帮助她打扫卫生。

"好啦,打扫干净了,咱们上去唱歌吧!"

沈小丽领着大家走上二楼,来到一间装着隔音板和隔音窗的音乐房,墙壁上贴着"神秘社"第一次执行任务时的海报,这张海报也曾是"神秘人"派来的直升机表面的涂鸦。

窗外的小伙伴们一阵哽咽,十多年过去了,他们的友情仍旧浓厚又坚固,这是众多人所向往的,也是一种奢侈的愿望。

室内不仅有钢琴、吉他、音响、巨大的屏幕,还有一张宽大的沙发。接着,令小伙伴们惊讶的一幕发生了:沈小丽一进去便落座于钢琴前,弹起欢快的曲子;乐远和聂非凡背起吉他,陶醉地唱起摇滚;窦图图坐在一堆大鼓小鼓前,随着吉他声响起,奋力地击鼓。

一时之间,室内传出一首令人兴奋的歌曲,室外的小伙伴们听得目瞪口呆:未来的自己竟玩起了音乐,简直和现在判若两人。

一曲终了,青年们终于打开屏幕,男孩们挤在电脑前点歌,沈小丽将一个大箱子搬到他们面前,然后转身走出音乐房。一晃眼,她换了一套特别订做的警察服现身,感叹道:"只有每年生日时穿着它了,真怀念'神秘社'执行任务的时候呀!"

"是啊!没想到一转眼都十年了,我们都踏入社会工作了。"

聂非凡看着自己一身神探服装，感慨万分。

"如果我们有时光机就好了，还能穿越回去，看看那时候的自己，真想和以前的自己说说话。"窦图图抱着零食笑道。

"图图，你就别想了。人要往前看，过去再美好，也只能留在心中啦！"乐远也换上了路飞图案的上衣，正拿着话筒准备唱歌。

2

聂非凡和窦图图从一个大箱子里,取出一袋袋零食和啤酒,沈小丽则去厨房切了一大盘水果,长方形木桌上瞬间堆满琳琅满目的食物,屏幕上也开始显示歌词,真正的游戏就要开始了。

然而,有人刚唱歌就一脸委屈:"你是我的小呀小苹果,怎么……沈大大,你干吗切掉我的歌?"

"天哪!我听你唱歌至少十年了吧,你能去学一学怎么唱得好听吗?"沈小丽捂住耳朵抱怨道。

"五音不全又不是我的错,怪我咯?"乐远更加委屈了。

沈小丽从他的手中夺过话筒,眨巴着眼睛,笑道:"别着急,让我告诉你,什么叫做'此曲只应天上有,人间难得几回闻'。"

乐远闷哼一声,交了这么多年的朋友,他太了解这个姑娘的想法了,明明是自己想唱歌。

游戏渐入佳境,四个青年举着道具上台,然后奇怪的一幕就出现了:台上仿佛有四个机器人,套着人类的衣服,沈小丽唱歌,三个大男孩扭动坚硬的肢体,硬着头皮给她伴舞。

"我受不了了!你们跳得太诡异了!"歌声戛然而止,沈小丽靠着墙,笑得直不起腰来。

三个男孩如释重负,躺在沙发上抹汗,疲惫得无力反驳。

"铃铃铃——铃铃铃——"桌上的手机不断地震动,提醒乐远有电话来了,乐远按下接听键就往外走。几分钟后,他快速走进来,拿起西装外套,简洁地说:"我要回家了!"

"这才几点,你就要回家了?"青年窦图图看了一眼钟表,也赶忙放下零食,拿起衣服就往外走,"妈呀!十二点了,我得回去了,否则我老娘肯定要罚我。"

聂非凡一听,忙起身去开车。小伙伴们见他们纷纷走下楼,忙跑到花园中藏起来,"呜"地一声,一辆黑色轿车停在别墅前,另外两个大男孩钻进了车,而门口的沈小丽则挥着手向大男孩们告别。

不知何时,月亮从乌云中逃出来,银色的月光照着公园里的小伙伴们,他们正商量着如何回到自己的家。

"这个简单,只要大脸图使用超能力,一眨眼我们就能回去了。"乐远笑道。

"我先说明哦,每使用一次超能力,我就会损耗很多能量,你们就要延长回去的时间了。"大脸图提醒道。

"好啊,我们还想看看爸爸妈妈,他们后来都长成什么样子了。"窦图图说道。

"我就不跟你们去了,到时候在我家这里集合吧。大脸图,你就再帮他们一次吧,好不容易穿越到十年后,他们不见到爸妈是不会甘心的。"沈小丽劝道。

"好吧,真受不了你们。"大脸图无奈地说,分别发给小伙伴们一个小工具,用前从未有的凝重神色说,"这是监听器,戴在耳朵里,好让我联系你们。记住,你们不能和未来的自己说话。"

三个男孩戴上监听器,背靠背站成一个三角形,一心只想回到自己的家,他们这么想的时候,视线一片模糊,转眼间已经各自站到了自己家门外。

"哇,这就是电影里的瞬间移动吗?"三个男孩又惊又喜。

"嘀、嘀、嘀!"乐远的耳旁响起汽车鸣笛声,他扭头一看,却被白晃晃的强光刺得眼睛生疼。他本能地用手臂挡住光,走到马路的对面。那辆黑色轿车与他擦肩而过时,他看见了青年聂非凡的俊脸,又听"吱"地一声,眼前的房门被打开了。

"乐远,你怎么才回来?"一个消瘦的身影从室内走出来。

"妈,今天非凡生日,我们玩得晚了些。"大男孩搂住母亲的肩膀,解释道。

少年乐远悄悄地转过身,目送他们走进屋的背影,泪眼朦胧。十年后的母亲不再时髦,她穿着棉麻长裙,脸色憔悴,虽挽起一头黑发,但乐远还是看见了她的银白色发丝。

忽然,"哇"地一声,乐远听见不远处传来哭泣声,顺着声音寻去,只见灌木丛中一个熟悉的背影颤抖着。

"图图?"

"乐远?你家也住这里啊?"

两个男孩惊讶地看向未来自己的家,两栋红色别墅之间只隔了三户人家。实际上,他们搬了家后,还是邻居。

窦图图擦干脸上的泪水,笑道:"太好了!我们以后还可以互相串门哦!"

乐远好奇地问:"是啊!那你刚才哭什么呢?"

图图的泪水再次蓄满眼眶,哽咽道:"我刚刚看见那个胖胖的老妈,趴在桌子上等青年的窦图图回家,她都等得睡着了,还是我爸催她回房睡觉的呢。乐远,你说我平时是不是太让我妈操心了?"

乐远望向前面的那栋别墅,屋内的胖妇人收起碗筷和剩菜,与啤酒肚男孩道晚安,笑起来的时候眼角爬满了深深的皱纹。

"图图,你现在懂事就好了,你看看他们,阿姨其实挺幸福的。"

"是吗?我真想跟青年的自己说说话呢。"窦图图揭开白衬衫,对大脸图说,"你能帮我这个忙吗?"

"不行!"大脸图想也没想,一口拒绝了。

另一边,聂非凡站在一栋公寓楼下徘徊,刚刚大脸图很通人情,直接把他送到了新家的露台上,他用母亲养的花花草草遮住了身体。深夜里,青年聂非凡开门的那一瞬间,早已熟睡的母亲醒来,唤了一声他的乳名,听到他回答后,才安心睡下。

他看见墙壁上的照片,有他们一家三口在杂货店门口的合影,也有一张他们去景区旅游的合影。

"我已经修好飞船了!大家快去和沈大大汇合吧!"大脸图用监听器通知小伙伴们。

三个男孩深深地看了一眼自己的家,依依不舍地告别了未来的自己和父母。沈小丽一直站在新家外,凝视着前方室内的那个白裙子姑娘,只见姑娘拿着一张照片看了许久才睡去,那是一对老年的夫妇和白裙子姑娘在北海道的雪夜拍的纪念照。

"嗨!沈大大,我们来了。"忽然,三个男孩像一道闪电般出现,沈小丽看了又看那张照片,始终迈不开脚步。

"你们这群臭孩子,原来在这里!"一个苍老的声音响起。

小伙伴们一见到醒来的钟大爷,撒腿就跑。

钟大爷被气得要命,边追边喊:"别跑!你们给我站住!"

可他哪追得上带着大脸图的孩子们,眨眼之间,小伙伴们跑得无影无踪,消失在他的眼前。他难以置信地揉了揉眼,气喘吁吁地说:"人、人都跑哪去了?刚才明明就在眼前,一下就不见了,真是怪事。"

第十四章　实验室的雪怪标本

1

"大家闭上眼,我们就要出时空隧道啦!"乐远戴着墨镜,兴奋地说。

下一刻,一道白晃晃的强光包围了他们,再次睁开眼时,他们已经在雪白的地面。

乐远看了看平板电脑上的时间,正是二〇一二年十二月十五日中午时分,地图上的定位显示他们正在喜马拉雅山脉,大脸图送小伙伴们成功抵达后,之前储存的能量全部耗尽,陷入了沉睡模式。

"哇!你们看!"小伙伴们顺着乐远指着的方向仰起头,望见高空正有几万只鹤群呈"V"字形飞行,景象十分壮观。

那是一群体型异常纤细的蓑羽鹤,它们的眼后有一簇白色的细羽向后延伸至背部,身躯大部分为灰黑色。但小伙伴们只能看见它们灰黑色的羽端在用力地振翅。

"据说，每年都有五万多只蓑羽鹤进行一场地球上最具挑战性的大迁徙，它们要飞越珠穆朗玛峰的顶端，抵达温暖的印度境内过冬。然而，由于它们体力严重透支和饥寒交迫，还要面对金雕的攻击，每年都有上万只蓑羽鹤丧命于珠峰。没想到我们这么幸运，一来就遇上了。"沈小丽目不转睛地盯着鹤群看。

"乐远，你带了望远镜来吗？"聂非凡问道。

乐远打开登山包，将里面的衣物都拿出来，从最底层掏出了一个小型望远镜："我都忘了，老爸前不久寄来了一个望远镜呢。"

聂非凡迫不及待地从他手中夺过望远镜，观察着高空中的蓑羽鹤。白雪皑皑的山间狂风大作，鹤群瑟瑟发抖，只能渐渐挤在一起御寒。

更糟糕的是，高空突然来了一股强大的气流，一只只体力不支的蓑羽鹤坠落，而其他蓑羽鹤为了保住性命，不得不提升飞行高度，"扑哧、扑哧"，它们每一次振翅几乎都用尽了全身的力气。

"嘎——嘎——"蓑羽鹤的鸣叫声逐渐淹没在风雪中。

沈小丽心中一动，感慨道："它们真是太努力了，尽管飞行已经很困难，还要张口呼叫以联系彼此。"

忽然，一道嘹亮的长鸣划破安静的天空，两只雄壮的金雕盘旋在高空，正奋力靠近蓑羽鹤。

沈小丽抢过望远镜，只见那两只金雕很快追了上去，尖锐的目光锁定了飞在末端的幼鹤。金雕俯冲下来，左右夹击幼鹤，想把幼鹤挤出鹤群。可怜的幼鹤呜呜地叫，似乎在哭着求救一般。

领头飞行的母鹤扭头看了一眼，眼中流露出憎恨和悲伤，但它不能不顾全大局，带领其他孩子逃离金雕的纠缠，飞越珠峰，否则将会有更多的蓑羽鹤丧命途中。而那只跟不上队伍的幼鹤，好不容易逃脱一只金雕的攻击，却掉入了另一只金雕的魔爪。

"哇哇——"两只金雕肆无忌惮地发出胜利的欢呼声。

沈小丽心痛极了，双眼蓄满了泪水，视线逐渐模糊。她能想象母鹤肯定也内心苦涩却不得不带着悲痛继续往前飞行。

"呜呜，好可怜！"窦图图惋惜道。

"它们真的很坚强，在逆境中也努力地往前飞。希望鹤群能够顺利抵达印度吧！"乐远双手合十，由衷地祈祷。

"我们赶紧往前走吧，那两只金雕看起来坏透了！"沈小丽咬牙切齿地说，心中对金雕憎恨极了。

"你们有没有发现？每次有大鸟飞过的地方，都会发生不好的事情。"窦图图唉声叹气，可下一秒他摸了摸嘴唇，明明自己在说话，怎么听到了女孩的声音呢？

乐远扭头看他，被吓了一大跳，说话哆嗦起来："你、你的脸和身体又变大了，声音也越来越娘了，还长了短短的白毛，这就是罗洋说的第二阶段的症状啊！"

"啊！"窦图图惊叫一声，忙照镜子看，六神无主地问，"怎么办？我该怎么办？"

聂非凡皱眉说道："大脸图一向信守承诺，既然它说过会把我们送到实验室的门外，那就有找到解药的希望。"

转眼抵达实验室附近，天地间白茫茫一片，小伙伴们背好登山包，根据地图和指南针寻找，远远望见前方一座白雪覆盖的小山峰屹立于两座大山之间，他们走过去，打算一探究竟。

小伙伴们先是搜寻了两座大山，在与小山峰擦身而过时，沈小丽狐疑地多看了几眼小山峰。过了一会儿，她又退回，抹开了小雪山峰下的一堆积雪，一个小小的骷髅头图案显示出来。

"我发现了！"沈小丽叫住三个男孩，"实验室就在这里！"

小伙伴们没想到疯癫科学家竟花这么多人力和财力打造了

一个完美无瑕的实验室。从外表看，这个山峰几乎与正常雪峰无异。到底是什么样的研究实验需要他如此费神费力？

小伙伴们来不及细想，当务之急是早点找到实验室的突破口，可他们观察了半天那个骷髅头图案，也没有一点想法。

"要是大脸图醒来就好了，他肯定有办法。"窦图图焦急地说。

"图图，我们不能凡事靠别人，大脸图肯帮我们穿越就是极限了，让它好好睡一觉吧。"乐远说道。

"班长大人，你有办法吗？"

沈小丽冲聂非凡摇摇头，她头一次遇到这种棘手的问题，将脑中的知识搜寻一遍，却还是毫无收获。

"嘘！"乐远做出噤声的手势，将大家往大山后面推着走。小伙伴们藏在大山后，望着两个黑衣人渐渐靠近，聂非凡眼睛一亮，低声同小伙伴们说了一个主意。

黑衣人们从衣服里掏出一个红色徽章，按在骷髅头图案上，山峰的缝隙闪过一道红色的光，一层又一层大门自动打开，黑衣人毫无察觉地走进去，却被窦图图用麻醉剂猎枪射中，晕厥了过去。

"干得好！"沈小丽朝窦图图竖起大拇指。

"那是，我这么帅气的人一出手，这些笨蛋绝对一枪就倒！"窦图图自卖自夸地笑着说。

乐远翻了个白眼，拉着窦图图换上黑衣人的服装，避免他庞大的身躯成为敌人的目标。

2

实验室的大厅灯光暗淡,只有四根刻了龙图腾的石柱和三扇圆弧形的石门,小伙伴们正思考往哪一扇石门走时,就听见"叮"的一声,眼前的那扇圆弧形的石门打开了,吓得他们立刻藏在两根石柱的背后。

只见两张悬浮的沙发从洞口沿着"L"型路线飘进了左边的石门,奇怪的是,沙发上躺着的人似乎不省人事。这时,小伙伴们才看见空中有一条条交叉的银线。他们小心翼翼地避开银线,跟在两张沙发的身后,在灯光明亮之下,他们瞥了一眼沙发上的人,这一看就被吓了一大跳,躺在上面的两个人竟是"小雪怪"!

两个"小雪怪"那黝黑的脸肿得像猪头一样,身上长满血红色的毛发,凌乱的发丝遮住了面容,只露出苍白的嘴唇。

聂非凡用食指探了探"小雪怪"的鼻息,被吓得猛地后退一步,"小雪怪"的肌肤凉如冰雪,他摇了摇头:"已经没有呼吸了。他们可能也和罗洋一样被喂下了特殊药液,但在变身中承受不住副作用,不幸去世了吧。"

小伙伴们一想到黑衣人正毒害无辜的人,顿时都攥紧了拳头,像是点燃了引线的炸弹,即将要爆发。

沿着通道走去,他们来到两扇圆门的面前。其中,两个"小雪怪"被送进了一个黑色圆门内的化验室,乐远从透明的圆形窗口望去,只见三个黑衣人穿着白色的大衣,戴着白色的口罩,手上握着一管管颜色诡异的试剂。

"谁?"忽然,一个黑衣人望过来,并朝门口走来。

乐远忙推着小伙伴们,走进了旁边那间黑暗的屋子。

一进去,小伙伴们就感到一股寒气,他们顾不上打量这间屋子,只能屏住呼吸。门外的脚步声越来越近了。忽然,化验室传来呼叫声,门外的黑衣人应了一声,便停下了步伐,再次返回化验室。

大家不禁长出一口气,但他们的体温越来越低,又不能拿出手电筒照射四周。

乐远扫了一眼四周,像是见到了可怕的东西似的,瞪大了眼,差点叫出声来。

"嘘!你不要命了?"沈小丽指了指隔壁的化验室。

乐远的嘴被她捂住,只能一个劲地摇头,同时焦急地用双手比画。其他小伙伴们奇怪地往后一看,可屋子非常黑暗,他们什么都看不清。

乐远掰掉沈小丽的手,大口大口地喘气,低声说:"你们什么都没看见吗?我们身后有一堆雪怪标本啊!"

什么?!沈小丽等人大吃一惊,纷纷打开手电筒上下照射,原来这不是化验室,而是一间储藏室,黑衣人将那些全身长了血红色毛发的"雪怪"冻在了透明的柜子里,乍看之下他们很像是高原地区的人,皮色黝黑,嘴唇脱皮,多数为女性,少数是孩童。过了一会儿,小伙伴们想起了什么般瞪大了眼,难道这些"雪怪"都是幽灵村庄的村民?

"可恶!太可恶了!连小孩子都不放过,良心被狗吃了!"窦图图怒气冲冲地低声骂道。

"这种人为了自己的目的,不择手段地残害性命,他们早就没有良心了!"聂非凡说道。

"乐远,你刚刚怎么能看得清?我记得特工墨镜是没有夜视功能的。"沈小丽回过神来,问道。

"是哦！我也不知道。"乐远愣了愣，"难道是超能力吗？"

"可能吧。我想大脸图耗尽了能量，意识比较薄弱，但有可能会被潜意识推动，然后传输能力给你。"沈小丽说完，见乐远呆呆的样子，又说："算了，这是心理学的一种，估计你也听不懂。我们还是想想接下来该怎么做吧？"

"既然我还能使用超能力，那就好办了。"乐远得意地笑。

五分钟后，"砰"地一声巨响，小伙伴们推开了化验室的大门。黑衣人正握着五颜六色的针管，听见声响立刻充满了敌意。

"你们是什么人？怎么进来的？"戴着眼镜的黑衣人警惕地问。

"你不需要知道这些，跟你们说话简直是浪费我的口水。"聂非凡冷冷地说。

黑衣人们放下针管，轻哼一声："那就别怪我们不客气了！"

乐远凝神运气，挑衅道："呵呵，我好害怕！废话少说，动手吧！"

话音一落，两方人马分别举起猎枪和弓箭对准了彼此，黑衣人神色变得非常紧张，他们肯定没想到这群小孩是有备而来。三个黑衣人互相交换眼色，轻轻地点了点头，渐渐地靠近窗户。

沈小丽脑中忽然滑过一丝担忧，我们没有经过射击训练，一旦开战，难免会有朋友受伤，该怎么办？

乐远忽然浑身一个激灵，收到了沈小丽的想法，于是下意识地回答："等下我会收走他们的枪，你们趁机绑住他们。"

沈小丽愣了愣，不可思议地望着乐远，来不及思考他为何知道自己的担忧，只对他点了点头："好，你自己小心。"

"砰！"黑衣人开枪了，"砰、砰"，三枚子弹直扑而来，却又鬼使神差地半路转弯射向了墙壁。黑衣人们看傻了眼，难以置信地甩甩头，然后拔出腰间的烟雾弹，顿时屋内白雾弥漫，呛得小伙伴们猛地咳嗽起来，聂非凡暗叫不好，对方想趁乱再次开枪。

果然，又是一阵"砰砰砰"的枪响，小伙伴们忙蹲下身，躲在操作台的背后。浑身泛着淡淡白光的乐远生气地吼了一声，瞬间像闪电一般移动到黑衣人之间。

不一会儿，一声声"哎哟"传来，白雾逐渐散开，小伙伴们看见乐远站在操作台旁，三个黑衣人被绑在地上，像虫一样蠕动着身体。

"你们太没礼貌了，难道你妈妈就是这样教育你们对待客人的吗？"窦图图蹲下身，将黑衣人口中的纸团用力地往里塞，撑得他们眼泪汪汪、嘴唇生疼。

聂非凡看了看钟表,知道时间不多了。他戴上白色手套,拿起颜色诡异的针管,问道:"这个针管里装的是什么?有没有解药?你们配置的大头药粉的解药在哪里?"

戴眼镜的黑衣人仰起头,示意自己的嘴唇被堵住了。乐远不耐烦地扯开纸团,却听见黑衣人大声喊"救命",他立刻塞了回去,并揍了黑衣人一拳,瞪眼说道:"再乱喊,我就打掉你们的牙齿!"

其他两个年轻的黑衣人愣住了,然后摇摇头。乐远选了一个眼角有颗痣的黑衣人,扯掉他口中的纸团,那黑衣人低声下气地哀求道:"我知道,我知道。求求你们放过我,我也是被抓来的——"

沈小丽打断他的话:"你先回答我们的问题,否则死罪难逃!"

第十五章 大战黑衣人

1

黑衣人点头如捣蒜，怕得浑身哆嗦："针、针管里的东西本来是一种药液，老大让抓来的人喝下去，看他们变成毛发人之后能不能继续活下来，好替黑心老大做坏事。大头药粉和彩色药水的效果是差不多的，我们负责按照秘方来配置，但是解药已经被绿色头发的人藏起来了。"

"所以，解药藏哪里去了？"乐远不耐烦地抓住黑衣人的手臂。

"我不知道，真的不知道。求求你们，我都回答了，你们就放过我吧！"黑衣人跪着哀求道。

三个男孩望向队长沈小丽，就等她一声令下，将这三个危害人类的伪科学家抓起来，再扔出去喂狼。可他们万万没想到，自己听到了出人意料的命令——

沈小丽看了看地上的黑衣人，淡淡地说："聂非凡，你给他们三个人分别一枪，然后我们就去找解药吧！"

聂非凡一脸震惊："什么？班长大人，你要把他们都杀了？"

乐远也激动起来："就是啊，这样做是犯法的，虽然他们罪无可恕，但还轮不到我们动手杀人啊！"

窦图图躲在他们身后，低声说："沈大大，你突然变得好恐怖，是不是受了太大的刺激？"

沈小丽见男孩们还想劝说，做了个停的手势，丢给他们一个白眼："你们想多了！这枪是麻醉枪，我只是想让他们睡一会儿，免得干扰我们行动！"

"哦，早说嘛，吓死我们了！"三个男孩恍然大悟，随后聂非凡举起枪对准三人的大腿，黑衣人们虚弱地叫了两声，就在地上睡着了。这一次，小伙伴们全换上了黑骷髅头图案的斗篷。

黑暗，无尽的黑暗。

这里的每一间屋子都漆黑无比，走廊也静悄悄的。小伙伴们摸索着走进一间亮着无数台电脑的房间，通过几台电脑上的监控记录，他们发现这个实验室大得离谱，单是化验室就有十间,接着他们看见了自己的身影,聂非凡立刻删除了这段监控视频。

在视频中,只有一间屋子里挂着一张巨大骷髅头图案的横幅,办公设备齐全,看起来很像领导办公室,小伙伴们猜测解药很可能就藏在这间办公室里。

正当小伙伴们准备离开时,其他监控视频中出现了一行披着黑斗篷的人,他们正往小伙伴们所在的监控室走来。

下一刻,"咚"地一声巨响,约莫有十个蒙面黑衣人破门而入,他们举着长枪,把小伙伴们团团围住。接着,门口传来令人毛骨悚然的笑声,小伙伴们抬眼望去,一个戴着墨镜的年轻男子站在门口。

"你是谁?"乐远警惕地问道。

那男子摘掉黑色的连衣帽和墨镜,露出绿色的发丝,嘴角上扬,笑得意味深长:"这么巧,朋友们,我们又见面了。"

"又是你!"乐远扫了一眼周围举枪的黑衣人们,满脸怒气。

绿发黑衣人摆手示意其他黑衣人收起猎枪,然后朝小伙伴们伸出手表示友好,说道:"咳咳,郑重地介绍一下,我就是才貌双全的葛瑞,幸会幸会!"

小伙伴们冷眼看着这个自称"葛瑞"的人，葛瑞尴尬地愣了愣，缩回悬在半空的手。

"别装什么好人，你把解药藏到哪里去了？"聂非凡质问。

葛瑞"哦"一声，从背后拿出一个装着绿色液体的小瓶子，怪笑两声："你们是想要这个东西吧？这可是不能轻易送人的，除非你们求我，我就考虑考虑。"

"做！梦！"小伙伴们望着眼前这个装腔作势的敌人，气愤地攥紧了拳头。

"哦？那我就丢掉了！"葛瑞说完，将绿瓶子往身后一丢，幸灾乐祸地看着小伙伴们。

但玻璃破碎的声音却迟迟未响，大家疑惑地扭头一看，绿瓶子稳稳地落在了乐远的手中。原来乐远刚刚用瞬间转移冲过去接住了。葛瑞大吃一惊，立刻命令手下开枪，但又是迟迟没有响起枪声，这才发现自己的手下全都被绑住了。

小伙伴们得意地看着他，聂非凡嘲讽道："葛瑞，你无路可逃了，束手就擒吧！"

"哼！你以为我会像这群笨蛋一样吗？"说着，葛瑞像个冲天炮一样，将天花板撞飞一个洞，然后悬浮在半空，可他似乎一点儿也不觉得疼，反而嘎嘎地怪笑着看着小伙伴们。

在场的黑衣人都惊骇极了，纷纷瞪大了眼。

只见葛瑞向乐远俯冲，迅速夺走绿瓶子，动作快如闪电。小伙伴们紧张得只有眼睛会动了，只见葛瑞像黑影一样穿梭于黑衣人之间，然后朝窗户飞去，乐远回过神来，用力地抓住葛瑞的腿，两人一起破窗而出。

"哐！"玻璃四处飞溅，刺中了那些被松了绑的黑衣人，小伙伴们立刻开枪对准黑衣人，被射中的人全都倒地，只有五个黑衣人跳窗逃走。

小伙伴们朝窗口望去，只见乐远和葛瑞躺在地上扭打，忽然，乐远一个翻身按住了葛瑞，一把抢走了绿瓶子，又朝沈小丽等人挥了挥瓶子。

"乐远！小心！"小伙伴们神情惊恐，叫喊声在雪山间回荡。

奇怪的一幕再次发生了：天地间响起"嗷呜"的狼嚎声，所有黑衣人的身体开始蜕变，它们的骨骼变大，脑袋变成了狼头，身上的肌肤长满了毛发，就像曾经袭击探险队的那群穿着黑衣服的藏狼。

葛瑞抢过一把枪，与其他黑衣藏狼同时对准乐远，子弹头就像出膛的炮弹一样呼啸而去。乐远暗骂了一声"小人"，迅速地纵身一跃，再次悬浮在半空中。

接着，乐远看见实验室的窗口露出多把长枪，无数颗子弹像暴风雨一样倾泻过来，黑衣狼群猝不及防，惊愕得忘记了逃命，几乎全军覆没。但忠心耿耿的葛瑞并没有忘记大人派下的任务——

他将绿瓶子往身后一丢，"啪"的一声，瓶子被摔破了，液体染绿了白茫茫的雪地。

"不要！"窦图图歇斯底里地喊，"我的解药啊！"

2

大雪纷飞，天地间响起一阵恸哭，小伙伴们望着那一抹绿渐渐渗入积雪中，眼神也渐渐黯淡下去。

窦图图抹干泪水，发狂地拽住葛瑞的衣领，湿润的眼中似有火焰，不断地大叫："你还我的解药！你这个王八蛋，还给我！"

葛瑞面色苍白，虽说这次任务可能让他小命不保，但他心中却毫不畏惧，他得意地笑了两声，似乎在嘲讽：你们这辈子再也得不到解药了。最后，他在窦图图的摇晃之下闭上了双眼。

"图图，图图，别担心……"乐远拍了拍窦图图的肩膀，想要安慰他。

窦图图一掌甩开他，哭得上气不接下气，说道："你们不要跟我说'别担心，我们会有办法回去'这样的话。我长成这个样子，解药也没了，还怎么回去啊？"

"你变成这样我们也很难过，但是哭和生气都不能解决问题。我们遇到问题应该让自己冷静下来，尽快地想出解决办法，不是吗？"沈小丽皱眉说道。

"是啊，至少我们还活着。你别着急，我们还可以向大脸图或者神秘人求助啊！"聂非凡也安慰道。

窦图图的哭声渐渐变小，他抹干眼泪，内疚地说："对不起乐远，刚才我太鲁莽了。谢谢你们，你们永远都是我最好的朋友。"

就在这时，他们的身后响起了窸窸窣窣的声音，小伙伴们回头一看，只见不远处的葛瑞竟然"死而复生"，像头真正的藏狼一样逃之夭夭了。

小伙伴们的眼中闪过一丝害怕，按照葛瑞的身手来看，他会超能力，极有可能也是外星人，或者是被改造的地球人。

天色逐渐暗淡，夜空宛如一片湖泊，泛着不均匀的淡淡青光，巍峨峻峭的雪山的左上角，一条黑色斑块遮蔽了橙色的银河，它的四周泛着像钻石一样耀眼的紫色星光，明艳动人。但小伙伴们来不及欣赏，也不能继续探究葛瑞的身份，他们现在必须快点完成任务，再穿越回三年后，与隧道里的罗洋汇合。

经过一番商量，他们打算返回实验室，先把雪怪标本一一抬出来，埋在两座大山的底下，并在大山上刻上"神秘社"的字样。

"少年们，这个艰巨的任务就交给你们啦！"沈小丽给三个男孩分别派了一把铲子。

"没问题！"平时爱偷懒的窦图图不仅接过了铲子，还做了个"OK"的手势。

聂非凡和乐远先是愣了愣，然后开始挖坑。一阵晚风吹来，沈小丽看着他们的背影，不禁打了一个冷战，静谧的夜里，幽幽的风声，男孩们挖坑埋雪怪标本，这一幕令人不得不联想起电影中的惊悚画面。于是，她催促男孩们加快速度。

两个钟头后，男孩们丢掉铲子，一边擦汗，一边靠着石头不断地喝水。

最后，小伙伴们点燃实验室堆积的木头，一场熊熊烈火在眼前点着，直到实验设备都燃成灰烬，他们才背起登山包，决定唤醒大脸图离开这里。

"大脸图，快醒醒，我们该回去了。"乐远低着头朝猫耳朵呼唤。

"你太温柔了，让我来！"窦图图捋上衣袖，露出长长的毛发，他清了两下嗓子，吼道，"地震啦！地震啦！快逃啊！"

肚皮马上有了动静，大脸图猛地睁开那双碧绿色的眼睛，惊慌地喊："乐远，快躲在墙角，离玻璃窗户较远的墙角！咦？是我眼花了吗？地震怎么没有晃动呢？"大脸图揉了揉眼，疑惑不已。接着，它听见了小伙伴们大笑的声音，又看了看他们，这才明白，原来自己被骗了。

"哼！很好笑吗？"大脸图的猫脸挤成一团，"窦图图，肯定又是你做的吧！"

"除了聪明又帅气的我，还能有谁？"窦图图自夸道。

"幼稚。"大脸图毫不留情地说。

"你说什么？有本事你再说一遍！"窦图图解开黑色的斗篷，露出手臂上结实的肌肉和长长的毛发。

"图图，别闹了。"沈小丽帮他披上斗篷，转身对大脸图说，"我们要回去了，你准备一下吧。"

大脸图收到命令，举起猫爪做了个敬礼的动作，恭敬地说道："是，我亲爱的沈队长。"

窦图图一脸委屈，嘟囔道："唉，解药都没拿到，你们还笑话我，真是交友不慎啊！"

第十六章　罗洋失忆了

1

小伙伴们在时空隧道历经三个小时,终于回到了熟悉的隧道,大脸图浑身乏力,再度进入了长久的休眠状态。他们一落地就沿着原路返回茅草屋,中途并没有看见应该早已解除隐身状态的罗洋,连超能少年乐远也没看见。

"罗洋会去哪里呢?"窦图图担忧地问道。

"别担心,不会有事的。他大概是出去呼吸新鲜空气了吧,这么久的时间,那群不速之客肯定早走了。"沈小丽安慰道。

隧道里一片漆黑,小伙伴们的手电筒全都落在了实验室,只好让拥有夜视能力的乐远领路,一人拉着一人的衣襟,小心翼翼地走,道路坑坑洼洼,窦图图等人探一步走一步,平常只需十分钟的路,却走了二十分钟。

乐远打开隧道的盖子,先是环视了一圈茅草屋,发现屋内的一切又回到了最初的样子，既干净又整洁，厨具餐具都放在原位，桌面毛毯也没有污渍，就像从未有人来捣乱过一样。

小伙伴们互相帮助，才从洞口爬上来。一股香气扑鼻而来，他们看了一眼桌上的香炉，罗蒙的遗照和骨灰都放在原位，佛香就快烧完了。大家不禁呼出一口气，罗洋的生活终于恢复了平静。

就在这时，一阵"咕噜咕噜"的声响打破了平静，窦图图摸着干瘪瘪的肚子，兴奋地打开了冰箱，他相信罗洋肯定抓回了野兔，结果却令他失望了。

"啊？冰箱里怎么一点吃的都没有啊？罗洋都不吃东西吗？"窦图图垂头丧气地说。

"嘎吱"一声，门口站着一个巨大的身影，一道黑熊般低沉的声音传来："谁说我不吃东西啊？我又不是神仙！"

罗洋猫腰走进来，向窦图图炫耀了一下手中的四只野兔，又晃了晃背上的竹篓，笑道："你们可算回来了，我都等了两天两夜了，还以为你们被黑衣人杀害了呢！"

"呸呸，你不能盼着我们好点？"乐远翻了个白眼，心里却觉得不可思议，原来他们去了那么久了。

"好吧，那你们拿回解药了吗？"罗洋洗了一盘刚刚摘回来的果子，轻轻地放在桌上。

一提到解药，小伙伴们立刻蔫了，尤其是正在吃果子的窦图图，唉声叹气地说："别提了，说起来就伤心，本来就要拿到了，结果被绿发人给摔烂了。"

沈小丽等人暗自松了口气，他们三人刚刚一听窦图图回答，心都冒到嗓子眼了，就怕他说出"与外星人大战了一回"这种奇怪的话。

"那你们打算怎么办？"罗洋看了一眼窦图图，"我倒是无所谓，反正在雪山上住习惯了。你这个样子怎么回到南明市？"

"但是，你不想把你爸爸的骨灰带回家乡吗？你妈妈肯定也在家里等着你回家吧？三年过去了，你怎么不为你妈妈想一想？她一个人多孤单啊！"一直沉默的聂非凡突然问了一大串，语气却很冷淡，听起来更像是陈述句。

自从他见过未来的父母之后，便懂了每个孩子都有父母牵挂，家里永远会留一盏灯给晚归的孩子，无论孩子走得多远，只要他记住回家的路，就能回到家。

罗洋先是一愣，随后便语塞，半天才接着说："我当然想，日夜都想回家，但是我回不去了。"

小伙伴们也沉默了。罗洋被这种气氛弄得窒息，又道："今晚咱们来一场篝火晚会吧,就当是为你们送行,这里正好有四只野兔和一篓肥鱼,烤着吃可香啦!

窦图图兴奋地说:"好啊!今晚终于可以饱餐一顿了!"

沈小丽受不了地数落他:"你就知道吃!"

窗外的夕阳红得耀眼,将天空的一半烧得红彤彤的,像小姑娘害羞的脸庞。近处的晚霞五颜六色、分布不均,宛如一道道调皮的彩虹,草地上的雪就快融化了。窦图图和乐远来到室外,帮罗洋从储存仓库搬木头出来砍柴。

室内只剩两人,沈小丽拿着乐远的电脑,埋头打字。聂非凡喝着茶,低声问:"班长大人,你有什么办法吗?"

沈小丽抬起头,笑道:"我这不是在想办法吗?就快弄好了。"

聂非凡了然,走到沈小丽身边一看,果然她是在联系"神秘人"。

"尊敬的'神秘人',您好!我们是神秘社。今天是二〇一五年七月七号,经过十二天的调查,我们在喜马拉雅山脉找到了传说中的雪怪,图片和视频在文末。据我们所知,'雪怪'是黑衣人通过特殊药水强行制造出来的,而唯一幸存的'雪怪'是当年南明市探险队队长罗蒙的儿子罗洋。由于变成'雪怪'

的罗洋的长相和饮食习惯异于常人，只好独自生活在无人区的雪山上。我们根据罗洋的提醒找到了黑衣人的实验室，与神似外星人的绿发黑衣人葛瑞大打出手，虽然葛瑞已经逃走，但我们也毁掉了实验室。

"另外，我想请你帮我们一个忙。在寻找雪怪的途中，我们的队员窦图图被黑衣人的大头药粉喷中，现在渐渐变成了小雪怪，没法回去南明市了。而在实验室打斗时，葛瑞摔烂了解药。我们实在没有办法，只好向你求助，希望能够尽快得到你的答复，谢谢！"

沈小丽按下发送键，屏幕立刻显示发送成功。

"你怎么不告诉他们呢？"聂非凡问道。

"我也是刚刚才想到的，毕竟我是队长，每次完成任务之后要回信给'神秘人'。我写着写着，就想到了你说的办法，神秘人几乎无所不能，他应该能帮助我们，所以我抱着试试的心态写给他了。也不知道他会不会答应我们，所以没说出来，怕大家空欢喜一场。"沈小丽微笑着解释。

聂非凡点点头："是哦，还是班长大人考虑得周全。"

"砰"地一声，乐远撞开门进来，黑乎乎的脸上满是笑容，拉着聂非凡和沈小丽往外走。

2

天色完全暗下来，头顶是璀璨的星空，四周是雪山和原野，眼前是跳动的火苗，气氛美妙又浪漫。小伙伴们和罗洋牵着手，围着篝火，载歌载舞。大家跳得累了，便抬过由几根铁棍制成的烧烤炉，把一串串野兔肉、鱼肉和蔬菜架在上面，再撒几把调味料，烤肉的香气很快扑鼻而来。

由于调味料少，食物的味道反而更加香甜和真实，窦图图站在烧烤炉旁，吃了一串又一串，不断地赞扬："我的天啊，这是我吃过的最好吃的鱼肉！"

乐远不客气地拍他的头："图图，你不是说好要减肥吗？你少吃一点，嘿嘿，别担心，我们会替你吃完的。"

窦图图轻哼一声，端着一盘蔬菜走开了。

乐远百无聊赖，凑到聂非凡的旁边，问道："今天下午，你和沈大大在聊什么呢?"

聂非凡吃着鱼肉,淡淡地说:"不告诉你。"

乐远转身去问沈小丽,沈小丽却神秘兮兮地压低声:"过几天你就知道了。"

说完,沈小丽来到烧烤炉旁,替罗洋烤完剩下的鱼肉。罗洋独自走进屋中,从柜子里搜出一瓶陈年老酒。

"三年过去了,南明市肯定有很大的变化吧?"

窦图图顺口答道:"是啊,建了不少高楼和工厂,空气比这里差多了,晚上也没有这么多星星。"

接着,又是一阵沉默。小伙伴们吃饱喝足之后,回到屋中躺在毛毯上便睡着了,罗洋感到酒劲慢慢袭来,眼皮也越发沉重,趴在桌上睡着了。

第二日清晨的阳光洒在四张稚嫩的脸上时,屋外响起"轰隆隆"的声音,一股强大的气流扬起地上的杂草,军绿色的直升机停在茅草屋外两米,一个戴着眼镜的中年男人提着一个黑色的大箱子,从机舱口下来,男人左顾右盼一阵,最后将目标锁定茅草屋,并走了过去。

"咚咚咚——"敲门声惊醒了小伙伴们,大家想起上次那群闯进来作乱的媒体人,不禁警惕起来,问道:"是谁?"

"您好,我是仲博士,一位生物学家,听说你们这里有人需要看奇怪的病。"门外传来低沉的声音。

"你说的是我吗?"罗洋打开了门,将脸凑近仲博士,吓得仲博士跌坐在地,尖声大叫。

"妈、妈呀!你是什么人?雪怪?"仲博士指着罗洋,哆嗦地问。

小伙伴们把罗洋拉到身后,友好地扶起仲博士,邀请他进屋坐着,并递上一杯热茶。仲博士心有余悸、手脚发抖,偷偷地打量眼前的人。

"仲博士,你别害怕,我们都是正常人,罗洋是中了毒才长成这样的,还有这一位小胖子也中了毒。"沈小丽指着窦图图笑道。

"哦,原来是这样。"仲博士皱起的眉头终于平整,抿了一口酥油茶,"你们过来让我看看。"

窦图图和罗洋坐过去,仲博士开始为二人进行治疗。沈小丽等人离开了室内,乐远一出门就忍不住问:"沈大大,这到底是怎么回事啊?这个人怎么自己找上门来了?"

"我昨天给神秘人写了一封求助信,神秘人果然神通广大,办事效率也太快了,才一天的时间就把人送来了。"沈小丽一脸崇拜。

乐远顿时恍然大悟，突然，他的口袋传出"嘟嘟嘟"的提示音，掏出平板电脑一看："神秘人回信了！"

沈小丽一看，吃惊地问："真的要这样吗？"

聂非凡点头："我们只能这样了，否则我们回到南明市后，消息会被传播出去。别忘了，爸妈只知道我们这次是出来游玩的。"

乐远无奈地叹了口气："是啊，非凡说得对。而且，如果爸妈知道了，肯定会惩罚我们的。"

"好吧。"沈小丽心中不忍，毕竟他们和罗洋相处了这么长的时间。

接下来的一周，茅草屋俨然成了一间小诊所，仲博士不分昼夜地研制药品，无论是中药还是西药，他都亲自看着罗洋和窦图图服药，也亲自熬药，茅草屋时常飘着一股浓浓的草药味。

一周后的清晨，屋外再次响起了轰隆隆的飞机声，窦图图猛地睁开眼，惯性地一醒来就照镜子。他愣了几秒，突然大叫，吵醒了屋内的所有人。

只见坐在镜前的少年，浑身上下没有一根又长又粗的毛发了，女性的面容已经褪去，恢复了原来的胖脸和身材。

窦图图望着镜子中的自己,看了足足半个小时后,一脸陶醉地笑道:"我长得真是太帅了,'美男子'这个称呼完全就是为我量身打造的啊!"

话音未落,沈小丽等人就捧腹大笑,差点笑岔了气。

罗洋摸着自己平滑的肌肤,看着镜子中那个俊朗的青年,露出了一个很好看的笑容,他疑惑地问道:"咦?你们是谁?和我一起旅游的仲博士呢?"

"他说突然有点事要办,已经走了。"聂非凡故作镇定地答道,"我们是从南明市来的游客,昨晚路过这里,借住了一晚,打扰你们了。"

小伙伴们的脸上露出复杂的情绪,窦图图更是吃惊,怎么一觉醒来,罗洋就不认识他们了?后米,沈小丽才告诉他,神秘人派仲博士来,除了治好雪怪病,还删除了罗洋一小部分的记忆。

罗洋狐疑地打量他们,脑中有一处空白,却又什么都想不起。

沈小丽难以置信,还想确认一下,便问道:"你也是来这里游玩的吗?"

罗洋点点头:"是啊,我本来跟着我爸来的,结果半路就找不到他们了，还好遇到了仲博士，他帮我治好了感冒。"

乐远故意岔开话题，说道："我已经买好回去的机票了，我们五个人一起回南明市吧，罗洋，你该不会忘了吧？你昨晚已经给了我机票的钱。"

罗洋来不及细想，就被小伙伴们催促着收拾行李。他望着这一间陌生又熟悉的茅草屋，还有墙壁上的巨大号外套，却什么也想不起来了。但当他看见桌上的遗照和骨灰时，倏地流下了眼泪。

在拉萨贡嘎机场的候机厅，小伙伴们背着登山包，罗洋抱着一袋父亲的遗物，他们边喝酥油茶边看报纸。突然，乐远瞪大了眼，指着《西藏晨报》上的一个角落，说道："你们快看这里！雪怪的新闻！"

雪怪的新闻？雪怪的谜团不是已经解开了吗？难道出现了真的雪怪？沈小丽等人大吃一惊，立刻摘下太阳镜，举起报纸看了半天，忽然他们相视一笑。

"你们在看什么？"罗洋好奇地凑近窦图图。

"喏，昨日考古学家在喜马拉雅山脉的两座大山脚下，挖出了雪怪的标本哦！"

"切！世上根本没有雪怪，都是骗人的啦！"

"你不信?那你看报纸……"

窦图图不服输地争辩,却被广播打断了——

"前往南明的旅客请注意,您乘坐的 CZ3464 次航班现在开始登机,请带好您的随身物品……"

青少年科幻冒险系列读物

神秘社 3
魔术师催眠事件

王文杰 著

文汇出版社

神秘社3

目录 CONTENTS

第一章　戴面具的卡尔马戏团 /1

第二章　诡异的百人催眠魔术 /27

第三章　修罗纪元的语言字符 /54

第四章　飞机上失踪的旅客 /80

第五章　沈小丽被掳走 /108

第六章　大战食人花和小恐龙 /132

第七章　神秘的博士 /158

第一章　戴面具的卡尔马戏团

1

"嗨！你们总算来了！"乐远像个导游一样，站在南明商场的喷泉池前，对着迎面而来的三个小伙伴边挥手边喊。

"暑假你不在家睡懒觉，一大早把我们叫来干吗？"窦图图哭丧着脸，顶着鸡窝头，俨然一副刚睡醒不久的样子。

"乐远，我跟你说啊，你最好找个好点的理由，否则我们都不会放过你。"聂非凡也一副似醒非醒的模样。

沈小丽打了几个哈欠，她看了一眼手腕上的表："我的天，这才七点三十分！"她环视了一圈，四周除了练太极的爷爷奶奶们，就只有他们四个小伙伴。她心里的火苗渐渐升起，两眼直视着乐远，像是在质问：你这小子究竟在搞什么？！

乐远见情况不太对劲，连忙指着斜对面的一家早餐店，转移了话题："你们肯定都还没吃早餐吧？走！今天我请你们！"

沈小丽等人惊讶不已，太阳从西边出来了吗，还是乐远生病，烧坏脑子了？

窦图图用胖手探了探乐远的额头，摇了摇头："没发烧呀！怎么今天这么大方，吃错药了吗？"

乐远丢给他一个大白眼，哼道："图图，等会你只能吃素食，别求饶，咱们没得商量！"

窦图图一听"素食"二字，脸上瞬间露出了委屈的神情："好吧，既然你不给我吃肉，那你就让我自生自灭吧。"说着，他差点就要哭出来。

聂非凡和沈小丽实在受不了窦图图变相的撒娇，便催促着乐远赶紧去早餐店。

小伙伴们进了早餐店，就要了四份牛肉面和冰镇豆浆。等餐期间，窦图图饿极了，忍不住拿了两个肉包，吃得满嘴油光。

"乐远，你还没回答我们的问题呢。"

窦图图一说，乐远这才想起来正经事，他放下筷子，指着南明商场说道："你们看那边。"

小伙伴们顺着他的手指方向望去，只见南明商场外面贴了很多彩色的大海报，就连商场大门上的大屏幕也在轮播同样的海报。海报上是个戴着狐狸面具的男人，上面还有一行特别耀眼的红字——"南明市三年一度的魔术节即将开始,特邀神秘的卡尔马戏团来演出,还有奇幻的百人催眠魔术,敬请期待!"

"你们听说了吗?市长为了这次的魔术节下血本了,重金聘请了卡尔马戏团来表演!"乐远满面笑容,似乎很高兴。

"马戏团?就是那些被训练好的动物的表演吧?比如狮子跳火圈、火烈鸟跳舞、大象跳舞、猴子耍杂技。"沈小丽淡淡地说道,似乎不太感兴趣。

"No,沈大大,卡尔马戏团这几年可火了,他们不仅有专业的表演团队,还有一个很厉害的魔术师!"窦图图说到魔术,很兴奋。

"魔术?那都是假的啦!"聂非凡刻薄地说。

"你不知道吧?这几年,魔术师卡尔上过很多电视台的春晚,不仅表演过幻象魔术,还表演过催眠魔术。据说他成功催眠了现场的所有人,包括电视台的工作人员。现在,他的节目收视率特别高,电视机前有几千万观众准点守候呢。"乐远叙述的时候,眼里都在发光,他迫不及待地想观看这神奇的魔术表演了。

"有这么夸张?观众该不会都是托儿吧?"聂非凡说道。

"或许,咱们可以去看看。"沈小丽有些感兴趣,几秒后她皱着眉头,"不过,他这么出名,我们恐怕买不起票哦!我先查一查票价。"

"那就太遗憾了!"窦图图惋惜地说。

乐远见沈小丽掏出手机,连忙说道:"不用查啦。"

小伙伴们奇怪地看着乐远,只见他从口袋里掏出四张纸,上面印着马戏团表演的精美图案,还印着"魔术节入场券"几个字,地址就在市中心的体育馆。

"当当当当!"乐远得意地挥着入场券,沈小丽等人立刻反应过来,原来乐远一大早催促他们来这的目的就是为了炫耀魔术节的入场券。

"乐远,你哪来这么多钱买票?不会又是你爸送给你的礼物吧?"沈小丽好奇地问。大家都知道乐远的老爸在国外工作,经常会送他一些昂贵的礼物,不过以前送的都是平板电脑和特工墨镜那样的高科技产品。

乐远故意不回答,又掏出四个不同的动物形状的手表,笑道:"你们戴上手表就知道答案啦!"

沈小丽等人露出疑惑的目光,直到乐远强行帮他们一一佩戴上手表,并按了手表的开启键。沈小丽等人这才看见,从手表黑色的屏幕中跳出一个穿裙子的海绵宝宝人偶,它在屏幕上欢快地跳舞。

"神秘人！"小伙伴们惊喜地喊道。下一秒，海绵宝宝人偶停止了舞蹈动作，先朝他们弯腰鞠了一躬，又用孩童般稚嫩的声音说道：

"嗨！神秘社的成员们，你们好！'神秘人'派我来通知你们，为了奖励你们上次破解了雪山大脚怪之谜，他特意购买了四张魔术节的入场券。另外，还有一个任务，需要你们在今晚八点的魔术节之夜，破解卡尔魔术师的百人催眠之谜。这次的任务时间也是半个月，'神秘人'已经帮你们向父母请假了，这段时间你们可以放心地去执行任务。"

海绵宝宝人偶眨了眨大眼，继续说道：

"这次的任务涉及心理学知识，希望你们提前做好准备，万事小心。更重要的是，任务进行期间要佩戴徽章、入场券、手表。动物手表有跟踪功能。我知道，你们是最机智和勇敢的超能力者，相信你们这次也会成功！期待你们的好消息！"

不久前，"神秘人"通过机器猫的传话，邀请"神秘社"破解了雪山大脚怪之谜。由于小伙伴们拥有勇气、好奇心、丰富的知识和对神秘事件的热情，他们借助"神秘人"提供的专属直升机到达,并在高海拔的雪山中与藏狼、雪豹先后对抗,遇见了奇怪的红毛猩猩,又穿越时空遇见了未来的自己和父母,最终成功破解谜底,并解救了南明市市民罗洋。

虽然不知道"神秘人"是一个人还是一个团队,但"神秘人"允诺,凡是"神秘社"有侦查需要,他都会提供一切物质支持,包括专属"神秘社"的直升飞机、梦想号豪华飞船、先进的科学技术和设备以及所有费用等。

海绵宝宝交代完任务,两手提起裙子的两边,做了个致谢的动作。

下一刻,屏幕恢复了正常,时针和分针通通指向了八点。小伙伴们仔细一看,钟表的背景并不是一片空白,而是绘制了他们的动画版头像。大家抬头相视一笑,"神秘人"总是这样令人惊喜,赠送的礼物都是专属他们的特殊物品,包括第一次赠送的独一无二的星座徽章。

"好可爱的人偶哦,拜拜!"窦图图天真地与海绵宝宝挥手告别。

"卡尔马戏团不就是来表演魔术的吗?"乐远疑惑地问。

"笨蛋,卡尔马戏团肯定有什么不可告人的秘密,否则'神秘人'也不会来通知我们。"聂非凡反驳道。

"自以为是天下第一聪明人,把别人当做笨蛋的人,才是最蠢的呢!"乐远不服气地瞪了他一眼。

"别闹了,我觉得这次的任务不简单,海绵宝宝说会涉及心理学知识,我倒是了解一点。其中,催眠就是心理医生治疗病人时会用的一种方式。但其中的学问很深奥,我们需要快点了解这方面的知识。"沈小丽的脑袋快速地运转着,三个男孩过了几秒才消化完她说的话,纷纷露出赞叹的表情:知识渊博的班长大大果然无所不知啊!

"班长大人说得没错,咱们还需要了解一下卡尔马戏团的背景。距离魔术节开始还剩不到十一个小时,时间紧迫,咱们赶紧行动吧!"聂非凡对这起神秘又新奇的事件可感兴趣了,他兴奋地推着乐远等人去公交车站,打算去沈小丽的公寓查资料。

"咦,怎么又是这股臭味?"乐远见公交车来来去去,捂嘴忍住想干呕的冲动。沈小丽等人纷纷回头,目光落在乐远的腹部。

"大脸图,我们要坐公交车了哦!"聂非凡故意刺激寄生在乐远腹部的外星人。

不久前,"神秘社"第一次调查吃人的时空大厦之谜期间,大脸图借助雷电之力,寄生在乐远的肚皮上。大脸图是修罗纪元的探险家兼科学家，是被派到地球上打探消息的外星人，由于在穿越过程中消耗了大量能量，它的身体缩小，只能寄生在人类的身体上汲取养分，维持生命。它不习惯地球的交通工具和空气，会晕车，导致乐远也被牵连。它很喜欢睡觉，时常通过休眠来打发地球上的时间。它几乎无所不能，上知天文下知地理，拥有超能力，会发明小道具，会模仿人的声音，会多种语言等。但是它怀揣着一个很邪恶的秘密——修罗纪元正在想方设法地侵占地球。

这所有的消息，皆在小伙伴们的逼问下才得知。

一路上，大脸图躲在白衬衣里没有出声，乐远则皱着眉，始终闭口不言，他怕自己一开口就把面食都吐出来。小伙伴们来到沈小丽家。冷冰冰的公寓瞬间热闹起来了，窦图图毫不客气地打开了冰箱，从中拿出一盘水果放在长方形茶几上；乐远随意地坐在毛毯上，并拿出了随身携带的迷你型平板电脑；聂非凡则去洗手间洗了把脸。

2

沈小丽从房里端出笔记本电脑,又看了看手表,此时才九点十五分,太阳高高挂起,炙热的阳光洒进屋来。她走到乐远身后的阳台上,将草席帘子拉了下来,屋内的温度渐渐降下来。

"乐远,你们又要计划去干什么?"大脸图揭开白衬衫,眼睛盯着乐远手上的平板电脑。

"我们晚上要去看卡尔的魔术表演,大脸图,你们星球有魔术吗?"乐远好奇地问。

"魔术?能吃吗?还是可以玩?"大脸图一脸期待。

"吃吃吃,就知道吃,真是的。"聂非凡无奈地摇摇头,"魔术不是用来吃的,是产生特殊幻影的戏法,是制造奇迹的艺术。不过,这么说你也不会懂,看几个视频你就明白了。"

乐远用平板电脑调出了几个大型幻象魔术的视频播放给大

脸图观看，期间几次听见了这个外星人惊叹的声音。

窦图图在一旁笑道："哎呀真难得，大脸图终于有不知道的事情了。"

大脸图看得津津有味，完全没有听到窦图图的挑衅。此时聂非凡问道："班长大人，你查得如何？"

沈小丽的眼睛盯着屏幕一动也不动，念道："催眠是以人为诱导（如放松、单调刺激、集中注意、想象等）引起的一种特殊的类似睡眠又非睡眠的意识恍惚的心理状态。"

窦图图吃了一口水果："啥意思？感觉好深奥，听不懂。"

"我知道！催眠在心理学里运用得很广泛。说得通俗一点，假如我是个催眠师，在乐远自愿的前提下，我通过语言引导乐远打开潜意识，把达成改变的观念植入他的潜意识，就能达到帮助乐远改变行为习惯、解决心理问题的目的。"大脸图得意地扫了一眼三个男孩，却见大家都是一副沉思的样子，好奇地问道："你们谁有心理疾病吗？需要我用催眠来治疗吗？"

聂非凡不敢置信，狐疑地看了一眼大脸图，心想：这个外星人还会催眠？吹牛还差不多！

室内顿时鸦雀无声，两分钟之后，沈小丽第一个消化完知识，说道："我们都没有心理疾病。只是，按你这么说，卡尔的百人催眠魔术，就属于心理类魔术，但他为什么要用催眠术呢？对魔术有什么作用？"

沈小丽望向三个男孩，见窦图图坐在乐远的面前，注意力集中在乐远手中的怀表上，随着乐远低声细语，窦图图渐渐地闭上了眼。

聂非凡在一旁看得入神，问道："大脸图，你真的会催眠？你不会把窦图图催眠了吧？"

原来是大脸图在演示催眠的过程。白白胖胖的猫脸从白衬衣里钻出来，小猫爪伸到嘴中央做了个嘘声的动作，低声道："嘘！你不信的话，可以去咬他一口呀！"

聂非凡看一眼窦图图全身的肥肉，就摇头拒绝，他望向沈小丽，说道："我只听说过心灵魔术，就是读心术、透视等超能力类的魔术。如果卡尔真的能催眠上百人，那他的实力相当厉害了，毕竟网上查到的资料是，之前世上还没有出现过这样的人。"

"实力厉害，却也可怕。"大脸图冷不丁地冒出一句话，却提醒了小伙伴们。的确如此，很多本领都是双刃剑，倘若卡尔能利用催眠来治疗病人，定能造福人类，但如今他用来当做魔术表演，这恐怕是有预谋的手段，说不定还会危害人类。

"无论卡尔的催眠魔术是否危害人类，我们都要阻止他！"沈小丽伸出一只手来，示意三个男孩击掌。

"没错！"三个男孩齐声喊道，并与她击掌，表示认同。

小伙伴们彼此一笑："因为我们是最勇敢、最机智、最正义的解谜者——神秘社！"

沈小丽从茶几柜里拿出一个沙漏，开始算时间："废话不多说，咱们争取在黄昏之前，讨论出一个计划吧？"

说罢，小伙伴们拿起纸笔，看着体育馆的地图讨论起来。

晚上七点，天空还没完全暗下来，依稀可以看见远方残留的一抹瑰丽的晚霞，小伙伴们乘坐公交车穿梭大街小巷，窗外是人头攒动的十字路口。今夜的南明市似乎有些不一样，各大商场的大屏幕都放着卡尔的巨幅海报，就连市中心最高的大厦镜面墙上都有"百人催眠魔术表演即将开始"的标语，时刻提醒市民抓紧时间看表演。

小伙伴们来到体育馆时，门口已经聚满了人群。四处立着贴了卡尔马戏团海报的木牌，孩子们围着海绵宝宝、长颈鹿、小丑、长腿等人偶嬉戏和拍照。

小伙伴们抬起头远远望去，顿时惊讶不已，只见体育馆的外观被改造成了一个偌大的公主城堡，由粉色圆柱形的高塔、鹅黄色哥特式的城楼、灰蓝色的城门和欧式复古的圆形大本钟组成，城墙上还有马戏团动物的涂鸦，许多家庭正站在城堡前合影。

小伙伴们攥着入场券去排长队，听见前面一个约莫六岁的小女孩说道："爸爸，爸爸，我们要去城堡看灰姑娘穿水晶鞋跳舞吗？"

她的父亲呵呵一笑："不是哦，我们要去看很神奇的魔术表演哦！"

话音刚落，小女孩和父亲验完票，走进了临时改造的2号演播厅，小伙伴们紧跟其后。

巨大的2号演播厅，舞台周围有两座面容凶恶的雕像，观众席呈弧形包围舞台，并按照观众席的颜色划分了三大区域，分别为蓝天区、白云区、青苔区，而靠近舞台的VIP区与普通区之间隔着一条宽阔的水泥路。为了所有的观众都可以一睹催眠魔术的神奇之处，主办方布置了很多聚光灯、定点灯、投屏等舞美设备。

"哇，好多人。"乐远惊叹道。

小伙伴们坐在了青苔区的VIP位置，恰好面朝舞台中心，可谓是全场最好的位置。不一会儿，观众陆陆续续地落座，现场五百个位置很快就被坐满了。

"咚——咚——咚!"

大家的头顶传来大本钟被敲响的声音,小伙伴们看了一眼手表,时针刚刚指向八点,忽然"啪"地一声,全场的灯光都熄灭了。顿时,人声鼎沸,有人拿起手机打开了电筒的灯光,有人站起身来,有人在哄哭闹的孩子,现场乱成了一团。

不一会儿,巨大的圆形舞台冒出浓浓的白烟,场内弥漫的烟雾遮蔽了人们的视线。小伙伴们心头一紧,按照以往的经验,遮蔽视线常是敌人为了达到目的的一种手段,小伙伴们不禁警惕起来,默默观察着四周的变化。

"各位观众,感谢你们百忙之中来观看卡尔马戏团带来的表演,下面演出即将开始,掌声欢迎我们卡尔马戏团的演员火烈鸟登场!"

女主持人甜美的声音一落,五彩的灯光洒在舞台上,大屏幕变成了一片绿意盎然的森林。在热烈的掌声中,舞台两侧出现了两个穿着红裙、戴着动物面具的女郎,两人领着一群全身都是朱红色羽毛的火烈鸟缓缓走来,观众们伸长脖子眺望,远远看去,演员们就像一团团燃烧的烈火,异常美艳。

坐在 VIP 区域的小伙伴们忍不住站起来,乐远和沈小丽趁此时机,连忙拿出手机和平板电脑对着火烈鸟拍照。

"天哪,它们真的好美!瞧它们的羽毛,红得有光泽,还有细长的脖子和腿,如果火烈鸟能够化成人类,肯定都是身材苗条的美女。"沈小丽忍不住赞扬道。

"乐远,你快帮我和火烈鸟合个影。"窦图图兴奋地站起来。"咔嚓"一声,图图从乐远的手中抢过手机,看到相片上的自己露出了一排洁白的牙齿,还配上了经典的剪刀手姿势,身后的背景便是火烈鸟。

"窦图图,你快坐下来,表演要开始了。"聂非凡提醒道。

火烈鸟已经走到了舞台中央,它们非常机灵,按照驯兽师的手势和提醒,宛如一个个穿着红色芭蕾舞裙的少女般翩翩起舞,在蓝色的灯光和白色的烟雾的映衬下,舞台宛如仙境,似梦似幻。

乐曲停止时,火烈鸟做了一个谢礼的动作,在雷鸣般的掌声中井然有序地走下了舞台。

"接下来是什么节目?"窦图图转头问身旁的人。

"小象跳皮筋的杂技表演。"乐远看着节目表说。

"小象那么重,跳橡皮筋肯定很辛苦。"大脸图不禁轻叹一声。他想起了在修罗纪元的打工生活,当年他为了谋生,也干过这种苦差事。

灯光再次亮起来，小伙伴们自觉地闭上了嘴，双眼盯着舞台，舞台上冒出了红色的烟雾，背景变成了一座巍峨的山峦。白色的聚光灯洒在几头小象身上，它们一一走过宽阔的水泥路，在观众们热烈的掌声里，来到舞台中央。戴着动物面具的驯兽员将两条长长的白布系在两头小象的鼻子上，在舒缓的轻音乐中，小象们和戴着动物面具的训练员玩起了跳橡皮筋的游戏。

忽然，一头小象"扑通"一声摔倒在地，地面仿佛震动了一下，观众席一阵哗然，很多孩子发出了惊恐的叫声，一些观众站了起来，伸长脖子望向舞台。工作人员和驯兽员惊慌地替倒地的小象检查身体，其他小象也受到了惊吓纷纷鸣叫起来。

上百人的观众席中，小伙伴们清晰地听到有人在关心小象，有人在责备马戏团的训练员，还有孩童心疼小象的声音。

"那头小象怎样了？"

"你们这样虐待动物是不对的，我们可以告你们！"

"快送小象去兽医诊所看看吧！"

"妈妈，小象好可怜哦！"

现场顿时一片混乱，舞台上的光忽然熄灭了，乐远连忙戴上了特工墨镜，看见演员和动物们趁黑幕退下了舞台。

3

"各位观众,很抱歉!刚刚出了一点意外,晕倒的小象已经被送去诊所医治了,卡尔马戏团以后不会再出现这样的情况。据我们所知,卡尔马戏团都很用心地照顾动物,并没有虐待过它们。还请各位观众原谅。"

说罢,舞台上出现了好几位戴着面具的训练员,他们作为马戏团的代表,朝观众深深地鞠了一躬,表示卡尔马戏团的歉意。

"各位观众,各位小朋友,接下来是令人惊心动魄的杂技表演。在此提醒一下大家,这是高难度的专业动作,请现场和电视机前的观众切勿模仿。"女主持人甜美的声音像春风一样灌进每个人的耳中,大家一下子正襟危坐,目不转睛地看向舞台。

工作人员将五个圆形摩天轮组成的五米高的十字架台推上

舞台，虽然钢铁已将五个摩天轮连接起来，但在滚动的摩天轮里做动作却很不容易。接着，五个穿着橙黄色衣裳、戴动物面具的演员登上舞台，朝观众鞠了一躬。大屏幕的背景瞬间变成了发光的银河，紧接着响起了颇具惊险风格的音乐。

小伙伴们目不转睛地盯着五个演员费力地攀爬而上，各自站进了自己的摩天轮里，下一刻，除了中间的演员依然站着外，其他四个演员开始想办法站在摩天轮的顶端，观众们看得心都悬在半空中了，高空中的演员却平稳地登上了摩天轮顶端。

接着，更加令人胆战心惊的事发生了：所有的摩天轮都往右转动，演员们也开始随着轮子走起来。他们倘若一个不小心，随时会从高空掉下来。

现场没有任何人出声，大家几乎都屏住呼吸，全神贯注地看着表演。观众们脸上的表情也不尽相同，有人皱眉，有人目瞪口呆，有人惊恐不已……

忽然，如一潭死水般寂静的2号演播厅内，响起了雷鸣般的掌声。小伙伴们回过神来，原来演员都顺利地回到了摩天轮里，并彼此相互协助，一一平安落地。

"太惊险了，刚刚那个女演员差点就掉下来了，还好最中间的男演员稳住了摩天轮！"乐远拍着胸脯压惊，仿佛要掉下来的人是他自己。

"我也觉得,看得我感觉自己的心好像停止跳动了似的。"窦图图也深有感触。

"笨蛋!他们身上系了隐形的钢丝,根本不会掉下来!"聂非凡无情地泼了一盆冷水。

沈小丽回头看了一眼略显黑暗的角落,她觉得有什么东西正死死盯着她的后脑勺,可她望过去却看见观众们都在鼓掌,没有任何异常。

"沈大大,你怎么了?"乐远也好奇地看了一眼身后的角落,问道。

"没什么。这个节目是'空中飞人',那下一个节目就是卡尔的魔术表演了。"沈小丽摇摇头,看了一眼手中的节目表。

"哇哦,终于要到魔术表演了,我等得花都要谢了!要知道我对催眠魔术可是一千个期待呀!"窦图图笑得一脸灿烂。

舞台上悬挂着五个风铃,大屏幕的背景是冒着白烟的深山老林,一个个没有人脸的黑影出现在林中,人们却看不清他们的真面目。这时,晚风轻轻吹来,风铃发出了不齐的声音,不知何时,观众席开始冒出白烟,仿佛每一个观众都是大屏幕中的一个黑影,整个演播厅变得阴森诡异。

乐远感到一股重量朝自己压来，扭头一看，原来窦图图这个胆小鬼用双手搂住了他的手臂，还害怕得闭上了眼睛。

"啪"地一声，眼前的一切都消失了，仿佛刚刚所见所感都是一场幻觉。一首语调悠扬的歌曲传入观众的耳朵，一对戴着面具的男女从天而降，他们的腰上都绑着红色的绸带。舞台上飘起了一个个彩色的泡泡，眨眼之间，男演员的双脚已被麻绳绑住，倒挂在空中，他双手紧紧抓着女演员的脚踝，挑战着一个个高难度的动作。

只有戴着特工墨镜的乐远看得出，男演员粗壮的手臂在微微颤抖。

"这个节目好奇怪哦，怎么这么快就结束了？"窦图图疑惑地问道。

"哎呀图图，你管那么多干什么？下一个节目才是重头戏，卡尔就要表演魔术了！"乐远撞了撞窦图图的胳膊，看得出来他很兴奋。

"大家要小心，催眠魔术可不是简单的魔术！"大脸图冷不丁地冒出来一句，吓得小伙伴们都沉默了。

沈小丽冲三个男孩指了指动物手表，示意大家不要忘记"神秘人"派下的任务。

此时，头顶又响起了女主持人的声音。

"各位亲爱的观众，想必大家都有所了解，有一位魔术师，他曾经在电视节目上表演过最受瞩目的催眠魔术，并将录制现场所有的观众都催眠了，甚至连地上的蚂蚁都催眠了！今晚他也来到了这里，他将表演几种魔术，其中就有一种是百人催眠魔术，想必大家都迫不及待了吧，让我们就用热烈的掌声请出这位魔术师——卡尔！"

话音未落，观众席开始骚动，近一半的观众站了起来，有人吹口哨，有人呐喊。

"卡尔！卡尔！"

五彩的灯光全部汇集在舞台中央，现场响起了令人毛骨悚然的乐曲。渐渐地，厅内寂静无声，仿佛那群激动的观众从未欢呼过，舞台边缘的装置又喷出了红色的烟雾。现场的气氛忽然诡异起来。

不一会儿，一个戴着狐狸面具的男人从舞台下方升上来。男人穿着镶了亮片的黑衣裳和高筒皮靴，脸上挂着一抹若有似无的笑容，他摘下头上的黑色爵士帽，向观众深深地鞠了一躬：

"大家好，我是魔术师卡尔。非常感谢你们来到这里观看我们的表演，我代表卡尔马戏团为小象晕倒的事向大家道歉，并保证以后不会再出现这样的情况。"卡尔鞠了一个九十度的躬,"接下来,我要为大家表演三个魔术。首先,我要表演的是纸牌魔术。"

卡尔低沉浑厚的声音刚落,"啪"地一声,一束追光洒在他身后的圆形玻璃桌上。

卡尔拿起话筒,问道:"哪位观众朋友愿意上来帮个忙?举手让我看到你,好吗?"

"我!我!"VIP观众席中立刻有几位女士踊跃地举了手。

"选我!选我!"普通观众席也有几位小朋友举了手。

"乐远,你上去呗!这样可以靠近卡尔哦,说不定你能解读他的思维波呢!"窦图图怂恿道。

"不要!万一被卡尔识破,那我们的计划不就泡汤了吗?"乐远一口拒绝了。

"乐远说得对,不能轻易地闯进卡尔的视线里,咱们先观察一下,看看他的催眠魔术到底是什么。"沈小丽说。

"卡尔会不会是一个心理大师,为了显摆自己的能力,故意弄什么百人催眠魔术的表演?"聂非凡问道。

忽然,小伙伴们听见了熟悉的公主腔:"难道你们不觉得,卡尔马戏团都有点怪怪的吗?"

"大脸图,你有何高见?"聂非凡问道。

"咦,你们怎么知道是我呢?难道我学沈大大学得不像吗?哼,真不好玩!"大脸图闷在白衬衫里哼唧道。

"这么一说,我想起来了!"沈小丽一脸恍然大悟,"好像卡尔马戏团的每个演员都戴着面具哦!一般来说,演员化妆就可以了,又不是演戏剧,根本没必要戴面具啊!"

小伙伴们努力地回想了一下,发觉沈小丽说得没错,不禁怀疑起来:

卡尔马戏团的演员们为什么要戴面具掩饰真面目?他们如此神秘,是在隐藏什么?

小伙伴们纷纷望向舞台,这时卡尔已经选了一名青年观众坐在他的旁边,摄像头近距离拍到的画面通过大屏幕展示了出来:卡尔先向观众展示了自己那双干净的手,然后开始洗扑克牌,之后再将牌放在桌面上,请身旁的青年随意抽一张牌。

"好,谢谢你帮我这个忙。接下来,就是见证奇迹的时刻了。"卡尔微微一笑,将那张牌给在场的观众看了看,随后说,"这一张是红桃K。但是,奇迹在后面,各位观众朋友们,千万不要眨眼睛哦!"

小伙伴们被卡尔弄得紧张兮兮的,纷纷揉了揉眼,紧盯着大屏幕。

只见卡尔一手按着那张红桃 K，对牌吹了口气，红桃 K 就融进玻璃桌里面。小伙伴们看得目瞪口呆，这是怎么回事？

"来，借你的手给我一用。"卡尔对身旁的青年说道，说着把青年的手放在玻璃桌底下，卡尔对着玻璃桌再次吹了口气。下一秒，卡尔放开了手，原本融进玻璃桌的扑克牌居然落到了青年手里。

现场一片惊叹，雷鸣般的掌声轰然响起，卡尔做了三次飞吻的动作。

过了一会儿，舞台上的蓝光全都照在一个缀满星星图案的透明球上。一位着红裙、身材曼妙的年轻女郎走上舞台。卡尔朝女郎微微一笑，两人便携手朝观众鞠了一躬。

随后年轻女郎走进了透明球里半躺着，卡尔用一块白布遮住了透明球的一半，只露出了那女子的红裙。接下来更神奇的事发生了：卡尔推转透明球，一圈后，他揭开了白布，球里面的红裙女郎，在众目睽睽之下，竟不见了。

"哇！好厉害！这是什么魔术？那个穿红裙子的神仙姐姐呢？"窦图图兴奋地撞了一下乐远的手臂。

"啪嗒"一声，正在拍照的乐远手上的平板电脑被撞掉在地上。窦图图露出了惊讶和担忧的神情，两只小眼瞪得很大，看着气得龇牙咧嘴的乐远，他一时之间只得端端正正地坐在位置上，不敢再吭声。

"我怎么知道？胖图图，你这个一看美女就花痴的家伙，要是我的平板电脑坏了，你就赔个一模一样的！"乐远怒气冲冲地掰开了窦图图的胖手，弯腰去捡平板电脑，却发现角落的观众有点儿不对劲。

第二章　诡异的百人催眠魔术

1

乐远正想开口告诉沈小丽,却被窦图图拉着问:"平板电脑没坏吧?是我不小心,请你原谅我。"

乐远摇摇头,表示不在意,刚想开口时,却听见沈小丽说道:"这就是所谓的幻象魔术,也叫幻术魔术,就是表演一些看起来不可能发生的的事情。"

"神仙姐姐会再回来的,卡尔不敢当着大家的面把人抓走。"聂非凡不禁冷哼了一声,他大概能猜到卡尔的手段了。

果然,卡尔再次把白布盖在透明球上,低声念了一段咒语后揭开白布,下一秒,观众们都亲眼看见了那个红衣女郎,她此时又出现在透明球内。

卡尔绅士地伸出手,牵着女郎走到一个桌台前,只见红衣女郎躺在桌台上,卡尔用白布盖着她的身体,白布一直垂到地面，然后卡尔轻轻地抬了抬手，那白布连同红衣女郎都悬浮在半空中，卡尔打了个响指，红衣女子又不见了，只剩下白布飘落到地上。

顿时，观众席传来热烈的掌声和喝彩声，音响里的乐曲渐渐弱下来，观众也都安静下来，脸上却露出期盼之色，似乎在猜测卡尔要怎么变出那个红衣女郎。

只见卡尔的手指一点，观众席最后排像空中掉落了一颗闪闪发光的钻石似的，观众们纷纷回头，竟看见观众席的最后一排站着那名红衣女郎。

"Unbelievable（不敢置信），简直不可思议！"沈小丽也感叹起来。

"接下来的催眠魔术，请大家尽情享受，千万不要用东西塞住耳朵。等大家醒来后，大屏幕会展示催眠魔术的过程。"

卡尔说完后，朝观众做了两下飞吻的动作。

忽然，"啪"地一声，舞台上的灯光都熄灭了，除了一束定点光洒在卡尔的身上。卡尔打了个响指，大屏幕上出现了一只不停摇摆的怀表，观众耳边响起了泉水般潺潺的乐曲，空气中出现了一股若隐若现的特殊香味。

渐渐地，观众们望向舞台的视线模糊了，连戴着特工墨镜的乐远也看不清舞台上有几个人、有什么道具，就连灯光都变得模糊了。在场的人们只能听到卡尔那低沉而浑厚的声音：

"现在，你的左手边有一排整齐的、高高的椰子树，你的右手边是天蓝色的大海，海水清澈得能看见白色沙砾。这时，你转身奔向一望无际的海洋，看见海平面上的白鹭自由自在地飞翔，于是你想象着自己也能够飞起来……"

黑暗中，全场的观众都闭上了眼睛。大屏幕显示卡尔走到了青苔区的观众席旁，他的手轻轻一抬，一个身穿黄衣服的人便像白鹭一样悬浮在半空中，还奇迹般旋转了一圈，更令人惊讶的是，那人落座之后并没有被惊醒。

这时，卡尔回到了离舞台最近的VIP区。紧闭双眼的乐远似乎有所感应，他不自觉地监听了卡尔的思维波，可乐远这次却被一股强大的力量击败了，他没有听到卡尔的任何想法！

乐远心里一怵，这是他头一次遇到如此强大的对手。乐远的耳畔再次响起了卡尔的声音，那是一种充满诱惑的声音：

"你飞起来转了一圈之后，平稳地坐在了白色的海滩上，你想象着自己如果变成一颗绿色的椰子，是否会被人抱回家。你迫不及待地变成了一颗椰子，两只眼睛在果壳上眨啊眨，这时有个身材苗条的美女向你走了过来……"

卡尔走到 VIP 区的角落处，用黑布蒙住了一个人，过了五秒，他揭开黑布，大屏幕上显示白椅子上是一颗绿色的椰子！

卡尔戴着狐狸面具，嘴角微微上扬，表情却闪现一抹寒光，似乎他在心底发出了冷笑。过了一会儿，他将黑布蒙在椰子上，再揭开黑布时，白椅子上出现了一个身穿骷髅头图案的黑衣男人。然而之前那个位置上的男人穿的明明是黑色的运动服，衣服上并没有骷髅头图案。

观众们醒来后看到屏幕上的催眠过程，都不可思议地惊叹：魔术师卡尔真的太厉害了！在雷鸣般的掌声中，乐远望了望四周的观众，他的视线还是模糊的，但不知为何，他总觉得四周的观众似乎都变了！

乐远以为自己的眼睛出了问题，便看了看身旁的窦图图，过了一会儿，他十分确定自己的眼睛没问题，便再次环视四周，奇怪！几乎每个区域的角落都坐着一位穿骷髅头图案的黑衣人，可主办方明明没有在入口处售卖会服，大家都是穿自己的服装来观看表演的，这到底是怎么回事？那些观众都去了哪里？

乐远担心隔墙有耳，打算散场后再将情况一一告诉小伙伴们。然而，就在卡尔的魔术表演要结束时，观众席一位穿着牛仔裤、约莫二十五岁的年轻男子大声喊道："卡尔，你应该让我们亲眼看到你催眠的过程才行，否则我们怎么知道你是不是使了什么手段？"

卡尔先是一愣，接着他理了理帽子。乐远通过特工墨镜看到卡尔的脸上露出了邪恶的笑容，卡尔笑道："这位先生提的建议很好，接下来我可以满足大家的好奇，记住，千万别眨眼哦！"

卡尔拍手两下，便有工作人员从舞台侧边推了道具上来，那是一个椭圆形宇宙飞船样的道具，根据大小看，只能容纳一个十岁的少年。

乐远回头望了一眼牛仔裤男子，见男子脸上露出紧张不安的神情，两手也交叉在一起，还像个做了亏心事的人一样左顾右盼，似乎想找机会溜走。

"现在我想邀请一位观众乘坐这个宇宙飞船去太空遨游，有谁愿意来呢？"卡尔指着椭圆形的宇宙飞船问道。

一时间没人举手，只听见现场嘈杂，观众们开始窃窃私语。

"这个宇宙飞船那么小，看起来只有很瘦的小孩才能坐进去，我们怎么坐得进去呢？"

"是啊，更别说那些胖的人了！"

"窦图图，他们在说你啊！"

"大脸图，你先看看你的胖脸再开口，好吗？"

"哼，本来就是嘛，不信我们来比一比谁最胖！"

"来呀，来呀，互相伤害啊！我还怕你不成，我一旦健身肯定比你瘦！"

小伙伴们忍不住哈哈大笑起来，"二图"组合再次回归了，大家望着乐远的肚皮，都在思考大脸图的真实年龄。据大脸图自述它已经活了几百年，可它的行为和言论多次表明——它真的很幼稚！

由于它能模仿他人的声音，加上它有张白白胖胖的可爱猫脸，小伙伴们多次认为它可能是女性。总之，按照目前的证据来看，大脸图的年龄和性别还是谜。

大脸图似乎利用超能力测到了小伙伴们的思维波，它在白衬衫里像个老小孩一样，苦口婆心地讲起道理来："你们别猜了，我真的活了几百年了，我这叫年龄虽大童心未泯。无论活到多少岁，都要有一颗童心才可爱，你们懂吗？"

言罢，见小伙伴们没有回应，大脸图不禁叹了一口气。小伙伴们可以想象白衬衫里的大脸图此时肯定无奈地摇了摇头。

这时，卡尔听到了观众的质疑，他开口解释道："请大家放心，我有办法让一个大人，无论高矮胖瘦，都能坐进宇宙飞船。

这便是魔术的奥妙所在。"

观众们一听就沸腾了，纷纷举手要参加。小伙伴们则安安静静地坐在位置上，脸上露出了不安的神色，仿佛在疑惑：卡尔这次又要玩什么花样？

最终，卡尔选了那位提出建议的牛仔裤男子。可牛仔裤男子似乎很不情愿，他愁眉苦脸地走上舞台，在卡尔的提问下才说出了他的名字——唐小宾。

唐小宾坐进一把白色的椅子里，卡尔为他盖上了一块红布，又念了一段咒语，忽然间红布里的唐小宾和那艘宇宙飞船都不翼而飞了。接着，大屏幕上居然展示了唐小宾坐在宇宙飞船里的景象：飞船舷窗外是璀璨的银河，画面美极了，但唐小宾的神情却不好看，他眉头紧皱、双眼通红，看起来很焦虑，甚至还有些痛苦无助。

几乎所有现场观众都在高呼，恨不得坐在宇宙飞船里的人是自己。小伙伴们却不这么想。眼力极好的沈小丽头一个提出了问题："你们看见了吗？唐小宾不是很高兴哦，他好像就要哭了，为什么会这样？"

"真的吗？我看看。"乐远按住特工墨镜的按钮，看清了屏幕上的画面，"是哦，即使可以近距离看见星光、银河、恒星，他却看起来一点都不兴奋，但我们当初坐宇宙飞船去太空遨游时挺快乐的呀！"

"他不会是太高兴所以想哭了吧？有个成语，叫什么来着？"窦图图挠了挠脑袋，却始终说不出那个成语。

"喜极而泣！笨蛋，如果他真的很高兴，就不会那么紧张了。"聂非凡手托着下巴思考，突然露出恍然大悟的神情，"我知道了！他上台前明明拒绝了卡尔的，说明他不愿意去太空啊！会不会是被卡尔威胁了？"

问题又来了，如果卡尔真的威胁了唐小宾，卡尔的目的是什么呢？

小伙伴们抬头望向舞台，戴着狐狸面具的魔术师卡尔此刻行了个礼，并用遗憾的语气与观众依依不舍地告别，在做了三次飞吻的动作后，舞台的灯光熄灭了，卡尔悄无声息地走了下去。小伙伴们的周围只剩下感叹"魔术是个奇迹"的声音，似乎没有人记得唐小宾还在太空。

乐远忍不住拉住面前一个长发女人，问道："你看到唐小宾坐宇宙飞船从外太空回来了吗？"

长发女人奇怪地看了乐远一眼，摇了摇头："什么唐小宾？你没事吧？哪来的宇宙飞船和外太空啊？"

说罢，长发女人提起小黑包离开了位置，其他观众也都一一散去。

2

沈小丽等人听到答案,觉得情况很匪夷所思,连忙抓住几个人问唐小宾的事,得到的却是无一例外的答案——不认识唐小宾。沈小丽惊讶地说:"太奇怪了!我们刚刚问了其他三个不同的人,全都说现场没有唐小宾这个人,更不可能有宇宙飞船,他们都以为我们走错演播厅了。"

窦图图接着问:"可是为什么只有我们四个人记得,其他人都不记得了呢?"

"除非是有什么人保护了我们,否则我们不可能逃过……"聂非凡的双眼滴溜一转,猛地转向乐远的白衬衫问道,"大脸图,是你吧?"

大脸图的两只猫爪揭开了白衬衫,小心翼翼地探出头来,毫不犹豫地点点头,表示自己使用超能力保护了小伙伴们。它朝小伙伴们使了个眼色，示意他们往后台走，跟踪卡尔马戏团。

"这样会不会有点危险？照刚才观众们的记忆被抹去的情况看，卡尔可能也有超能力吧？"乐远担忧地问道。

"如果不深入调查，我们就只能一直猜测和怀疑，你们选哪一种？"沈小丽站出来问道。

"当然是深入调查啦！怕什么，咱们可有神通广大的外星人大脸图呢！"窦图图朝大脸图讨好似地笑道。

大脸图撇过头，两只短短的猫爪交叉抱着，又故意装作生气地撅起嘴，让窦图图认为它的气还没消，其实，它正在心里暗暗佩服窦图图的果断和勇气。

聂非凡听到窦图图的话，也露出了一丝诧异，心想：这个胆小鬼终于勇敢一点了！他耸耸肩膀，说道："我没意见。"

沈小丽得到大家的同意，脸上露出了欣慰的笑容："乐远，你先把地图拿出来，我们先看看怎么去休息室。二号演播厅就这么大，卡尔马戏团应该从演播厅的后门去休息室了。"

乐远点点头，从口袋掏出那张超大的地图，小伙伴们先找到二号演播厅的位置，大家这才发现地图上描绘了很多间演播厅，其中二号演播厅是最小的，而每一个演播厅的后门都有很多间休息室，听说是此前为了明星演唱会和其他演出而建的。

小伙伴们记住了路线，乐远便收起了地图。聂非凡轻轻地打开了后门，他的眼前出现了一条长长的走廊，走廊两边是一扇扇巨大的落地窗，尽头才是一间间的屋子。沈小丽看了一下表，此刻已经是十一点十分，再看看窗外，没有一间屋子亮灯，走廊的光线非常昏暗，角落还传出窸窸窣窣的声响，像是有东西在跟踪小伙伴一样。

"乐、乐远，这是什么鬼地方啊？看着怪阴森的！"窦图图苦着脸，双手拉着乐远的白衬衫，他的声音很低，乐远等人却听得清清楚楚。

这里如同死水一般寂静，静得令人感到害怕。

乐远拿出平板电脑打开闪光灯照路，沈小丽也打开了手机的闪光灯，但他俩个敢把灯开得太亮，生怕被卡尔马戏团的人发现。然而，下一秒，沈小丽的闪光灯照到了角落的一群红眼老鼠，每当他们走一步，老鼠就跟着走一步，十分诡异。

"妈呀！我只听过猫狗通人性，难道这些老鼠也通人性吗？他们为什么老是跟着我们？"乐远瞪着大眼，脸上写满了惊讶和恐慌，和胆小的窦图图抱在了一起。

"我发现，我们身上有股奇怪的香味。"聂非凡凑近其他三个小伙伴闻了闻。

"好像是卡尔表演魔术时,突然冒出的特殊香味吧!"沈小丽记起来了,当时观众席冒出了白烟,香味可能就是那时钻进了大家的衣服里。

"那我们怎么甩掉这些老鼠?"窦图图望向沈小丽和聂非凡,期待这两个聪明的班长能给出答案。

小伙伴们沉默了一会儿,聂非凡看了看其他三人,又看了看自己,说道:"你们小声一点,先走到走廊那头,我留下来把头上的贝雷帽丢远一点,把老鼠吸引过去,然后跑去和你们会合。"

沈小丽犹豫了一下,拍了拍聂非凡的肩膀,说道:"好!你自己小心一点!"说罢,她拉着窦图图和乐远先走了,回头一望,那些红眼老鼠果然没有追来。

聂非凡见他们走得远了,朝小老鼠们笑道:"你们不就是喜欢这股味道吗?别以为能骗过我们!去吧,卡尔的小眼线们!"

说完,聂非凡摘下头上的帽子,朝休息室的反方向扔出很远,一股浓烈的香味随帽子散发出来,那群笨老鼠一窝蜂地扑过去,聂非凡趁此时机跑去和其他小伙伴们会合。

根据地图的指引,小伙伴们来到休息室前,发现这四间休息室都是破破烂烂的木质门,门的中央有一个透明的窗户,上面贴着提示牌：卡尔马戏团的休息室、化妆室、服装室、会议室。

小伙伴们弯着腰分别来到四扇门外，偷瞄了一眼，发现里面虽然亮着灯，桌上放了很多包包和物品，却没有一个人。

小伙伴们感到很奇怪，按理来说，卡尔马戏团的人明晚还要演出，这时应该开会讨论演出日程，怎么会在半个小时内就撤走了呢？

这时，服装室传来嘈杂的声音，小伙伴们便聚集在会议室门外，戴着特工墨镜的乐远和眼力极好的沈小丽负责观察，聂非凡和窦图图则负责放哨。不一会儿，随着石头摩擦地面的声音，室内一排排的衣服背后，竟出现了一道门。卡尔马戏团六名戴着面具的演员从石门走出来，其中一名戴着白猫面具的女人拨开一排衣服，靠在墙壁上说道："卡尔大人，如果他们发现这些人消失了，该怎么办？"

"不用担心，有人已经抹去了所有观众的部分记忆，等到明晚表演结束，他们就会来领走这些人。到时候就算有人报警，警察没有证据，能拿我们怎样？"戴着狐狸面具的卡尔得意地说。

"卡尔大人英明！"戴着老虎面具的男人连忙拍卡尔的

马屁。

忽然,"嗵"一声,沈小丽的手机掉了,卡尔等人立刻望向门上的窗口,喝道:"是谁?!"

小伙伴们立刻跑进拐角,乐远听见窦图图跑得喘气,赶紧捂住了他的嘴。大家屏住呼吸,大气也不敢喘。脚步声越来越近。

"人影怎么没了?"一个身材魁梧的男人弯着腰,不停地喘气,他的影子投射到了小伙伴们对面的墙壁上。

"不会是一只猫吧?"另一个戴着老虎面具的男人往前走了几步,朝拐角的走廊望了望,便若无其事地拉着他的伙伴回了服装室。

小伙伴们紧张得心都快跳出来了,那两个男人走进服装室之后,大家才长出一口气,纷纷一屁股坐在地上。沈小丽先挑起了话题:

"那个戴老虎面具的男人没看见我们?明明我们刚才就在他眼前,他居然就这么走了?"

"管他们呢,还好走了,要是被抓到就完蛋了。"窦图图拍着胸脯压惊。

"不对,不对,我们能看见那个男人,他却看不见我们,是因为我们……隐身了！"聂非凡分析道。

"大脸图，谢谢你啊！"乐远笑着摸了摸它毛茸茸的头。

"不客气，你们快去吃点宵夜吧，我今晚保护了你们两次，消耗了不少能量，现在快要饿死了！"大脸图像个女孩一样嘟着嘴撒娇。

小伙伴们听得鸡皮疙瘩掉了一地，对大脸图这个吃货无可奈何，只好再次拿出地图来，根据第二条路线走出了南明市体育馆。

一出体育馆，小伙伴们就看见一个戴墨镜、穿黑西装的男人，男人身后是一辆黑色的轿车。那男人见小伙伴们走来，连忙拦住了他们，问道："你们好，你们是神秘社吧？"

小伙伴们在离男人一米的地方停下脚步，冲他点了点头，却在不断地打量男人，似乎在哪里见过？但光线太暗，他们看不清这个男人的脸。四个小伙伴望了望彼此，通过眼神无声地交流：这人不会是卡尔背后的人吧？车里是不是还有同伙？要是被他们抓了怎么办？是不是应该现在就逃走？

"我是神秘人派来接你们回家的。"那个穿着黑西装的男人打开了后座门，示意小伙伴们上车。

沈小丽松了一口气，车内并没有卡尔的同伙，但其他小伙伴们还是有点怀疑，都站在原地一动不动，迟迟不肯坐上车。

男人像是看出了他们的担忧，一本正经地掏出了胸口口袋里的证件："喏，不信你们看！"

聂非凡接过证件，又退回一米之外给其他小伙伴们看。小伙伴们还没验证完身份，男人就摘下了墨镜，哈哈大笑起来："我是你们的钟叔叔啊，小家伙们，被我的打扮骗到了吧！"

小伙伴们听到爽朗的笑声，惊讶地看看钟叔叔，心里在想：他不是在时空大厦当门卫吗？怎么变成神秘人派来的司机了？

钟叔叔不容小伙伴们多说，便把他们强行推上了车。深夜的南明市不再那么喧闹，但灯火依旧通明，街道上的行人和车辆也少了很多，轿车行驶在柏油路上，小伙伴们看了看彼此，又看见车后座的四个抱枕，每一个抱枕上都绣了他们的大头像。

乐远忍不住问道："钟叔叔，你怎么知道我们在体育馆呢？"

"我接到一个电话，要雇我当临时驾驶员，去体育馆接四个人。上车一看抱枕就知道是你们了。不过……"钟叔叔顿了顿，笑道，"那个人好有趣，居然留名叫'神秘人'，还说你们叫'神秘社'，你们是不是在玩什么游戏啊？"

小伙伴们原以为钟叔叔会问神秘人的身世背景，接着导致家长们都知道神秘社,而他们以后就不能再破解谜团了。而今一听钟叔叔的话,小伙伴们不禁松了一口气。

沈小丽乐呵呵地笑:"是啊,他是我们的好朋友!钟叔叔,你把我们放在前面那棵大树下就好了,我们晚饭还没来得及吃,现在想去吃点宵夜,他们几个今晚就住我家了。"

"嘘!"窦图图做了个噤声的动作,"钟叔叔,你千万别告诉我们的爸妈,免得我回去他们就不给我吃肉了!"

钟叔叔被图图逗笑了,瞬间把"神秘人"的事情忘记了,还点头笑道:"好!好!我保证不说!"

见窦图图头一次这么机灵,其他三个小伙伴朝他竖起了大拇指。

3

钟叔叔把车停在大树下后,小伙伴们依次下车,满面笑容地跟他挥手告别。

不远处就是沈小丽家,小区外面有两三家大排档和一家湘式小龙虾店。经过商议,小伙伴们决定去吃小龙虾。小伙伴们坐在店外的正方形桌旁,点了六斤小龙虾、一盘花椰菜和一盘牛肉炒饭,等菜期间,大家说起了明晚卡尔的魔术表演:

"据说卡尔明晚的魔术,添加了其他的节目,比如走钢丝、顶碗、车技等,听上去有点刺激。"

"图图,这些都不是重点。本来我早就想告诉你们一件事,但在演播厅时你们总打断我。"

"乐远,你有什么发现?"

"沈大大,我弯腰捡平板电脑时,发现那些坐在角落的人都穿了黑骷髅头图案的鞋子。而且，在卡尔表演完催眠魔术之后，我看见卡尔用了什么法术似的，把一些观众变成了穿黑骷髅头衣服的人！"

小伙伴们惊讶不已——卡尔居然能悄无声息地劫持观众，并使其他观众毫无察觉，甚至失去相应的记忆，这绝不是一个魔术师能够做到的事情！小伙伴们想起了卡尔在服装室提起的"那些人"，难道卡尔和什么人达成了可怕的协议？

"太可怕了！不行，我要立刻告诉我哥，让他派警察来抓卡尔马戏团！"沈小丽激动地说，并从口袋掏出手机要打电话给她堂哥沈飞龙。

"且慢！"聂非凡按住她的手，"班长大人，现在可是十一点五十分，沈大哥应该睡着了吧，再说咱们都没有证据，拿什么去报案？"

沈小丽渐渐平静下来，把手机装回口袋里，又叹了口气："是啊，我们没有证据，即使报案了，他们也不会相信吧！"

"那我们就去搜集证据嘛！起码，我们离完成'神秘人'的任务越来越近了，卡尔马戏团的秘密就要被揭开了！"乐远信心满满地说。

下一秒，两道稚嫩的声音同时响起："哇！好香哦！"

神秘社 3

沈小丽他们望着垂涎三尺的窦图图和大脸图，无奈地摇了摇头。

转眼间，服务员端来了两盘火辣辣的小龙虾，浓浓的香气一下子扑鼻而来，窦图图立刻戴上透明手套，抓起两只小龙虾就啃起来，发出了"咔咔咔"的声音。他吃完那两只小龙虾后脸上还露出了沉醉的表情。

"乐远，快吃！不然小龙虾就要被窦图图吃完了，你快吃呀！"乐远看着窦图图爆发吃货的本性，愣住了，此时听到大脸图的催促，他知道这个外星人要急哭了，毕竟大脸图需要靠他吃东西来补充能量。

于是，饭桌上展开了一场大战小龙虾的决赛，窦图图和乐远吃完一盘之后，辣得眼流直流，却还是一边喝水一边啃着龙虾。聂非凡和沈小丽吃了几只小龙虾就辣得直喝水，只好转战牛肉炒饭和青菜。

最后，乐远以多吃了两只小龙虾战胜了窦图图。沈小丽拿着银行卡去前台买单时，老板娘为了奖励比赛的两个男孩，特意免费赠送了一瓶果汁。

回到沈小丽的家时，已经凌晨十二点三十分，沈小丽去沐浴时，三个男孩竟然坐在沙发上就睡着了。

夏日的夜特别短,早晨六点左右,火红的太阳就挂在天边,金灿灿的阳光透过窗帘的缝隙洒在男孩们身上。沈小丽从屋子里走出来,呼唤了好几声男孩们的名字,然而沙发上的人全都雷打不动地躺着。她心思灵动,走向电视旁边,把小音响的线插入手机,放了一首嗨到爆的摇滚乐,音乐震得地板都在动似的。

"哎呀妈呀,这是地震了吗?"有地震恐惧症的大脸图立刻从白衬衫探出头来,瞪圆眼睛左顾右盼。

"哪里地震了?快,快躲到墙角去!"三个男孩终于醒来,半眯着眼四处跑。歌声戛然而止,他们才停下脚步,睁大眼睛环顾四周,却听见沈小丽哈哈大笑的声音。

"原来在沈大大家里,吓死我了!"窦图图翻了个白眼,回到沙发上继续倒头睡觉。

沈小丽捏了他一把,他"啊"地一声坐起来。沈小丽看了看还没睡醒的三个男孩,说道:"时间不早了,咱们要赶紧吃完早餐,然后商量击败卡尔的对策。"

不一会儿,小伙伴们便坐在白色大理石餐桌前,各自面前放着一块三明治和一杯牛奶。

聂非凡问道:"班长大人,我们还要去看卡尔的魔术表演吗？"

乐远抢过话："再去看魔术表演不是浪费钱吗？我有一个好主意。"他微微一笑，低声说了几句话。

窦图图听后，立刻摇头："不行，我觉得这样太不靠谱了，论长相和身形，我们都混不过关。"

"我觉得这个办法还可以，到时候我们跟紧一点跑进去就能成功。"沈小丽也有信心。

窦图图的脸上却写着"你们疯了吧"五个字，然而最终大家投票表决的结果是三比一，窦图图不得不妥协。

直到下午七点，夏日的天色才渐渐暗了下来，空中的月亮和星星也都冒了出来。小伙伴们吃过晚饭，带上手电筒和自己的"专属武器"，趁着温热的晚风，行走在嘈杂的街道上。

体育馆门外一如既往地热闹，入口处已经排起了长队，小伙伴们排在一家三口人的身后，过了一会儿，那一家人走进去了。

轮到小伙伴们时，检票员见他们没有入场券，问道："你们的票呢？"

忽然乐远指着那一家三口，大喊道："杨叔叔，你怎么忘记我们了？我们也要看魔术表演！"

说着,其他三个小伙伴也跟着起哄,后面排队的观众也在催促,检票员便过去拦住了那一家三口。小伙伴们就在这时冲进了演播厅,检票员先是一愣,随即反应过来,立刻和一位安保人员转身去追。可小伙伴们跑得飞快,一眨眼的工夫,已经看不到人了。

"没事了,他们走了。"沈小丽瞄了一眼原路返回的检票员和安保人员。

"头一回做这种不靠谱的事,真是惊险又刺激!"窦图图紧张得手脚发颤,脸上却露出了笑容。

"图图,好戏还在后头呢!"聂非凡笑道。

沈小丽看了看钟表,已经八点了,卡尔马戏团的表演已经开始了,但卡尔此时是否离开了休息室区域,他们还不能确定。

为了不惊动工作人员和卡尔的人,小伙伴们只好在休息室附近找个可以全面观察的地方守株待兔。按照地图上的路线来看,他们只能去会议室。表演节目的空隙,卡尔马戏团的人一定会用服装室和化妆室、休息室,而会议室在这三间屋子的对面,刚好符合小伙伴们的条件。

小伙伴们从第二条路线来到会议室附近的走廊上,化着浓妆、穿着华服的演员进进出出,但没有一人向这条漆黑的走廊看来。随着时间的推移，演员走了一大半，休息室很快就安静了下来。

聂非凡用手电筒照向会议室，确认里面没人之后，小伙伴们从窗户爬了进去。

九点三十分左右，化妆室的门再次被打开了，身穿一套银色演出服的卡尔走了出来，依然戴着狐狸面具，头发用摩丝抹了一个大背头，露出宽宽的额头。

"我可能要去一个小时，表演结束他们就会来带走这些人，在他们来之前，你帮我看住了。"卡尔叮嘱道。

"卡尔大人你放心吧，绝对没问题！"那个戴着老虎面具的男人拍了拍胸脯保证。

"卡尔走了，服装室可能只有那个笨男人。图图快醒醒，咱们要行动了！"乐远推了推在打瞌睡的窦图图。

按照大家先前商量的对策，窦图图和乐远负责引出戴着老虎面具的男人，沈小丽和聂非凡则进入服装室救人。

"喵——喵——"一声声猫叫响起，服装室的门被打开了，那个男人走出来看了看。乐远和窦图图学着猫样穿梭在漆黑的走廊里，那男人被猫声吵得恼火，边骂边发誓要追到"那两只猫"。

聂非凡和沈小丽见男人越跑越远，借机靠近了服装室，见里面只有一排排的演出服，便轻轻地推开了门。两人对着石门研究了半天，发现推不动，只能四处寻找机关的按钮。可这里除了一排排的衣服、两个描绘了青花图案的陶瓷花瓶，以及一些首饰盒子和木偶道具之外，就再也没有别的东西了。

按钮到底在哪里？秘密隧道里会不会有卡尔的人？这些问题困扰着沈小丽，她唤来聂非凡一起推开靠近墙壁的衣服，原想顺着墙壁寻找按钮，没想到这一推，石门竟缓缓打开了。

第三章 修罗纪元的语言字符

1

"沈大大，我把那个笨男人打晕后绑起来了，嘴也堵住了，他暂时不会回来。"乐远"砰"地一下推开门，高兴地向沈小丽炫耀。

"乐远，别抢功劳哦，要不是我学猫叫，你能把他打晕吗？"窦图图不满地嘟着嘴。

"是！是！图图最厉害！"乐远也不跟他计较，望向沈小丽他们，只见石门已经打开，聂非凡在用手电筒照亮秘密隧道。

小伙伴们谨慎地走进了秘密隧道，却发现里面还有一扇封闭的铁门，铁门上有个全是英文字母的密码锁。锁上只有一句话：无底洞（打一个成语）。

沈小丽一看就笑了，她从小和爷爷奶奶在元宵节时玩猜灯谜的游戏，这点难不倒她！于是，她快速地按下"深不可测"

四个字的拼音首字母——SBKC。"滴",密码锁上显示"答案正确"四个字,三个男孩纷纷赞扬沈小丽聪明,满心欢喜地等待铁门自动敞开。

然而,一分钟过去了,铁门并没有打开。令人哭笑不得的是,密码锁上又出现了一个灯谜:愚公之家(打一成语)。

"这个卡尔,到底设置了多少问题?"乐远看了一眼灯谜,有点儿恼火。

"卡尔可能就热衷于这个游戏,没想到一个坏蛋还喜欢玩猜灯谜,真是罕见呢!"窦图图也不耐烦了,忍不住嘲讽几句。

"愚公之家?答案会不会是愚公移山?"聂非凡冷不丁地冒出一句。

沈小丽听完他的话,一脸惊喜地按下了开头的字母,然而,密码锁"嗡"地震动起来,显示"答案错误"四个字。

"奇怪!大家都知道'愚公移山'这个故事啊,怎么会错呢?哪里出了问题?"沈小丽沉思了片刻,忽然一脸恍然大悟地看着三个男孩,"我知道了!灯谜答案不会和谜题重复的!成语应该是'开门见山'!"

她兴奋地按着英文字母,可按到第三个字母时,她的手停了下来,却把耳朵紧贴在铁门上认真地听里面的动静。

"嘎嘎——"有东西在怪叫！尽管声音很低，但耳力很好的沈小丽还是听出来了。

"沈大大，你在干什么呀？十点了，再不快点开门，卡尔就要回来了。"乐远焦急地催促着。

"我听到了一些奇怪的声音。你们面朝墙壁紧贴着，千万不要动，我怀疑里面有一群乌鸦，估计它们正在门口准备攻击我们。等一下如果它们飞出来，我们要立刻跑进去，然后关上门！"

三个男孩点点头，表示相信沈小丽的耳力和判断。下一刻，"吱呀"一声，铁门打开了，一群黑漆漆的乌鸦嘎嘎怪叫着飞出来，叫声像是从小伙伴们的头皮上碾压而过；扑哧扑哧，无数对翅膀在同时拍打着小伙伴们的背部。所有的乌鸦都争先恐后地飞了出去。

"快进来！"沈小丽大声喊道，三个男孩连忙跑了进去。

"砰！"一声巨响，铁门被牢牢地关上了。大家继续用手电筒照路，发现这里是一个地窖，有左右两条路可走。小伙伴们看了看地图，又看了看前面黑漆漆的路，扑哧扑哧，前方的隧道里一下子亮起了很多红色的圆点，乐远用手电筒照去一看，大家都惊骇极了——那是一只只黑色的蝙蝠！

扑通，扑通……

在这万籁俱寂的夜里，小伙伴们清楚地听到自己的心怦怦直跳。蝙蝠们发出的声音越来越大，似乎在谈论什么事情。

"妈呀！他们不会是在讨论怎么吸光我们的血吧？"窦图图害怕地攥紧乐远的手臂。

小伙伴们听到"吸血"二字，脸色瞬间苍白，露出惊恐之色。但他们更疑惑的是，现在是应该进去找被绑架的人呢，还是前功尽弃地返回服装室呢？

"不行，来不及了，我们要马上出去，否则就会撞上卡尔背后的人！"沈小丽看了一眼手腕上发出荧光的动物手表，现在已经十点整，再过半个小时卡尔就会结束表演，然后"那些人"也会进秘密隧道来。

"等一等，我觉得右边那个隧道里有东西在吸引着我一定要去看看。"大脸图忽然冒出一句没头没尾的话，它神秘兮兮地压低声，"乐远，我们过去看看。沈大大，你们三人先回去吧……不用担心啦，我有超能力保护乐远。"

"大脸图，擅自行动不安全，而且那些蝙蝠很不友善，我总有种不祥的预感。还是尽快出去比较好！"沈小丽皱着眉头，不安地看了看那两条隧道里的蝙蝠。

"你们要是害怕，就先回去吧，隧道另一头有东西在吸引着我的身体过去，可能是修罗纪元的东西，否则不会这么强烈！"大脸图耐心地解释。

"谁说我们害怕了！"窦图图反驳道，"既然你这么有信心，等下坏蛋来了，我们就全靠你了！"

"那我们一起去吧，看看到底是什么神奇的东西。"聂非凡也同意了。

最终，沈小丽只能选择妥协，但也规定了行动时间。小伙伴们闯进坑坑洼洼的隧道里，尽管水珠不断掉落在他们身上，可这条隧道就像火炉一样闷热，每个人都冒了一身的汗。那些蝙蝠发出了巨大的声音，吵得人耳朵都要聋了。大脸图立刻建了一个气泡包围着小伙伴们，小伙伴们的耳旁暂时恢复了安静。但很快那些蝙蝠似乎生气了，疯狂地啄气泡，把小伙伴们困在隧道中间，无法动弹。

就在大家焦急又害怕的时候，乐远浑身散发出蓝色的光，双手轻轻地触摸气泡，咚咚咚，那些趴在气泡上的蝙蝠就全都掉在地，化成一缕白烟不见了。

"我的老天！蝙蝠怎么能够化成一缕白烟？我好像在看一场特效电影哦！"窦图图惊呼道。

"这些蝙蝠肯定都被卡尔施了巫术。"大脸图说道。

排除了眼前的困难之后,小伙伴们看见了尽头那道蓝色的特别耀眼的荧光,都迫不及待地加快了脚步,走着走着就跑了起来。

一出隧道,温度就好像降了十几度一般凉快,阵阵清凉的风吹拂而来,小伙伴们才发觉,原来这里有一座池塘,池塘中央有一具合体四头蛇的石雕,蛇口正在喷出闪闪发光的蓝色泉水。奇怪的是,四周一个人也没有!

乐远围绕着池塘走了一圈,聂非凡伸长脖子四处嗅,窦图图在隧道口当门卫,沈小丽则在观察池中的水。过了一会儿,小伙伴们聚在一起,四双眼睛目光交汇时,聂非凡先开了口:

"我在角落发现了一堆灰,是不久前烧的木头灰,说明之前这里是有人的,而且他们刚离开不久!"

"我觉得很奇怪,卡尔抓的观众呢?被藏到哪里去了?"

"沈大大,大脸图有重大发现要告诉我们。"

小伙伴们纷纷看着大脸图,只见它那张可爱的猫脸瞬间变得凝重,语重心长地说:"我有一个不好的消息。"

大家一听到神通广大的大脸图的话,表情都变得严肃起来,地窖似乎降温了一般,气氛冷到了极点。这时,大脸图的两只猫爪朝着石雕，嘴上念着听不懂的语言，下一刻，诡异的事情发生了：池塘中央的那四头石雕蛇的身体发出了一排蓝色的光，光线投射出黑骷髅头图案和一行藤蔓一样的奇怪字符。

"又是黑骷髅头！"窦图图满脸惊讶。

"大脸图，你看得懂这些字符是什么意思吗？"沈小丽问道。

"这是修罗纪元的语言文字。意思是，恭喜卡尔，你抓获的观众数量已经达到目标的三分之二，还剩最后七个人。期待你接下来的猎物！"大脸图像个机器人般复读了一遍。

"黑骷髅头图案便是留言人的标志符号吧？"聂非凡问道。

"应该是。"乐远若有所思地点点头，"但是，上次我们破解雪山大脚怪的谜团时，已经打败了黑骷髅头组织啊！"

"可是他们的头儿葛瑞逃走了！"大脸图的话让在场的人都心头一惊。

沈小丽看了一眼动物手表，糟了！现在已经十点三十分，卡尔的魔术演出已经结束，正赶回服装室。小伙伴们展开了逃命讨论，毕竟之前他们在地图上并没有发现这个地窖，更不会想到自己进了地窖，经过一番探讨，大家决定回到三岔路口，再走进左边的隧道躲一躲。

小伙伴们很快来到了三岔路口，往左边的隧道走去，可当大家到达洞口，发现这条隧道的尽头居然有火苗，温度比隔壁的隧道还要高。但眼下容不得小伙伴们多想，要想暂时避过卡尔的人，就必须走进左边隧道。

然而，他们万万没想到这条隧道的空间太小了，宽大的窦图图被卡在半途，乐远借助大脸图的力量，咬紧牙关把窦图图使劲推了进去。铁门外的脚步声越来越近了，窦图图忍着疼痛不敢吭声。大家听到"吱呀"一声，铁门自动打开了，隐约见得几缕灯光照了过来。

"小虎到哪里去了？我叫他看住这里，他怎么擅自离开岗位？等会看见他，你们谁也别替他求情！葛老板马上就到了，你们都机灵点，别说错话！"隔壁的隧道传来熟悉的声音，小伙伴们能够想象到，卡尔正叉着腰迈向池塘，脸上却是对下属不屑的神情。

"是！卡尔大人！"几个马戏团的演员齐声答道。

隧道里逐渐没有了脚步声，卡尔的人应该已经走近了池塘岸边，但令小伙伴们奇怪的是，卡尔把人都藏在了哪里？

当小伙伴们走到隧道口要离开地窖时，又听见铁门外响起银铃般的声音，吓得他们立刻跑回了隧道。"吱"地一声，两个穿着骷髅头图案的黑衣人走了进来,朝卡尔的隧道走了去。不一会儿,在这安静得连水滴声都听得到的地方,小伙伴们听到了卡尔他们的对话。

"葛老板,你来了!"

"卡尔,我要的人呢?"

乐远悄悄地走出隧道,戴上了具有夜视和望远镜功能的特工墨镜,看到葛老板的真面目,乐远大吃一惊,真的是上次在雪山负伤逃走的葛瑞!

"葛老板,他们都在那里面!冒昧地问一句,您要这么多人是要他们当苦力吗?"卡尔指着池塘中央的四头蛇石雕,小心翼翼地问道。

葛瑞瞥了他一眼,脸色突然变得很难看,低沉道:"钱会马上汇到你的银行卡里,其他的就不要问太多了!"

2

卡尔努努嘴没再说什么,示意手下的人打开四头蛇石雕的机关。

"实话告诉你,这些人都是博士做活体实验的牺牲品。卡尔,如果你的人把这件事说出去,我们剩下的半辈子都会在监狱度过,就算没被警察抓到,博士也不会放过我们任何一个人!"葛瑞说罢,脸上露出了奸险的笑容。

卡尔瞪圆了双眼,露出了一丝恐慌,但他很快恢复平时的气势,指着马戏团的人,喊道:"听到没?你们最好守口如瓶!否则'咔嚓'一声,脑袋就掉地上了!"

说罢,卡尔故意做了个砍头的手势,其他戴着面具的人都被吓得连连点头。

"不过,葛老板,活体实验是什么意思?"卡尔小声问道。

"通过活体实验了解人类的大脑构造，从而控制和同化人类。听过说狼人和鸟人吗？就是用狼或鸟和人的基因结合而造成的生物，但对于你们而言，这种生物应该是怪物吧！"葛瑞的笑声从鼻腔里冒出来，听得卡尔团队的人都打了个寒噤。

乐远听后，感觉脊背似有一阵阴风吹来，顿时凉飕飕的，但他心中更多的是愤怒。由于乐远只能通过洞口观察，只看见戴着面具的女人走到了洞口的左边，却不知她按了什么东西，整个地窖都剧烈地颤抖起来，小石块不断坠落，大约五秒之后，地窖又恢复了平静。

"乐远，怎么回事？又地震了吗？"大脸图惊恐地问道。

"嘘！"乐远做了个噤声的手势，示意它小声一点，"我也不知道卡尔他们搞什么鬼，忽然间就震动了，还掉了一些石头下来。"

大脸图的眼睛忽然发出了两道红色的光线，它认真地扫描了四周，像是发现了什么一样，目不转睛地盯着卡尔那头的洞口。

接着，池塘中央的四头蛇石雕轰隆隆地浮上来一大截，池塘里的蓝水像开水一样咕噜噜地沸腾。这时乐远清晰看见，粗壮的石身竟有好几个门！"咚咚咚、咚咚咚"，石门打开了，里面全是被绳索绑住的男人，他们的嘴唇都被胶布封住，眼眶红红的，脸上还有泪痕。乐远仔细看了看，那个叫唐小宾的男人也在里面。

"我就知道，唐小宾根本没有去外太空！"一道冰冷的声音传来，吓得乐远把刚掏出来拍照的平板电脑掉到了地上，他回头一看，原来是聂非凡。

两人再次望向洞口，只见那头的黑衣人似乎是听到声响，已经从远远的隧道那头朝自己这边望了过来。

"谁？居然还有外人？"葛瑞气急败坏地命令，"快，给我追回来！这件事绝不能让别人知道，不论是谁泄露，一律杀无赦！"

小伙伴们脸上遍布惶恐之色，黑衣人葛瑞的作风一向如此心狠手辣。

小伙伴们拼命地奔跑，身后是穷追不舍的黑衣人和戴着面具的卡尔团队。一出秘密隧道，沈小丽就把石门牢牢关住了，可转眼间，聂非凡和窦图图撞倒了两只青花瓷花瓶。

乐远也被一个巨大的首饰盒绊倒，一枚金光闪闪的戒指从首饰盒里滚出来。戒指似有魔力一般引诱着乐远。乐远弯下腰，把戒指捡了起来，奇怪的是，戒指似有灵性一般，自动套进了乐远右手的食指。

下一秒，更奇怪的事情发生了：那个刻着凤凰图案的红木首饰盒的缝隙发出了金色的光，随后首饰盒缓缓打开，盒中一股强大的未知力量将乐远往里吸。沈小丽眼明手快，立刻拉住了乐远的腿，窦图图和聂非凡也去拖住沈小丽的脚，可他们终究抵不过那股强大的力量，全都被金光吸了进去。

"轰"地一声响，石门被砸出了一个洞，首饰盒也慢慢地合上了。卡尔团队的人跑出服装室搜寻小伙伴们，而黑衣人则在服装室环视了一圈后，拨开每一排衣服搜寻。过了一会儿，卡尔的人回来了，纷纷摇头，表示没有找到小伙伴们。

"这群小鬼，跑得这么快？！"黑衣人感到很奇怪，明明他们被关了不到一分钟，一出来人就不见了。

黑衣人和卡尔马戏团的人不得不原路返回秘密隧道。

而此时，小伙伴们被狠狠地摔在一个宛如仙境般的地方，眼前是无数朵大团大团的白云，脚下是透明的玻璃地板，地板再往下是一片郁郁葱葱的森林。小伙伴们从上往下看去，都有点儿眩晕。

"都是你，本来我都要拍到了，被你一吓，不仅被他们追，还进了这个鬼地方。"乐远两眼瞪着聂非凡，一脸怨气。

"哼！你自己胆小还怪我？"聂非凡从口袋掏出一支钢笔来，"幸好我早有准备，用录音笔把他们的对话录下来了！"

"哇，你哪来的高科技工具？"窦图图好奇地凑过去。

"我前段时间参加了网上的侦探知识竞赛，获得了第一名，然后收到了这个作为奖品的录音笔。"聂非凡自豪地说。

乐远感到意外，却故意露出一脸的不屑。

沈小丽拿过录音笔看了看，慢慢地扭转笔盖，卡尔和葛瑞对话的声音传了出来，音质非常清晰，她点点头："质量还不错，据说现在的录音笔还有摄像功能了呢。虽然你的没有摄像头，但我们有了这个证据，带回去给我哥，就能让警察去抓人了。"

小伙伴们既欣慰又苦恼，虽然有了证据，他们却被困在这个看起来无边无界的地方出不去了。或许等他们回去，卡尔和葛瑞那些人都已经逃得无影无踪。

"我实在很不解，我们怎么会被吸进来了呢？现在该怎么回去？"沈小丽疑惑地问。

"这个就要问乐远了。"窦图图轻轻叹了口气，忽然他盯着乐远大叫道，"不对！应该是大脸图的原因吧？"

话音一落，窦图图就去捏大脸图的猫脸，试图将它从梦中唤醒。没过多久，大脸图睁开了眼，看清面前的人是一脸傻笑的窦图图后，大脸图的那对绿眼都要冒火了，这个凡人又打扰它在梦中和可爱的仙女沐浴阳光。

大脸图挥舞着两只短短的猫爪，骂道："窦图图，你这个小胖子，你还我的女神！"

窦图图一脸坏笑地看着它："好啊，你先告诉我，你的女神长什么样？"

大脸图想了想，像个恋爱中的少女般甜美地笑了："她长得很可爱，小麦色的皮肤，圆圆的脸，穿白色蕾丝裙，特别可爱！"忽然，它顿了顿，又怒气冲冲地朝图图挥爪："你赔我！你赔我！"

窦图图连忙后退几步，无奈地说："没问题，我已经记住了，但你得先把我们弄回地球上，我才能把女神赔给你。"

大脸图一听，这才睁大眼看了看四周，惊讶地问道："你们怎么进入了四维空间？"

窦图图挠了挠脑袋，问道："什么是四维空间？"

大脸图努力地想了想，又问："你们来之前碰到了什么东西？"

乐远一听，想起了自己手上的那枚金戒指。他好奇地看了看金戒指，又转了转戒指中间那层，还没来得及开口回答大脸图，就被一股宛如海上巨浪般的力量推倒在地。

金戒指发出了强烈的彩虹色光，方圆百里都是七彩的光。小伙伴们齐齐望向乐远，脸上写满了不可思议。甚至连大脸图也诧异不已，它感受到这枚戒指具有的无穷能量，连它都无法与之对抗。

戒指促使乐远把手朝着前方，七道彩光射向远方，逐渐形成了一扇彩虹色的木门。

"打开它！打开这道门，你们心中所期待的就会实现！"一道非常有魔力的声音在小伙伴们的头顶响起，可四周没有其他人的身影。

"你是谁？"沈小丽大声地问。

"我是谁？"那道女声一阵大笑，"这个不重要，重要的是，你们要想回去就必须打开那扇门，否则时辰一到，你们就再也回不去了！"

小伙伴们像看怪物一样看着那团团白云，仿佛声音是白云发出来的。窦图图的双脚此时却不听他使唤，自顾自地走向了那扇门，图图嘴里还喃喃念叨着"烤鸡"二字，仿佛那扇门后有美味的烤鸡等着他。

"图图，回来！"沈小丽拉住窦图图，却被对方甩开了手。

"沈大大，我好饿，想回去吃烤鸡了。"窦图图摸着瘪下去的腹部，露出可怜的眼神。

"图图，你振作点，我们不能轻易听信别人的话！"沈小丽坚定地说。

"我也饿了，但是沈大大说得对，如果我们打开了那扇门，说不定又有什么糟糕的事情！"

乐远的话音一落，小伙伴们的头顶又响起了那道女声："既然你们不想回去，那就送你们一个礼物，接稳了！"

小伙伴们听得莫名其妙，然而下一刻发生的事情，令他们恐惧极了——

大团大团的白云都散开了，距离他们不到五米的前方腾起了一股波浪，小伙伴们都愣住了，呆呆地望着席卷而来的海浪，随后身体被汹涌的波涛一卷。只觉得耳旁小伙伴们互相呼唤的声音越来越小，渐渐地就听不到任何声音了。小伙伴们全都沉入了深不可测的海洋中。

恍惚之间，乐远感觉自己眼前出现了强烈的光，一张可爱的娃娃脸靠近了他，他睁开眼一看，顿时大吃一惊，是一条美人鱼！

美人鱼嫣然一笑,朝乐远伸出了手,可不知为什么,乐远全身乏力无法牵住她的手,他的身体不断地下沉,海水的颜色也越来越深,四周一片漆黑,美人鱼离他越来越远,其他小伙伴也不见了,他感到害怕,却无法出声求救。

就在此时,美人鱼闪闪发光的尾巴重新出现在乐远的面前,她那一头海藻般的长发看起来很美,可是乐远抵不住困意,眼皮渐渐合上了,却感到有一双温暖的手把他托了起来。

"乐远,你们要打开那扇门才能回家,相信我,去打开门吧!"话音一落,海水迅速退去,变成了一片白色的沙滩。

小伙伴们醒来之后,纷纷望向了乐远手上的戒指,似乎都有话要问。但乐远走向彩色的木门,先开了口:"我们只能从这里回去,如果你们不愿意,那我先回去了。"

说罢,乐远握住了门把手,一打开门,小伙伴们都震惊了——眼前就是葛瑞和卡尔的背影,但他们的体形仿佛扩大了十倍一般,非常高大。对此刻的小伙伴们而言,他俩就像两只大猩猩。

3

正当窦图图想问这是怎么回事时,葛瑞突然说话了:"卡尔,别忘了你的身份,你是一个巫师,倘若你让这件事暴露了,你的身份也会被暴露。所以,今晚逃走的四个小孩,你必须要尽快抓到他们,千万不能让他们告诉警察。另外,博士在催你的进度了,赶紧把那七个人都抓来吧,省得夜长梦多!"

卡尔听到"博士"两个字时,猛地抬起了头,连连点头:"是!你放心,警察绝对不会知道这件事情,最后那七个人,我们也会立刻送去。"

葛瑞满意地拍了拍卡尔的肩膀,带着另一个黑衣人离开了。

乐远轻轻地合上门,皱着眉头,愤愤不平地说:"太可恶了!原来卡尔是阴险狡猾的巫师!我一定要告诉警察,把他们通通抓起来送到监狱里去!"

"没错,这些做坏事的魔鬼就要受到该有的惩罚!可是为什么我们眼中的卡尔和葛瑞像个巨人?"窦图图疑惑不已。

"难道是我们变小了吗?"沈小丽看了看大家,他们都差不多高,和之前并没有什么变化。

"我们等卡尔和葛瑞离开了,再打开门出去,这样就知道原因了。"聂非凡提出了意见。

小伙伴们纷纷点头同意。乐远把耳朵贴在门上听着那头卡尔的动静,过了一会儿,他招呼其他三个小伙伴,然后打开了门。他观察了一下四周,发现马戏团和黑衣人都不见了,只有成排成排的演出服。乐远便一只脚轻轻地踏出来,这时他才看见,原来其他小伙伴们都在那个刻着凤凰图案的红木首饰盒里,盒子里的小伙伴看起来就像刚出生的雏鸟,小而可爱,尤其是圆滚滚的窦图图。

乐远忍不住掏出平板电脑,"咔嚓"一声拍了张照片。小伙伴们跳出来,看着平板电脑上的自己,都感到不可思议。忽然,一个童音响亮地大笑起来:"天哪!圆滚滚的窦图图好可爱啊!"

窦图图的脸色瞬间就变了,他瞟了一眼乐远的肚皮,故意不吭声,直到好奇的大脸图探出头来,他才一下子捏住那张白白胖胖的猫脸，哼道："乐远，让我替你检查一下，今天是不是带错了大脸图！"

"你快放手！放不放？要是我这张玉树临风的俊脸被你糟蹋得不成样子，我就把你变成猪头！"大脸图生气喊道。

"小骗子，还敢威胁我？在危险时刻没有救我们，还说什么神通广大！我就揉你的脸，大不了一起变成大猪头！"窦图图也开始较劲了。

沈小丽等人望着彼此，一想起那种壮观的场景——神秘社团队里出现两个猪头，说话的时候发出猪一般的鼾声，就忍不住哈哈大笑起来。

"笑什么笑?！再笑就把你们变成猪头！"大脸图和窦图图异口同声地吼道。

他俩不屑地看了一眼对方，然后双手交叉，把脸瞥向不同的方向，气哼哼的。

沈小丽等人愣了愣，乐远忽然"啊"地一声，慌张地拨开小伙伴们，弯着腰四处找东西。过了一会儿，他两手一摊，无奈地说："我的金戒指找不到了。"

"那个金戒指有魔力，你找不到也好，省得一不小心它又把我们带到奇怪的地方去。"大脸图撇撇嘴。

聂非凡打量了一下这间服装室，连忙劝道："这里可不是咱们争论的地方，而是卡尔的地盘，我们还是出去想个办法，争取早点把石雕里的人都救出来吧？"

"我同意，咱们可以边吃小龙虾边讨论，但你们两个还在生气的人就不要去了，免得扫兴。"沈小丽故意激将"二图"组合。

"我才没有生气呢！""二图"再次异口同声地辩驳道。

两人互相瞪了一眼，窦图图连忙凑近沈小丽，露出一副可怜的样子。大脸图也睁着圆圆的绿眼，朝沈小丽眨眼装可爱。沈小丽浑身打了一个激灵，摸了摸自己手臂的鸡皮疙瘩，立刻就点头批准了他们。

回去的时候，已经是午夜，小伙伴们身心疲惫，便打包了三份小龙虾回沈小丽家。

小伙伴们坐在毛茸茸的地毯上，聂非凡掏出录音笔，将卡尔和葛瑞的所有对话都放出来确认了一遍。大家听完后就开始讨论，乐远先挑起了话题：

"既然卡尔的真实身份是巫师，表演的节目就不是催眠术，是巫术了？"

"是的。我担忧的事情果然发生了，根据卡尔的表现来看，他已经练成了邪恶的巫术,比如催眠魔术表演,他其实在强行控制观众。"聂非凡吃着小龙虾还不忘分析。

"那么,葛瑞口中的博士又是谁?那个博士要用这些普通人去做什么实验?"沈小丽问道。

"不管他是谁,要做什么实验,我的直觉都在告诉我,对手非常奸险、狡猾、强大,我们接下来要全副武装,准备战斗了!"窦图图挥了挥胳膊,像是要随时应战。

"博士与葛瑞认识,而葛瑞在雪山时用过超能力,那么……博士可能也有超能力,难道博士也是外星人吗?"聂非凡分析道,他的话还没说完,小伙伴们就纷纷望向了大脸图这个来自修罗纪元的外星人。

"你们别看我,我不知道。"大脸图却躲进白衬衫里,过了会儿,它又探出头来,"你们还记得我曾经说过的修罗纪元的疯子科学家吗?他号称是修罗纪元最厉害的研究博士,曾劝说我们的领导人侵占地球,导致我现在回不了自己的家乡。"

小伙伴们点点头,但他们清楚,大脸图并没有见过这个科学家。时间紧迫,大家吃完小龙虾,将桌面收拾干净,开始商量接下来如何应战。

凌晨的时候,小伙伴们都睡着了,只有乐远肚皮上的外星人还精神抖擞,它望着窗外明亮的月亮,不禁暗想,修罗纪元此时的天空是否有月亮呢?大脸图带着这份对家乡浓浓的思念之情,悄然进入了甜美的梦乡。

那一夜,大脸图做了一个梦。在梦中,他回到了美丽的修罗纪元,那里不再是一片贫瘠,而是经过同胞们的努力之后,恢复了最初的样子:到处是戴特殊的眼镜就能看到动画的漫画城、装着恐龙尸骨的鬼屋以及恐龙蛋形状的恐龙城;种满参天大树和建有城堡的童话王国、摆满各种各样星球仪的博物馆……最重要的是,修罗纪元的子民不用再搬来地球,可以和家人生活在一起。

"你们瞧一瞧,大脸图是不是傻了呀?这还是头一次闭着眼哈哈大笑呢!"乐远被大脸图的笑声吵醒了,他推了推身旁的两个男孩,一脸担心地问道。

窦图图似乎还没睡够,用枕头捂住耳朵,翻了个身又继续睡。聂非凡坐起来,揉了揉双眼,惊奇地看着笑个不停的大脸图,摸了摸它的额头探试体温:"没发烧,肯定是做美梦了!"

"哎呀,谁在一直笑?吵得我都睡不着了!"窦图图生气地坐起来,把枕头狠狠地丢到床角,然后朝大脸图爬过去,直视着那张白白胖胖的猫脸,吼道:"大脸图,你还让不让人睡觉了!"

大脸图一下就醒了,笑声戛然而止,它用猫爪抹了一把脸上的口水,气呼呼地说:"是谁?是谁叫醒了我?你们知不知道,打扰老年人休息是很没有礼貌的行为!"

就在窦图图想要反驳时,沈小丽打开了房门,催促他们出去吃早餐。

第四章　飞机上失踪的旅客

1

上午十点，小伙伴们乘着公交车来到了南明市公安局，他们站在门口向里望，偌大的一间大厅里，每个人都埋着头工作，有人不断地接电话和做笔记，有人翻阅一个又一个文件夹，更多的人盯着电脑打字。隔着一层玻璃墙，小伙伴们都能感受到他们的忙碌。每当沈小丽想要开口和一个警察说话时，那个警察就被另一个警察拖走了。

"他们真的很忙，没有人愿意花一点时间理我们。"乐远轻轻地叹了口气。

小伙伴们有点失落，这时一位高个子警察一手端着茶杯，一手拿着报表路过了，他经过后又返回来几步，盯着沈小丽的背影，问道："小丽？你怎么来了？"

小伙伴们转过身来，沈小丽看了那个警察好几秒，一脸疑惑，似乎不认识他。

"你不认识我了？我是以前买冰淇淋给你吃的王叔叔，你来找沈飞龙的吧？"王警官笑着问道。

沈小丽一脸恍然大悟，哈哈大笑起来："我记起来了！王叔叔，我哥在吗？我有个重要的事情要告诉他，但他的手机一直打不通。"

王警官点点头，告诉她沈飞龙正在忙一些事情，又将小伙伴们带到一间接待室，打了个电话到沈飞龙的办公室。

电话通了后，沈小丽便开口说："哥，我是小丽，我现在在公安局的接待室里，有个很重要的东西要给你，你快点来见我们吧！"

"好，你等一等，我马上就过去。"沈飞龙挂了电话，一边收拾文件，一边把手里的事交给同事，然后跑去了接待室。

等待期间，王警官给小伙伴们变了个硬币魔术，但小伙伴们没有心思观看，尤其是沈小丽，她时不时就往窗外眺望，看见沈飞龙出现的那一刻，她猛地站起身，眼中发光，脸上带着笑容。王警官见沈飞龙一来，便忙自己的事去了。

"小丽，有什么重要的事情？"沈飞龙坐在沙发上，气喘吁吁地问道。

沈小丽看着他喝了一口水,又望了望窗外的人群,一副欲言又止的样子。

沈飞龙凝视着她,意识到事情的重要性,便把窗帘拉上,门也锁好,这才重新坐在沙发上,说道:"你放心,没有人可以听到我们的对话,也没有人会闯进来。"

沈小丽点点头,一脸认真地说:"哥,我们无意间听到卡尔马戏团在暗地里和黑暗组织有一笔可怕的交易,他们指使卡尔利用魔术表演,抓南明市的观众去给一个神秘的博士做实验。"

沈飞龙看了看小伙伴们,以为他们在开玩笑,便笑道:"小丽,卡尔马戏团是市长重金请来的专业表演团队,你这种话可不能乱说,让别人听到了影响不好。"

"哥,我说的都是真的。我们在他们休息的地方听到的,而且现在已经有很多人被绑架了!"沈小丽有点急。

"怎么可能?这段日子,我们没有接到失踪或者绑架案的报警电话啊。"沈飞龙还是不相信,但他转念一想,问道,"你们是不是不喜欢他们的表演?咱们可以写信给市长,建议市长下次不请他们来就好了。"

乐远一听也急了,皱着眉头说道:"哎呀!沈大哥,你怎么不相信我们呢?沈大大说的都是事实,千真万确!"

"对呀！你不会看我们是孩子，就不信我们吧？"窦图图问道。

沈飞龙的心思被窦图图说中了，他愣了愣，有点儿不好意思。在这个太平盛世，拿活人做实验这种违法的事，一旦被抓到就要被判刑坐牢，所以，他不太相信小伙伴们的话，说不定向来天马行空的小伙伴们，接下来还会说这个世上有外星人呢！

聂非凡见沈飞龙不相信，掏出口袋中的那支录音笔，递给了他：

"沈大哥，你按下蓝色键，就会相信我们说的话了。"

沈飞龙看看信心满满的聂非凡，按下了蓝色键，两个男人的声音立刻传了出来：

"卡尔，别忘了你的身份，你是一个巫师，倘若你让这件事暴露了，你的身份也会被暴露。所以，今晚逃走的四个小孩，你必须要尽快把他们抓到，千万不能让他们告诉警察。另外，博士在催你的进度了，赶紧把那七个人都抓来吧，省得夜长梦多！"

"是！你放心，警察绝对不会知道这件事情，最后那七个人，我们也会立刻送去。"

……

沈飞龙一脸惊愕，半天说不出一句话，他冷静下来，看出小伙伴们眼中的焦虑和担忧，立刻意识到倘若这是真的，那么小丽他们肯定有危险，但现在证据不足，单凭一段录音，领导没立案，按照法律规定不会派警察去抓人，他只能暗中调查，争取找到更有力的证据。

"小丽，你们先回去吧，我拿着录音笔向领导汇报，如果领导同意了，我们会开会商讨这个案子，并做出一个捉拿犯罪团伙的方案。这段时间，你们要小心，别擅自行动，有问题就打电话给我。"沈飞龙的眼中全是担忧，他真希望小伙伴们不要参与到这种危险的事情里去，更不希望他们因此受到牵连。

"我知道公安局可以调查一个人的信息，别人是查不到的，所以你查一查卡尔的真实身份吧。还有，他们这一个月内去过什么地方表演，最好也看看表演录像或者监控记录，这样的话，你的领导就会相信了。"小伙伴们听着沈小丽说完，觉得她越来越有警察的办事风格了。

沈飞龙点点头，便开警车送小伙伴们回公寓，一路上他都在观察是否有人跟踪，直到他送小伙伴们进了沈小丽的家，又开车离开小区，也没有发现任何可疑的人，他这才松了口气，回到公安局，迫不及待地要见局长。

在公安局局长办公室，沈飞龙和局长对面而坐，两人面前都有一杯冒着热气的茶，但两人都没有心情喝。局长握着那支录音笔，听完对话，面色凝重。

局长看向沈飞龙，问道："小沈，这个录音笔是从哪里来的？"

沈飞龙迟疑了一下，便实话实说："这是我的表妹沈小丽交给我的。她和三个男孩在魔术节当天进入卡尔的休息室，亲耳听到了这段对话，并录了下来。这件事牵连很多人，卡尔还打算继续用魔术表演绑架一些观众，并且用巫术来掩盖事实……"

"小沈，别说了。"局长的脸色变得很难看，打断了滔滔不绝的沈龙飞，"小沈，你也当了好几年警察了吧，单凭这一支录音笔，就说明孩子们的话一定是真的吗？录音可以伪造，倘若消息走漏，这件事却不是真的，就会引起市民的恐慌，后果可能超出我们的想象。"

"可是局长……"沈飞龙还想再争取一次机会，然而局长没等他说完，"好了小沈，你去忙你的吧。"

沈飞龙见局长起身，重新坐回办公桌前开始埋头批阅文件，知道这件事不可能立案了。于是，他拿起录音笔，说道："局长，那我先告辞了，打扰您了。"

局长点点头，沈飞龙走出办公室，轻轻地关上了门，他轻叹了一口气，既无奈又不甘心。

沈飞龙回到自己的办公室，打开电脑查阅了卡尔的身份信息，电脑上很快显示出来一段文字。他这才知道，原来卡尔并没有心理医师资格证，卡尔出生在大山里，家境很困窘，两年前还只是一个在马戏团打杂的工人，可一年前卡尔突然上了春晚，因为表演催眠魔术一路走红，成为了大家喜爱的魔术师，并在很多城市表演过魔术。

为什么卡尔突然学会了催眠魔术，还能上春晚？难道卡尔背后还有个很厉害的人物在帮助他吗？沈飞龙越想越觉得奇怪，这其中似乎有一个又一个的谜团。

他移动鼠标，正要将资料拷贝下来当做证据，谁知电脑屏幕忽然"嗞"地一声全白了，他望了望四周同事的电脑，发现只有他的是白屏。下一秒，屏幕上显示了一行字：这是第一个警告！希望你停止调查，别妄想与我们对抗！

沈飞龙看着自行出现和消失的文字，愣了好久才回过神来。他打电话找来局里公认的高手王警官，王警官看了电脑之后，刷新了系统，电脑才恢复了正常运转。但他们都很奇怪，公安内部的电脑怎么会莫名其妙地被入侵呢?

沈飞龙等电脑开机后,再次查找卡尔的信息,却什么也找不到了。他既生气又懊恼,眼睁睁地看着一个证据莫名消失了。

"叮铃铃……叮铃铃……叮铃铃……"

沈飞龙被手机铃声打断了思路,他低头一看,是沈小丽的来电。

他一接起电话就焦急地问:"小丽,怎么了?出什么事了吗?"

沈小丽在那头笑了笑,调皮地说:"哥,快来救我啊!哈哈,我们没事啦,我就想问一问,你跟领导说了吗?"

沈飞龙听到她没事时,不自觉地舒了口气,他知道小伙伴们等得着急,但办公室人多,只好笑道:"你放心,哥哥会帮你搞定这件事,别担心,具体的等我回去再说。"

"噢耶,那就太好了,哥你先忙吧,我们等你下班哦!"沈小丽说完就挂了电话。

沈飞龙却苦恼了,他该如何告诉小伙伴们这个不好的消息?一想到要看到四张失落的小脸,他心里就不太好受。

时间过得飞快,夕阳渐落,云朵被染上了胡萝卜一样的色彩,团团簇拥在一起。开车回公寓的沈飞龙想到小伙伴们还没吃晚饭,立刻掉了个头,去买了几份饭菜和一大袋零食、水果。

2

沈飞龙停好车,来到沈小丽家门外,他按了按门铃,见里面没动静,连忙敲了两下大门。

"咚咚咚——咚咚咚——"

"等一等!"沈小丽的声音传出来。

铁门很快被打开了,沈飞龙看见小伙伴们堆满笑容的脸,举起手中的两袋美食。沈小丽打开那扇铁门,沈飞龙便走进来,把打包好的饭菜先放在桌上,再一一拿出来。沈小丽接过她手上的另一大袋,看见是零食和水果时,三个男孩开心坏了。

小伙伴们便坐在大理石餐桌上,津津有味地吃着饭。饭后,沈飞龙又去切了一大盘水果,大家坐在一起开始聊天。

沈小丽迫不及待地问道:"哥,领导怎么说的?"

沈飞龙边嚼苹果边走到沙发边坐下,不敢直视小伙伴们。

他想了想,还是委婉地说了实话:"领导认为仅有一段录音,证据不够,所以不能立案。"

"好吧,我猜到这个结果了。"沈小丽轻轻地叹了口气。

"而且,有一件事情很奇怪,我在看卡尔的资料时,好像有人在监视我的电脑一样,我正准备把卡尔的身份等信息复印和拷贝时,电脑突然白屏了,还出现了警告我的话。修好之后,我再也查不到卡尔的资料了。"沈飞龙的这段话无疑是一盆冷水,浇灭了小伙伴们愉快的心情。

"那么沈大哥,你查了卡尔马戏团这一个月内的演出地吗,还有表演的录像和监控视频?"聂非凡问起关键的线索。

"这个我还没有去调查,一下班就赶来和你们讲情况了。领导下令不准我插手此事,他们都认为这是天方夜谭,不相信这件事。"沈飞龙无奈地说。

"好吧,看来大家都不相信孩子说的话。"小伙伴们有点沮丧。

晚上九点,皎洁的月亮高悬夜空。小伙伴们在阳台上目送沈飞龙开车离去后,坐在地毯上开始商量,如何搜查更多的证据让警察相信卡尔马戏团有问题。

目前,南明市为期两日的魔术节已经结束,可还没有人因为自己的亲人或朋友消失而报案。小伙伴们打听到，卡尔马戏团明天下午就要坐飞机前往别的城市表演。于是，小伙伴们只好上网订购机票，悄悄地尾随卡尔马戏团。

"你们确定要去Z城吗？现在我们只有四个人，在Z城我们一个人也不认识，出了意外就没人帮我们了。"沈小丽担忧地说。

"可是卡尔还会抓七个人，这是最好的时机啊！"乐远反驳道。

"我隐约感到，卡尔会在飞机上施巫术！"聂非凡猜测。

"不会吧，他还敢在飞机上耍花样？那我们和他们同一架飞机也很危险啊！"窦图图满脸惊讶，他忽然想了个主意，"其实，我们也不用太担心，万事还有大脸图帮忙呢！"

大脸图丢给他一个白眼，哼道："少扯上我，别忘了，我是带着修罗纪元的使命来的，是为了探索地球的情况……"

"如果大脸图能够保护我们的人身安全，完成任务之后，我们就去吃大餐，比如烧鸡、小龙虾、水蟹粥、蛋糕等，以此为证。"沈小丽在一张纸上写下这些话，并让小伙伴们都按了个手印。

大脸图面无表情地看着小伙伴们，心里却早已忍不住美食的诱惑。他故作清高地咳了两声:"好吧,看在你们这么有诚意的分上,我就勉为其难地再帮你们一次,下不为例。"

小伙伴们哈哈大笑起来,冥冥之中,他们和大脸图这个外星人的命运,正在悄然改变。而他们五个人之间的关系,也随一次又一次的破解谜团之旅而变得越来越亲密。

为了阻止卡尔的行动,沈小丽订购了四张机票。小伙伴们连夜收拾好自己的行李,明天六点之前,他们要好好睡一觉补充体力。

黎明的天空像深海一样蔚蓝,第一缕阳光还没冒出来,鸟儿就开始叽叽喳喳叫个不停。此刻才五点四十五分,三个男孩顶着乱糟糟的头发,半眯着眼,慢吞吞地从房间出来,却发现浴室居然锁着门。

于是,乐远和聂非凡只好去厨房洗漱,而窦图图因睡不饱而在客厅抱怨。沈小丽用完浴室后,连忙催促窦图图快速地洗漱完。过了一会儿,大家吃完牛奶和面包,便背着登山包去乘坐机场巴士。

去机场的车上,火红的太阳探出身来,将金黄的阳光洒在四个孩子的脸上。沈小丽为了不让卡尔等人发现神秘社,从包中掏出了四副墨镜,将其中三副分别递给三个男孩。大家戴上墨镜后,用乐远的平板电脑拍了几张合影。三个男孩指着一张张照片,一个劲地夸戴墨镜的自己变得更帅了。

"你们少得意,主要是我的墨镜好看,所以照片才好看,而不是因为你们长得帅!"戴着墨镜的沈小丽实在忍不住打断了他们的讨论。

"沈大大,我们不帮你拍照,你不高兴了吧?"乐远将摄像头对准沈小丽,"班长大人,笑一笑呗!"

原本用手挡住摄像头的沈小丽,听到"班长大人"这个词时,露出了一排洁白的牙齿。"咔嚓"一声,乐远将平板电脑递给沈小丽,她头一次发现自己戴着墨镜大笑的样子也还不赖。

很快,巴士到达机场,小伙伴们等其他旅客都下车之后,才背着登山包起身下车。一下车,他们就看见卡尔的团队乘坐一辆面包车来到机场,正在卸好几个装满行李的大箱子。

为了不引起卡尔的注意,小伙伴们赶忙走进大厅换机票。可他们看到偌大的值机大厅时,都傻了眼,完全不清楚在哪里取机票。于是,沈小丽跑去询问一位机场的工作人员。

"从这里直走到 H 区,你就能看到一排胸前贴着 H 字样的前台人员,然后在 H10～H18 的地方排队,向她们出示身份证,她们就会给机票了。"那个年轻女子笑着说。

魔术师催眠事件

"明白了，谢谢姐姐。"沈小丽礼貌地道谢。

沈小丽跑到三个男孩身边，手指着 H 区的方向，告诉他们领登机牌的流程。小伙伴们纷纷拿出自己的身份证，一同去前台换了登机牌，再拿着登机牌和身份证去安检，然后进了登机口等待。

八点三十分，小伙伴们进入了机舱，四人的位置都在第二排，除了异常兴奋的乐远，窦图图等人一落座就开始呼呼大睡。很快，其他旅客也都陆续进了机舱，可半个小时后，飞机虽已经到了正式起飞的时间，却迟迟没有起飞。机舱里开始有旅客向空姐抱怨起来，乐远站起来看了一眼四周，发现机舱还空着五个位置。

不一会儿，飞机的广播发出了"嗞"的一声，空姐甜美的声音在机舱内响起："各位旅客，很抱歉。由于本次航班还有五位旅客尚未登机，所以飞机将在十五分钟后起飞，若给您带来不便，还请见谅……"

乐远心想，这五个人应该就是卡尔团队的人。他望着窗外阴沉的天空，低飞的蜻蜓，心中有种不祥的预感。大约十分钟后，乐远看见不远处有五个戴着墨镜和帽子的人朝飞机跑来，他们登机后坐在了最后一排。确定这架飞机的人都到齐不久，随着一阵轰鸣，飞机缓缓滑动，飞上了天空。

不一会儿，飞行平稳之后，四名空姐从机舱尾端推来了装着早餐和饮料的食品车，她们微笑着询问旅客选择哪一种饮料，还没走到第二排，乐远身旁的人就醒了。

"你在吃什么？这么香！"窦图图看了一眼乐远，顿时被香味弄得睡意全无。

乐远还没来得及开口，推车就来到他身旁，空姐笑着递来了一份热腾腾的番茄意大利面和一个圆圆的小面包。接着，又来了两个身材苗条的空姐，她们问道："您好，请问要喝什么？有果汁、牛奶、茶、矿泉水……"

窦图图抢先一步说道："我要喝果汁。"

由于另外两个小伙伴还在补觉，乐远便帮他们选了和自己一样的牛奶。两个空姐走后，乐远唤醒了沈小丽和聂非凡，他扭头一看，窦图图已经在大口大口地吃番茄意大利面了。空气中一下子充满了番茄那股微微的酸味，大约半个时辰后，空姐们推着车子再次走来，将旅客的餐盒收了回去。

聂非凡看了一下动物手表，低声道："距离抵达目的地还有一个半小时，卡尔他们可能会在这期间有行动，大家都别睡了，打起精神啊！"

沈小丽看了一眼最后一排戴着墨镜的五个人,不知道他们是否已经睡着。她点点头:"卡尔不会又来玩什么表演魔术吧?"

窦图图接过话:"那都不是魔术,明明是巫术。对了乐远,你赶紧叫醒大脸图,要开始战斗了哦!"

乐远看了看周围的人,见没人注意他们几个孩子,便撩开白衬衫,露出大脸图白白胖胖的猫脸。只见大脸图紧闭双眼,嘴角上扬,脸颊浮着两片红晕,看起来像是又在做美梦。乐远知道吵醒做美梦的大脸图的后果,他心思一动,想了个法子:

"大脸图,集美貌与智慧于一身的空姐在召唤你,快醒醒,否则空姐要走了哦!"乐远说完,捂着嘴偷偷地笑了。

大脸图很快就睁开了眼,四下望了望,问道:"空姐?空姐在哪?"

坐在靠窗口的沈小丽笑道:"没想到大脸图还喜欢美女呀!"

话音一落,三个男孩都笑起来,大脸图这才知道自己又被耍了,可它不敢顶撞沈小丽,便咬了乐远的手臂。

"哎呀,大脸图,你干吗咬我?"乐远看着那双瞪着自己的绿眼睛,连忙道歉,"对不起嘛!飞机上人多,我怕你被吵醒会大叫，只好出此下策。"

"是呀！真是委屈乐远的良苦用心了。"沈小丽望向大脸图，低声道，"现在卡尔团队坐在最后一排，我们猜测他会动用巫术，你等会帮帮我们吧。"

大脸图一听到巫术，立刻想起了自己的使命，它点点头，表示自己会与大家共同奋战。

3

忽然，飞机剧烈颤动，将小伙伴们吓了一大跳，正准备解开安全带想救生措施时，他们听到了身后一对父子的对话：

"爸爸，我好害怕！飞机出问题了吗？我们会掉下去吗？"

"哈哈，不会的，飞机只是遇到气流，有点儿颠簸，就像咱们在地上开车，遇到不平坦的路一样。等下机长就会搞定，一会儿就没事了。"

小伙伴们如释重负，重新靠在椅背上，拍了拍自己的胸脯，大家都认为这位父亲常年坐飞机才会如此淡定，于是他们也稍稍安心了。

然而，飞机的颠簸持续了十多分钟，机舱里的旅客再也坐不住了，纷纷向空姐询问飞机的情况，可空姐只能安抚旅客，除了机长，没人能确定飞机遭遇了什么情况。

此刻的驾驶舱,掌控整架飞机和旅客生死的机长,一边看仪表盘,一边解决飞机的问题。他内心很慌张——按键都失灵了,仪表盘的指针疯狂转动着,他试着联系塔台呼救,却发射不出一次呼救信号,更令他害怕的是,他怀疑飞机居然停在原地,没有再移动!

机长震惊不已,驾驶飞机十年,他头一次遇到这样诡异的现象:飞机就像一个在空中悬浮的气球,安安静静地停在原地,不前进也不后退,不上升也不下降,而所有的按键都失灵了。

令他更为不解的是,此刻飞机已经在平流层,却不停地剧烈颤动,这到底是怎么回事?

不一会儿,机舱像是炸开了锅一样沸腾起来,地上全是被震落的物品,旅客们意识到自己可能遭遇了概率极小的事故,有的已经哭闹起来,有的在录视频,有的在写遗嘱……现场一片混乱,只有小伙伴们在关注最后一排的五个人。

果然,卡尔马戏团的人开始行动了,卡尔站起身,朝所有旅客大声地吼道:"别吵了,大不了一死,反正人都要上天堂的,这会儿在天上,路费都省了。"

虽然是一个笑话,但没有一个人笑出声,反倒有人哭得更凶了。

"不如我给大家表演个魔术吧？"卡尔笑着问。

一时间，机舱里嘈杂的声音越来越小了，旅客们纷纷抬起头来，擦干了自己的眼泪。忽然，坐在第三排的男人笑道："好啊，不过你看起来有点眼熟啊！"那男人努力地想了想，恍然大悟地说："你、你就是著名的魔术师卡尔吧？"

旅客和空姐一听到卡尔这个名字，注意力全被吸引了过去。没有人再哭泣了，机舱内安静得针落的声音都能听到。

卡尔点点头，笑道："是的。虽然不知道今天是死是活，但我想，既然我和大家有缘在同一架飞机上，就在这里表演一场催眠悬空的魔术吧。"

在场的人一听是著名的魔术师卡尔要表演，还是免费观看，高兴都来不及，纷纷鼓掌称好。只有小伙伴们警惕地看着卡尔马戏团的五人，那两个戴着红色墨镜的男人开始捂着嘴用b-box为卡尔伴奏，戴着蓝色墨镜的女人则吹起了悠扬的曲子，戴着爵士帽的男人将自己的帽子递给了卡尔。

卡尔戴上帽子，站在那条狭窄的过道，走到了第一排的空地面对所有旅客，示意大家坐下来观看。"啪"地一声，所有灯都熄灭了，只剩第一排的灯照着卡尔的脸，他笑了笑，双手合十放在嘴唇边，念出一串咒语，然后两手轻轻一抬，十名旅客的身体像纸片般悬浮起来。

"哇,好厉害!果然名不虚传啊!"有个女人小声地赞扬道。

"我也好想试试飞翔的滋味哦!"另外一个女人说道。

卡尔似乎听到了女旅客的要求,立刻微笑着又说了些咒语,两名女旅客就悬浮起来了,她们脸上写满了不可思议,这让其他的旅客也跃跃欲试。

小伙伴们的额头上渗出了密密麻麻的汗珠,照这样下去,卡尔很快就会发现他们,而且机舱上的百八十个旅客也会有危险。这时,乐远和窦图图实在想不出什么办法了,只好一齐望向沈小丽和聂非凡,可他俩也摇了摇头。

而此刻,卡尔似乎是心有余而力不足,他满头大汗,脸上露出了一丝痛苦的表情,便告诉旅客自己的力量不能再使其他人悬浮,大家只好作罢。而浮在空中的旅客就像水中嬉戏的鱼儿般愉快,全然不知厄运就在后头。

"为了让大家深刻感受魔术的奥妙之处,接下来,我会将悬浮起来的旅客变成不一样的物品,维持一分钟之后,再恢复原样。"卡尔自信地说。

台下的旅客连连鼓掌称好,卡尔得意地笑了。小伙伴们却察觉到卡尔笑容中的奸险和狡诈。恐怕他要对旅客下手了，这可怎么办？

卡尔再次念咒，将悬浮的旅客们一个个变成了苹果、西瓜、柠檬、首饰盒、钻石项链、戒指、毛球、小兵马俑石像、钥匙串上的木偶、海绵宝宝人偶、直升机、变形金刚模型。坐在位置上的旅客们都惊讶不已，过了好一会儿才鼓掌喝彩。

忽然，鼓掌声戛然而止，除了卡尔之外，机上所有人行为举止都停在了这一瞬间，有的人保持着坐着鼓掌的动作，有的人保持哈哈大笑的状态，连小伙伴们也都保持着皱眉鼓掌的状态。这一刻，时间奇迹般地停止了。

"这些笨蛋，还以为是真的魔术表演，真好骗！多亏博士赠送的遥控器能让时间暂时停止，否则还不知道怎么在光天化日之下糊弄这些笨蛋！"

卡尔伸出背在身后的手，看了看握在手中的圆形遥控器，然后装进了口袋里。他用力地戳着旅客的脑袋，确定没有一个人能动之后，便仔细地打量起旅客和悬浮的物品，像是在挑选礼物一样。很快，他伸出手将悬浮在上空的两个钥匙串上的木偶吸过来，再装入他的口袋中。

但他不知道，此刻的乐远虽然身体不能动，却能转动眼珠，以及探测到卡尔的思维波。

"等我收齐七个人交给博士,就能得到一百万了,要发财了!"卡尔高兴地大笑起来。

"你这个祸害社会的败类,休想得逞!"乐远用思维波反驳了卡尔。

卡尔疑惑地回头一看,发现身后没人,便看着眼前被定格的所有人。他眼神凌厉,一一检查在场的旅客,没有任何人动眼珠或身体,他又警惕地走到后面,用手点了点每个旅客的脑袋,还是没能查出是谁。

"笨蛋,你是找不到我的。警告你,就此住手,不要再祸害更多的人,最好是去公安局自首,否则你就等着坐牢吧!"乐远愤怒地说。

"你到底是谁?你知道些什么?别想吓唬我,我可不是吃素的!"卡尔哼了一声,"你小子给我悠着点,被我抓到可就完了!"

卡尔从机舱最后一排回到第一排,他弯着腰,再次认真地看了看前两排的旅客。路过小伙伴们时,四个小孩的身影从他眼中一闪而过,他回头盯着小伙伴们半天,却想不起任何相关的记忆。

乐远担心被他看出来,便再次冲击他的思维波,说道:"笨蛋,有本事你来抓我呀!"

卡尔被气得满脸涨红,他龇牙咧嘴地瞪着旅客们,偏偏发现不了可疑的人,不禁又气又恼。过了好一会儿,卡尔渐渐平复了心情,脸色也恢复了正常,胸有成竹地说:"你给我等着,要是你被我抓到,你就死定了!"

乐远本想再反驳,可时间忽然又恢复了正常的运转,旅客们又都能动了。只是他们有点疑惑,自己明明只笑了一分钟左右,却好像过了半个小时那么久,笑得骨头都累了。小伙伴们也有同样的感受,他们揉了揉肩膀,丝毫不知刚刚发生了什么事。

这时,卡尔再次念咒语,将悬浮在空中的物品一个个都变回了人,大家落座之后,飞机停止了颠簸,机上灯光再次亮了。机长见眼前的仪表盘恢复正常运转,便试了试引擎,飞机居然可以继续行驶了!

乐远意识到任务的危险程度加重了,脸色变得非常难看,这让观察力极强的沈小丽发现了,问道:"乐远,你生病了?"

乐远摇摇头,又张了张口,最后决定还是下了飞机再解释。毕竟这里还有卡尔的人,现在告诉沈小丽他们卡尔可以让时间停止的事，恐怕小伙伴们的反应会打草惊蛇。

乐远半跪在座位上，随意看了看四周的旅客，发现机舱里少了两个人，两人都是窗口边的位置，较偏僻且不引人注意。而卡尔团队的五个人，这会儿都瘫坐在位置上，像是睡着了。

"有两个旅客不见了！"乐远坐下来，低声说道。

"应该是去上厕所了吧？飞机马上要降落，洗手间就不允许使用了。"窦图图不以为意地说。

"乐远，你发现了什么吗？"沈小丽见乐远的举动有点反常，忍不住问道。

乐远犹豫了一会儿，思考之后还是没开口，而是按了座位上方的呼叫器。乘务员很快来到他身旁，弯下腰问他需要什么帮助。

"请问，这架飞机上现在有多少人？位置都坐满了吗？"乐远委婉地问。

"没有呢，乘坐本次航班的旅客共有九十八人，因为有两位旅客没有及时赶上本次航班。"空姐答道。

乐远大吃一惊，起飞之前，他们明明听到乘务员数了旅客人数为一百人。乐远看了看那两个空着的位置，感到毛骨悚然："您……说的是真的吗？我记得这架飞机坐满了人呀！"

乘务员笑着说:"先生,我能确定自己没有记错,确确实实只有九十八位乘客。请问,还有什么可以帮助您的吗?"

乐远摇摇头,垂着脑袋不知在想什么,乘务员见状便转身离开了。

听见对话,原本在看报的聂非凡放下了报纸,他和沈小丽、窦图图的目光交汇,三人的脸上都写满了疑惑,似乎用眼神在问:"乐远怎么了?是不是卡尔把人变走了?什么时候发生的事情?"

乐远看着他们三人,顿时恍然大悟,这个机舱上除了自己因为拥有超能力幸免,其他普通人的记忆都被人暗中篡改了,仿佛有一辆收割机,无形地剔除了他们的部分记忆,而自己之所以还记得事物本来的样子,肯定是因为外星人大脸图保护了他的记忆。

但是,乐远有点儿苦恼了,他该如何把真相告诉小伙伴们?卡尔能定格时间的事,小伙伴们会相信吗?现在,这种超越现有世界科技水平的东西,落在了卡尔这种坏人的手中,后果不堪设想。乐远光是想一想就觉得可怕,他一定要想办法阻止卡尔才行!

第五章　沈小丽被掳走

1

半小时后,飞机降落在 Z 城,小伙伴们迫不及待地背上登山包,率先下了飞机,又快速地走出了航站楼。

乐远火急火燎地借了沈小丽的手机,给妈妈打电话报平安:"妈妈,我已经到达 Z 城了,这会儿刚下飞机!"

乐远妈一听到儿子的声音就唠叨着:"乐远,到外面玩要留个心眼,注意安全,大家集体活动,千万不要走散了,知道吗?你这个马大哈,在外面别给我惹事啊,千万记得跟紧小丽他们……"

乐远忍不住打断她的话,压低声音,神秘兮兮地说:"妈妈,我告诉你一个秘密,我在飞机上看见了那个巫师卡尔,他把乘客变成木偶之后藏在他的口袋里了……"

乐远妈觉得儿子说话越来越荒谬了,没等乐远说完,她就扯着嗓门打断:"乐远,你的脑袋瓜里一天到晚在想什么乱七八糟的事啊?什么巫师,人家卡尔是魔术师!你动画片看多了吧?以后多看点书,少看电视……"

"我马上就来!"乐远为了不让耳朵受罪,只好装作回应小伙伴们的呼唤,并对着屏幕说,"喂?妈妈?你说什么?我这边信号不太好,班长催我们去坐车了,我们以后再聊吧!"

"你刚刚说,卡尔把乘客变成木偶之后藏在了口袋里,是真的吗?"

乐远的身后传来幽灵般的声音,吓得他的手机差点掉在地上,还好他及时接住了,否则生长在警察世家的暴力小魔女——沈小丽绝对不会放过他。

他朝聂非凡翻了个大白眼:"到酒店再说吧。"

沈小丽查到酒店地址,直接带领三个男孩乘坐的士去了酒店。她看着乐远一脸揪心的表情,猜测他肯定知道了些什么情况,这个情况,或许还危及整个世界。

到了酒店,小伙伴们还没办理入住,就看见门口有个中年男人朝他们走来。

"你们就是神秘社吧?"

沈小丽看了看那男人胸口的字——大堂经理,便点了点头。

"请跟我来，你们网上订购的两间房已经升级成一间豪华套房了。"大堂经理带领小伙伴们来到前台，对工作人员说了几句话，就把豪华套房的房卡递给沈小丽，并且不由她拒绝。

"叔叔，你为什么把我们的房间换了啊？"乐远跳出来，好奇地问。

"这是一个礼物。"大堂经理微微一笑，没有正面回答他。

沈小丽长舒一口气，这下倒是省事了，她之前还担心四个未成年人不能住酒店。虽然小伙伴们很疑惑，但他们还是来到了顶楼的豪华套房。"吱"地一声，推开门一看，小伙伴们惊叹："天哪！这房间也太大了吧！"

"哇塞！有两间房，一个单人间，一个家庭房，客厅好宽敞呀！"乐远惊呼道。

"沙发好舒服，还有零食吃，太棒了！"窦图图也很高兴。

"这个套房……是挺好的！但是，到底是谁帮我们升级的房间呢？"聂非凡很不解，他们的行动并没有第五个人知道。

这时，小伙伴们的动物手表亮了，海绵宝宝人偶出现在屏幕上，它向小伙伴们挥了挥手："亲爱的神秘社，你们好！我是海绵宝宝，'神秘人'派我来通知你们，他知道任务艰巨，所以帮你们把Z城酒店的房间升级成超大套房了，方便你们一起行动。"

聂非凡顿时明白了,笑着说:"谢谢。我们一定会完成任务的!"

海绵宝宝一脸欣慰地点点头:"我相信你们肯定会成功的!加油哦!咱们下次再见!"

小伙伴们告别海绵宝宝后,纷纷坐在沙发上,吃着水果和零食。

沈小丽迫不及待地问:"乐远,你在飞机上不方便说的话,现在可以说了吧?"

窦图图好奇地看向乐远:"你还有不方便说的话?哦!我想起来了,前几天我的漫画书不见了,是不是你拿了?"

聂非凡丢给窦图图一个白眼:"图图,你别打岔,漫画书肯定是你为了不让你妈妈看见,偷偷藏起来以后找不到了吧?"

窦图图不好意思地挠挠头,笑道:"你咋知道?你是我肚子里的蛔虫吗?"

沈小丽忍不住打断他们的对话:"你们都别打岔。乐远,你知道旅客为什么会消失,是吗?"

聂非凡和窦图图一听,惊讶地看着乐远,难道大家的眼睛不一样吗?乐远从头到尾都和自己坐在一起,怎么只有他知道?

乐远点点头,说道:"其实,消失的两个旅客就是悬浮时的木偶,当时卡尔把时间定格了,所有人都不能动了,然后他就把那两个木偶收到了袋子里。"

"那你为什么能看见?"窦图图问道。

"我的眼珠能动,应该是大脸图在暗中帮助我。而且我通过思维波和卡尔对话了,他在机舱找我,可就是找不到,被我气得不行,还发誓一定要找到我。"乐远说得很轻松,丝毫不惧怕卡尔。

"乐远,我们还是要小心一点,卡尔能听出你的声音不像个大人,而机舱里的孩子也不算多,他可能会派人跟踪我们。"聂非凡分析道。

小伙伴们认同聂非凡的分析,毕竟,定格时间的遥控器在卡尔这个坏人的手上,对他们来说是非常不利的。

中午,小伙伴们戴着墨镜,将自己最重要的物品装进登山包里,然后背着登山包一起走出了豪华套房。等电梯时,有一个戴着墨镜的黑衣人默默地站在小伙伴们身后,电梯的镜面门反射出他们五人的样貌,沈小丽偷偷地瞄了几眼黑衣人,发觉对方似乎在盯着自己和三个男孩。

"叮——"电梯升到了二十二层,门一打开,小伙伴们就走了进去,黑衣人紧跟其后,并按了一楼的键。渐渐地,电梯里的人越来越多,小伙伴们和黑衣人都被挤到了角落,沈小丽看了看身旁的黑衣人,发现他的视线确实停留在自己几个人的身上。

出了电梯之后,沈小丽连忙拉着三个男孩跑起来,她边跑边往后看,发现黑衣人快步地跟着他们,并时不时地躲在圆柱子后面隐藏。

小伙伴们来到了酒店的餐厅,四人落座之后,乐远好奇地问:"沈大大,你怎么突然间拉着我们跑起来了?"

聂非凡食指放在唇中间,示意乐远说话小声点。他看了看四周,说道:"难道你没发现吗?那个黑衣人在跟踪我们,或者说是在监视我们。"

乐远和窦图图下意识地环顾四周,发现那个黑衣人坐在左边的位置,假装在看报纸,可露出的那双眼却让他暴露了。

这时,服务员推着食品车,上了四样江南小菜,窦图图一闻到香味,立刻回过头来,拿起筷子就夹菜吃。

沈小丽端庄地坐起来,在桌下踢了踢他们的腿,边夹菜边笑着说:"你们别看了,我们就像以前一样,自然地吃饭和打闹，否则会被黑衣人察觉我们已经知道他在监视我们了。"

"为什么？让他知道了不是更好吗？这样他就不敢明目张胆地跟踪我们！"乐远愤愤地说。

聂非凡夹了一块红烧肉塞到乐远的嘴里，说道："你是不是傻啊？如果他知道了，就证明监视这个办法对我们没用，会采取其他方法。我看他时不时自言自语，有时还摸自己的耳朵，估计耳朵里装了通信器。"

"你说话越来越有侦探的味道了！聂侦探，你的大闸蟹就让我替你吃了吧？"窦图图说着就去拿大闸蟹。

聂非凡反应快速，一下子咬住大闸蟹，得意地看着丧气的窦图图，说道："这世上唯有大闸蟹不能和我抢！"

小伙伴们吃完饭后，服务员送来了包子和水果，沈小丽对服务员说自己没点这两道菜，服务员却指着不远处的大堂经理。小伙伴们瞬间明白过来，朝大堂经理笑笑以示谢意。大家吃完之后，原路回房，可他们一进去就发现，袋子里的东西好像被翻动过，小伙伴们警惕地搜寻四周，却没有看到其他人。

"要不要报警？或者换一个房间？"聂非凡问道。

"暂时不用，我们也没丢东西，就不兴师动众了，免得行动时不方便，而且卡尔还要抓五个人呢，我们今天要养精蓄锐，晚上的时候去体育馆和卡尔团队战斗。"沈小丽说道。

乐远忽然一拍脑袋瓜："沈大大,你打个电话让沈大哥查查消失的人的信息吧,我在机舱上见卡尔收木偶之前在挑人,好像博士需要的活人实验品是有条件的。"

沈小丽听后,立刻走到房间里拨通了沈飞龙的电话。三个男孩则走到窗边,眺望眼前这座高楼林立的城市,从二十二层楼眺望可谓是视野开阔。Z城靠近海边,远远的就能看见一片蔚蓝色的大海,岸边停靠着白色游艇和五颜六色的小船。据说,Z城的夜晚很热闹,不少人特意来这座城市欣赏美丽的夜景、参观欧式复古建筑,以及在游轮上举行奢华的派对,享受在海风中吃肉喝酒的惬意。

不一会儿,沈小丽从房间走出来,一手拿着手机,一手拿着纸笔:"哥,你说吧。"

三个男孩看着她在纸上写了很多字,凑近一看,纸上写着南明市体育馆消失了四人,分别是二十岁的罗小宾、十二岁的赵明明、十八岁的罗莉和十四岁的李圆圆,而飞机上消失的两人分别是十九岁的王大俊、十五岁的刘佳。

小伙伴们根据这些线索,围在一块讨论卡尔是通过什么方法来挑选活人实验品的。

2

"咦,我发现这六个人之中,有三个巨蟹座,两个天蝎座,一个狮子座。卡尔会不会通过星座来挑人?"沈小丽问道,她对这一个发现很高兴。

但聂非凡立刻否定了她的推测,他分析道:"按年龄来看,他们都是连续的,一个年龄一名的,唯独少了十七岁和十三岁的孩子。你们还记得在雪山遇到的狼人吗?就是狼和人的基因组成的那些怪物!如果这个博士也是要制造怪物,很有可能会抓年轻人,所以目前还没有中年人消失。"

乐远等人震惊地看着聂非凡,过了一分钟才缓过神来,鼓掌表示佩服聂非凡的推理能力。

聂非凡不好意思地挠挠头:"其实我也不算厉害,平时多看书和电影,加上敏锐的观察力和丰富的侦查知识,就可以成为一名厉害的侦探。我的偶像就是这样的人。"

窦图图见他一脸崇拜的样子,连忙问道:"你的偶像是谁?"

聂非凡微微一笑:"他是全世界大名鼎鼎的神探——福尔摩斯。他超级厉害,警察都办不到的事情、抓不到的犯人,他利用自己独特的侦查手法和思维,就能让那些罪犯无处遁形……"

沈小丽和乐远对视一眼,他们头一次看见向来寡言的小侦探滔滔不绝。

"按你的推算,卡尔下一个要抓的人会是谁?"乐远想了想,心中实在没有人选。

聂非凡收住福尔摩斯的话题,看了一眼沈小丽,犹豫了很久才说:"虽然我不知道卡尔为什么对观众的身份信息都很清楚,但我隐约觉得,13岁的狮子座女孩不太安全。所以,我建议班长大人今晚最好不要出现在卡尔的面前。"

此话一出,大家都安静下来,担忧地看着沈小丽,她是神秘社中唯一一个狮子座的人。可沈小丽却拒绝了聂非凡的建议,她认为神秘社执行任务期间,要共同进退,不可以为了未知的事情退缩。

沈小丽看着手表,脑海中闪过了一个念头,她笑着说:"我忽然有个主意,如果我被抓了,你们就根据动物手表上显示的位置来找我,这样一来,我们就能知道卡尔抓的人在哪里啦。"

三个男孩愣了愣,估计这世上只有他们大胆又独一无二的班长大人,会即使被抓也高兴。最后大家认同了这个建议,戴上各自的手表,打开了跟踪功能。

夜色渐深,一轮圆月高高悬挂,星星宛如被神抛出的一盘银色的碎片,在空中一闪一闪地发出银光。Z城亮起了无数盏灯,迷人的夜景渐渐显现。清冷的月光透过窗户,洒在小伙伴们的身上,他们把家当都装进登山包,依依不舍地看了一眼这间豪华套房,然后关门来到了酒店一楼的餐厅。

小伙伴们坐下来点完菜,佯装不经意地左右环视。不一会儿,服务员推着食品车把菜上完了。

"今天黑衣人没有来监视我们了嘛!"窦图图啃了一口鸡腿。

"估计帮卡尔办事去了吧,今晚的魔术表演,肯定有很多个坏家伙暗中帮助卡尔抓人!"乐远戴上透明手套,也撕下了一只鸡腿。

"要是这样就好了,我们行动才方便,就担心黑衣人又想出了什么新花样来对付我们。"沈小丽皱着眉,有点儿忧愁。

"班长大人,你也不用太担心了,有句老话,兵来将挡、水来土掩!我们可是勇敢机智的神秘社呀!"窦图图吃得满嘴都是油,说完还仰头大笑。

隔壁桌的人闻声朝小伙伴们投去异样的目光,沈小丽等人脸一红,忙埋头吃饭。

聂非凡笑出声来:"图图,鸡腿快要吃完了哦!"

窦图图看桌上的东西越来越少,自己却还没吃饱,赶紧闭上嘴只顾一个劲地吃菜。

半小时后,沈小丽结完账,又看见了那位大堂经理。小伙伴们朝大堂经理微微一笑,没想到大堂经理走过来,递给他们四张卡尔魔术表演的入场券,并带他们到大门口,打开大门外停着的出租车:"去吧,这也是一个礼物。"

沈小丽等人惊讶极了,他怎么好像什么都知道?大堂经理是"神秘人"派来的人吗?当聂非凡准备开口询问大堂经理时,没心没肺的窦图图把他推上了车,并顺手关了车门。小伙伴们笑着向大堂经理挥手告别,心想这个世界上还是好人多啊!

八点整,演播厅坐满了人。小伙伴们再一次坐在 VIP 区域,发觉现场的布局跟南明市体育馆的演播厅几乎一模一样。女主持人的声音很快响起:"现在,我们有请魔术师卡尔出场!"

台下一片掌声，小伙伴们也跟着鼓掌。卡尔从天上缓缓降落，现场所有观众都站立惊呼，直到一身亮晶晶的卡尔双脚落地，他们才坐下。

"咦，这次卡尔怎么第一个出场？"乐远奇怪地问道。

"哼！卡尔心急想吃热豆腐了呗！不过，有我们神秘社在，他是热豆腐吃不成，反而会烫伤舌头了。"聂非凡讽刺道。

啪啦啪啦——舞台的灯光一一熄灭，黑暗中，观众们紧张地看着前方，直到舞台背景变成了一棵大树的剪影。"呼——呼——呼——"夜风呼啸，大树被狂风吹得折弯了腰，树枝却在奇迹般地生长，所有的叶子都变成了一双骨瘦如柴的手。

接着，那些瘦骨嶙峋的手攥紧了拳头，发出"咔啦"的响声，并不断地伸向卡尔，甚至从剪影中伸了出来！卡尔正在低头准备道具，丝毫没有察觉到身后的危险，下一秒，手从背后偷袭了卡尔，狠狠地掐住了卡尔的脖子。"哐！"卡尔手上的道具掉在了地上，现场观众都害怕得叫出了声，还有人说要报警。

卡尔用手拍打着脖子上的东西，发现自己还握着一个魔法棒。他闭上眼，口中念着咒语，挥动魔法棒指向脖子上的东西。"咻！"那些手落在地上，化成一缕白烟消失了。

"咚——"不知是谁的手机掉在了地上。眼前的现象都消失了，卡尔完好无损地站在舞台上，依旧保持着检验道具的动作，观众们不禁长舒了一口气。

"接下来，我要表演一个有趣的魔术，但我需要一名观众上来帮我，有自愿的吗？"卡尔问道。

"我！选我吧！"沈小丽主动举了手。

卡尔看向沈小丽，那目光停留了足足一分钟，像是在读取她的所有信息一样。他走下来，牵着沈小丽走向舞台，并让沈小丽坐进了那个很小的宇宙飞船中。

"各位，下面就是见证奇迹的时刻了，大家千万别眨眼哦！"

卡尔拿了一张黑布盖在飞船外，再用魔法棒指向飞船，魔法棒发出了蓝色的电光，整个飞船都被蓝色的光包裹住。

"嘛哩咕噜吼……"卡尔念了一串咒语后摘下黑布，飞船里的沈小丽已经不见了。

"哇！好神奇啊！"有个小男孩发出惊叹。

乐远等人互看一眼，彼此点了点头，悄悄地离开了观众席。他们来到演播厅外，盯着动物手表上快速移动的红点，乐远按下了手表边上的定位键，小屏幕立刻显示他们和沈小丽隔着不远的距离。聂非凡分析了一下方向，发觉对方正往二楼转移，三个男孩加快步伐跟了上去。

根据手表显示的位置,他们很快就看见了黑衣人和沈小丽的身影,便更加注意隐匿行踪。黑衣人推开了服装室的门,很快,里面传来了对话声:

"你守着这里,我去上个洗手间。"

随后一个黄头发的黑衣人推开门,朝洗手间走去。另一个身材较胖的黑衣人站在门外,目光呆滞地直视前方,聂非凡看他那副呆头呆脑的样子,便凑到乐远他们的耳边窃窃私语。

小伙伴们点点头,从另一条路绕到服装室,背后偷袭了门口的黑衣人。"扑通"一声,胖黑衣人倒在地上,室内响起了板凳摩擦地面的声音,三个男孩赶紧把胖黑衣人拖到附近的房间里,并用一张红布覆盖了他的身体。

"喵——"窦图图学着猫叫,吸引了室内的黑衣人,只见那个黑衣人一打开门,就被乐远用棍子打晕了。

"沈大大,你没事吧?"三个男孩赶紧冲进去,却没见到沈小丽。他们确认了一下动物手表上的红点,确定沈小丽就在这间屋子里,于是,他们展开了搜寻行动,很快发现了一个被服装盖住的大型南瓜状盒子。

这个盒子外面用黑色的笔墨涂了魔鬼的笑容,上面还贴着一张红色字体写的纸条：

如果月亮女神出现在舞台上，卡尔会把她变成什么肤色的人种呢？

来吧！用你的智慧揭开谜底，就能打开飞船的大门。

如果你答错三次，就会悄无声息地消失于人世间！

"意思是，如果我们答错了，就会突然消失，还没人知道？"三个男孩你看着我，我看着你，然后聂非凡点了点头。

"我才不跟卡尔玩这种小儿科的把戏呢！这项艰巨的任务就交给你俩啦！"窦图图找了个借口来掩饰自己不灵光的脑袋。

聂非凡努力地思考了好一会儿，与乐远讨论起来："月亮是银白色的天体，按理来说，应该也是银白色的吧？"

聂非凡输入"银白色"三个字，结果电子锁并没有打开，反而发出"嗞嗞"的响声，并显示只剩两次输入密码的机会，如果输错三次，电子锁就会自动锁死，再也打不开了。

"可地球上普遍都是黄种人、白种人、黑种人呀，难不成只是白色吗？"

乐远输入"白色"二字，依旧没有打开锁。

3

眼看机会只有一次了,乐远有点着急,他的眼前仿佛出现了沈小丽被绑在冷冰冰的操作台上,正满眼泪水地望着他的景象。他心中既自责又害怕:"如果我没有同意沈大大被抓去就好了,都怪我,没有及时阻止卡尔……"

"乐远,遇到困难,你就悲观地看待,怎么能算是一个合格的冒险家呢?在破解谜团这条道路上,会发生很多更加困难的事,如果你只知道哀号而不去解决,不去找出真相,那你就趁早回家吧!"大脸图冷不丁地说出这番话,很明显它不喜欢只用悲观的态度去面对困难的人。

"是啊,大脸图说得对,我们应该尽快想办法解决。乐远,你先打个电话给沈大哥,告诉他班长大人被卡尔抓了。卡尔的心机那么深,飞船的答案应该没有这么简单,从这张纸条上来看，舞台上……"说着，聂非凡思考起来。

乐远打了好几个电话给沈飞龙，都没有打通，于是，他又发了好几条短信给沈飞龙，希望沈大哥看到信息会派警察来支援他们。

窦图图思来想去，越想越觉得不安，瞪着那个电子锁，显得很不耐烦的样子。他拨开乐远和聂非凡，自己站在南瓜盒子前细细端详，这个卡尔到底在玩什么把戏？忽然他想起了卡尔在舞台上常用的一句咒语，试着用卡尔的语气念道："嘛哩咕噜吼！"

下一秒，三个男孩都惊呆了，电子锁竟自动输入了这五个字，南瓜盒子像着魔了一般越来越膨胀，越来越大，大到快要爆炸了。他们害怕得互相抱在一起，离那个大南瓜盒子远远的，紧接着"砰"地一声巨响，吓得他们紧紧闭上了眼睛。

"哇！好漂亮的飞船！"乐远睁开眼，目不转睛地盯着那艘中等大小的飞船。

聂非凡和窦图图也凑过去看，圆圆的飞船外表画着数以百计的热气球，它们迎着黄昏的晚霞升起，下方是起伏的山峦、沟壑与谷涧中的石柱。

"这个地方我在一本地理杂志上看到过啊，好像是土耳其中部安纳托利亚高原的卡帕多西亚,每年都有很多人去那里乘坐热气球哦!"

小伙伴们听到了熟悉的公主腔,以为是沈小丽回来了,惊喜地回头一看,却没有人。大家瞬间明白过来,纷纷看向白衬衫里露出的那张猫脸。

莫非这艘飞船是博士送给卡尔的工具?而卡尔为了不引人注目,用巫术把飞船变成了南瓜盒子。那么,飞船里面是否会藏着沈小丽?

小伙伴们迫不及待地想进飞船,却怎么也找不到按钮。

"笨蛋,在那里!"大脸图指着一个红白条纹的热气球说道。

乐远按了按那个热气球,"咔哒"一声,飞船的门居然打开了。小伙伴们走进圆形飞船,看见墙壁上挂着很多木偶钥匙,桌子上全是木偶娃娃。他们走近看了看木偶娃娃,发现每个木偶的脸都不一样,而且每个木偶的脸都像真人脸,仿佛是木偶被贴上了一张活人的脸皮。

"啧啧,卡尔那么大人了,怎么还喜欢木偶娃娃?"窦图图连连摇头。

"卡尔本来就很奇怪,或许跟那个博士有关吧。"聂非凡说道，不过有一点他百思不得其解，"他们的脸……就算是画上去的，也不可能这么逼真吧！"

乐远踮起脚尖，取下墙壁上的木偶钥匙，顿时瞪圆了眼："这就是我在飞机上看见卡尔收到口袋中的木偶钥匙，莫非……这些人都是他抓的人？卡尔用巫术把他们变成了小小的木偶，是为了容易携带和不让人怀疑！"

这也太玄了！窦图图等人至今还不愿相信这个世界上真的存在巫术，而且那么厉害！柜子的角落还摆着一些西瓜、南瓜、首饰盒、耳环、布偶、喜鹊雕像，难道它们都是消失的人吗？

"喵——"大脸图从白衬衫里探出可爱的圆脑袋，用欣赏的眼神看了看乐远。

"乐远说得没错，在我的家乡修罗纪元，这种巫师就是邪恶的黑暗势力，他们被抓到之后，会被送上法庭，如果不知悔改，最后就一命呜呼！"

得到大脸图的认可，乐远不好意思地挠挠头，聂非凡等人欣赏地看着他。就在小伙伴们将木偶都收进自己的登山包中时，身后传来了低沉又阴森的声音："原来……你们在这里啊！你们……害我找得好苦啊！"

小伙伴们看着眼前那个巨大的影子，停下了手中的动作，倏然间，他们的心都提到了嗓子眼，四人紧张万分地看着彼此，大气都不敢出。

窦图图深吸了一口气，突然转过身，由于光线昏暗，他看不清那人的面孔，但他看清了那人有力的臂膀。他努力地控制颤抖的声音，吼道："你是谁？你想干什么？"

那人又发出阴森的声音："我……我受人之托，来抓你们！"

乐远等人纷纷转过身来，聂非凡用手机的电筒照向那人，看清那人的面孔之后，他瞪圆了眼睛，居然是在酒店监视他们的黑衣人！

"想抓我们？没那么容易！有本事先打倒我！"乐远站在其他三个小伙伴们的面前，气愤地冲黑衣人道。

"哈哈！就凭你们这些小屁孩！"黑衣人冷哼一声，不屑地说，"废话少说，受死吧！"

黑衣人从口袋中掏出一把枪，黑乎乎的枪口对准了小伙伴们。乐远越来越气愤，全身的血液似乎都沸腾起来，觉得有一股力量就要喷发而出。"啪"地一声，服装室的灯都灭了，接着，整栋大楼的灯都灭了。

大楼陷入了黑暗。

黑衣人来不及反应，但还是握着枪瞄准眼前："这样也好，你们就在黑暗中死去吧！"

黑衣人说完之后，似乎笑了，小伙伴们看得到他牙齿的寒光。但下一秒，体育馆的备用电路启动了，服装室的灯又亮了。

"你们再走一步，我就开枪了！"

黑衣人发现眼前并没有人，连忙四处张望，见小伙伴们已经到了飞船门口，将枪口对准了他们。

小伙伴们停住了脚步，毕竟，这可不是闹着玩的。黑衣人逼着他们走回飞船里，五个人再次面对面地冷眼相对，忽然"砰"一声响，子弹像火箭一样冲小伙伴们而去。

在这千钧一发之际，窦图图推倒了聂非凡，当他要去推倒乐远时，被乐远身上的那股强大力量击倒了。同时，有一个圆形的保护罩包围了他们。

接着，大家眼睁睁地看着那颗子弹在触碰保护罩时，竟"咻"地一下化成了粉末。黑衣人震惊极了，一动不动地看着乐远。

窦图图的眉头拧成了麻花，聂非凡一脸嫌恶地看着黑衣人，乐远眼神冰冷，他们一起朝黑衣人走了过去。

"别、别过来！再过来我就要开枪了！"黑衣人露出慌张之色，他举着枪瞄准乐远，乐远依然朝他一步步靠近，黑衣人只得一步步后退，直到被逼到了墙角，无路可退。

"你开枪也杀不了我！"乐远在离黑衣人一米的地方停下来，挑衅道。

黑衣人被惹怒了，面目扭曲地盯着乐远，忽然他发出了刺耳的吼叫，像头猛兽一样扑向乐远，谁知竟扑了个空，乐远一下子跳到了桌子上，冷冷地看着他。黑衣人将枪口对准乐远，"砰砰砰"，子弹像冰雹一样飞速地砸向乐远，却又自己转了个弯，打进了飞船的墙壁。

乐远纵身一跃到了黑衣人的面前，随后他的大腿一伸，学武术宗师李小龙吼了一声"我打"，黑衣人便被打得满眼金星，往左侧倒了下去。

"我听到外面有很多人正往这边赶来，现在必须启动飞船离开这里！要快！"大脸图两只猫耳朵竖起来，一脸严肃地对小伙伴们说道。

第六章　大战食人花和小恐龙

1

聂非凡最先反应过来,立刻站起身去启动飞船,可他看到仪表盘后就傻眼了,五颜六色的按钮,到底哪一个是启动引擎的按钮,哪一个是操纵杆呢?

飞船迟迟没有动,乐远等人也凑过来,一时间,舱内变得格外安静,只有外面传来仿佛军人训练时那样整齐的脚步声,每一步都沉重又清晰。眼看敌人越来越接近,情急之下,乐远按下了蓝色的键,飞船剧烈地颤抖起来,并发出了颇有节奏的响声。

"卡尔大人,他们在那里!"服装室的门被撞开了,戴着面具的女人指着飞船大声喊道。

"快!阻止他们!"卡尔命令道。但来不及了,聂非凡快速按下关门键，微笑地看着卡尔的人被关在飞船门外。紧接着，飞船发出了尖锐的声音，将卡尔一行人吵得耳膜疼。

"可恶！他们居然盗了我的飞船！"卡尔瞪眼看着飞船飞走，愤怒地一拳打在墙上，他看向戴着面具的下属，下属们见卡尔发怒，都垂着脑袋，大气都不敢出一下。

"把我的手机拿来，我要打电话给葛老板告诉他这个坏消息。如果他问你们原因，你们就说是这些小屁孩盗走了飞船。明白了吗？"卡尔的脸上露出了邪恶的笑容。

"明白了，卡尔大人！"下属们点头允诺。

圆形飞船停在了一条狭窄的泥土路上。小伙伴们下来，眺望着路的尽头，居然发现一片向阳而生的向日葵花海，远远望去，像一片金色的海洋。

"真想去向日葵花海中躺一躺啊！"乐远天真地说，情不自禁地走向那片花海。

"践踏花草是不对的，小心农民伯伯来抓你哦！"窦图图瞬间化身成良好小公民。

"乐远，你躺在这条泥路中间也不错啊，你瞧瞧，两旁还有鲜花和蘑菇呢！"聂非凡笑道，却得到乐远丢来的大白眼。

"咦，这里有路牌，还有个石像！"窦图图喊道。

小伙伴们顺着窦图图手指的方向望去，看见泥路两旁不仅有一排绿色的网，还有两块木质路牌和一个石像。两块路牌上都用鲜艳得仿佛滴出血来的红色字体写着：

这里是欢乐乡的边界，请慎入！

路边的野花很美丽，请不要随意采摘，否则会遇上血光之灾！

窦图图不屑地说道："这种抬头不见飞机，低头不见车马和其他动物的地方，还能遇到什么血光之灾呀？"

"对啊，会不会是谁的恶作剧呀？"乐远决定不理会路牌上的内容，直接走向了那片向日葵花海。距离花海的边界还有一米左右的时候，他看见向日葵花海中有一个黑点，忙掏出特工墨镜一看，天哪！那是……

"沈大大！沈大大在这里！"乐远朝身后的两人喊道。

小伙伴们立刻跑了过去，却见沈小丽脸色惨白。聂非凡摸了摸她的额头，说道："没有发烧，呼吸均匀，身上也没有伤口。"

沈小丽似乎听到了声音，努力地睁开眼，似乎是日光太过刺眼，她再次闭上了眼睛，皱着眉头，用微弱声音说道："水……好渴……"

窦图图连忙拿出一瓶矿泉水给她喝,可沈小丽喝完之后,很久都没有醒来。聂非凡见此刻的阳光太猛烈,四处望了望,附近只有一棵瘦弱的树可以提供一点可怜的阴凉处,便让乐远背着沈小丽到树下。

乐远愤愤不平地说:"葛瑞和卡尔居然把沈大大害得这么惨,再让我遇到他们,我就狠狠地揍他们一顿!"

"那你的机会要来了哦!"一阵熟悉的公主腔传来,小伙伴们看向恢复了点力气的沈小丽。沈小丽从乐远背上跳下来,脸色比先前红润了点,一时间把小伙伴们激动坏了,大家一拥而上抱住了沈小丽。谁知沈小丽往左边一躲,三个男孩亲密地抱在了一起。

"噗——"白衬衫里的大脸图发出了笑声。

"笑什么笑?再笑的话,乐远今晚就看不到你了。"窦图图挥着小拳头威胁大脸图,大脸图不在意地做了个鬼脸。

这个外星人什么意思?瞧不起本大王的拳头?窦图图被挑衅了,边撸起衣袖边朝大脸图走去,大脸图也不甘示弱,猫脸气鼓鼓的,还破天荒地露出了手臂上的肌肉。

眼看"二图"就要展开战斗,沈小丽大局为重,大声地制止了他们:"现在可不是打架的时候哦。不过我们怎么会在这里呢？我记得黑衣人把我抓到南明市体育馆的地下隧道去了呀！"

"那你怎么过来的？"聂非凡诧异不已，南明市距离这个地方少说也有上千里路程，班长大人怎么突然就回来的？难道也像外星人那样瞬间转移吗？

"飞船停在蓝色的池水中，就在我要下飞船时，飞船剧烈晃动起来，还发出了爆炸声，吓得我赶紧闭眼捂耳朵。等我睁开眼，就看见你们了。"沈小丽也觉得很奇怪，继续道，"不管怎样，我们先去救地下隧道的那些人吧！聂非凡分析得没错，消失的人只比我们大几岁！"

小伙伴们点头如捣蒜，立刻转身回到那条狭窄的泥路，大家这时才注意到，泥路的两边草地上的红蘑菇肥美异常，而且形状特别，有小人、冰淇淋、月亮等样子。伴生的鲜花更加奇特，每朵都是五片肉质的花瓣，全花足有半人高。聂非凡定睛一看，觉得这花他似乎在哪里见过，却怎么也想不起来。花的中央像是一个莲蓬头，没有花蕊，花茎翠绿。那一大片血红色的肉质花瓣，颜色暗淡，却似乎有种魔力迷惑着小伙伴们不自觉地靠近。

这些植物有点儿……不对劲！乐远感觉自己越靠近植物，脑袋越发不清醒，他猛地甩甩头，阻止小伙伴们凑近植物，可窦图图却好奇地摘了一朵花。

"沈大大,这朵花有点奇怪,你认识吗?"聂非凡大声地问道。

"有点儿像食人花啊!"沈小丽说道。

"食人花是什么神奇物种?"乐远顿时感兴趣起来。

沈小丽从自己的背包里掏出了一本《植物大全》,快速翻到食人花那一页,三个男孩凑过去,看书上的照片,果然和图图手里的花长得很相似,只是照片上的食人花较矮。

"大家站远一点,小心这花!"聂非凡两手揽住乐远等人,退回了泥路外。

"为什么要离食人花远远的呀?"窦图图转头问沈小丽,"食人花是什么花?好养活吗?"

沈小丽摇摇头:"传说,食人花开出巨大的花朵之后,会散发一种奇特的臭味,吸引一些逐臭的昆虫为它传粉做媒,这种花会吃虫子,还会……还会吃人!"

沈小丽说完之后,窦图图愣住了,手上的食人花也掉在了地上,他不自觉地打了个激灵。

忽然,天空中飞来了一只白色的鸟,不停地在乐远的头上盘旋,并发出"咕咕"的叫声。下一秒,小伙伴们闻到了一股恶臭味，大家以为是鸟屎掉在了乐远身上，眼中满是对乐远的嫌弃，纷纷捏着鼻子走到离乐远一米之外的地方。

然而，那股恶臭味并没有消散，反而更加浓郁了，都快要把小伙伴们臭晕了。

"我身上没有鸟屎！"乐远不满地抗议。

"那这股臭味是从哪里来的呀？"聂非凡闷哼道，脸都憋红了。

"不行了，我真的要被臭晕了。"窦图图差点要吐出来了。

沈小丽望望四周，发现自己三人为了躲乐远，已经走到了泥路中，并且离食人花只有三步之遥！她不禁颤抖了一下，想提醒小伙伴们，却感到浑身乏力，动不了，说话的力气也要没了。她很着急，面前的三个男孩还在就鸟屎的臭味争论，对危险的食人花毫无察觉，更可怕的是，食人花此时已经缓缓地张开了五瓣肉质的花瓣，并伸长了花茎，摇了摇，像是在扫视小伙伴们。

"聂……非凡……小心！"沈小丽用尽全身力气说完，"扑通"一声跪倒在地。

三个男孩听到声响，这才回过头来，诧异地看着地上脸色苍白的沈小丽。

"沈大大，你又怎么了？"乐远担心得快要哭了。

"花……"沈小丽费了很大的劲才挤出一个字来。

男孩们顺着沈小丽的目光看去，惊得嘴巴可以塞下一个鸡蛋：距离他们最近的那朵食人花竟像人一样在呼吸，莲蓬头露出了红色的舌头和黑色的牙齿，更骇人的是，黑色的牙齿发出了摩擦声，像是在为即将猎到食物而亢奋。

"妈呀！"乐远被吓得一屁股坐在地上。

"走！走啊！快回飞船里！"聂非凡催促道。

窦图图傻傻地点头，立刻背上沈小丽，可他没走几步路，就好像被沈小丽传染了一般，身体越来越无力，仿佛自己背的不是人，而是一块千斤重的石头，被压得浑身都在颤抖。

这时小伙伴们的耳旁传来一阵幽灵般的窃笑，吓得大家鸡皮疙瘩都起来了。

乐远让聂非凡他们先走，大脸图会帮助他和食人花开战。可他一转身就被吓得双腿发软，短短几分钟的时间，那一排红色的蘑菇居然长得比他还高，"咔哒"一声，红蘑菇长出了四肢，与食人花一同朝乐远奔来。

"大脸图，快醒醒啊，帮帮我啊！"乐远的声音里带着一股哭腔。

"五只大闸蟹?"大脸图冒出了没头没尾的一句话。

"成交!"乐远秒懂,这个吃货就知道和他交易,摆明是威胁他。

红蘑菇和食人花都发出了令人毛骨悚然的窃笑声:"你们……闯进来……就逃不走了!哈哈!逃不走了!"

乐远浑身发着蓝色荧光,目睹越来越多的红蘑菇和食人花站立起来,像军队般气势汹汹地朝自己走来。令乐远气愤的是,为首的食人花居然命令一个矮小的食人花与乐远对战,摆明不把乐远放在眼里。

2

食人花张开巨大的花瓣要夹住乐远,没想到乐远纵身一跃,悬浮在半空。他冲地上惊讶的植物们笑了笑,然后飞速地冲那一朵矮小的食人花而去,"啊呀"一声,食人花被乐远的拳头打倒在地,痛苦地呻吟着。

为首的食人花有些惊讶,又派了两三朵花上前去,它的盟友红蘑菇也纷纷出动,敌人一下子多了起来,乐远有些招架不住了。这时,聂非凡发现飞船的门打不开,干脆让窦图图把沈小丽放在地上,和图图一起跑过去帮助乐远。

不一会儿,几乎所有的食人花和红蘑菇都被打倒在地。

"可恶!"为首的食人花非常气愤,它张开巨大的花瓣夹住了乐远,然后狠狠地把乐远抛了出去,乐远的膝盖因此破皮出了点血。它的莲蓬头随即喷出一股米黄色气体,小伙伴们被这恶臭味熏得头晕眼花，连咳了好几声。

"去吧！把你身旁的人都掐死！"低沉又阴森的声音传来。

三个男孩像着了魔一般，朝自己的同伴而去，仿佛同伴是一个个黑衣人。他们掐住了彼此的脖子。

"乐远、聂非凡、窦图图，快住手！"沈小丽用毛巾捂着鼻子，惊慌地跑过去，拉开了他们三人，并递给每人一片湿巾。湿巾一碰到鼻子，乐远等人就清醒了。

"你们闻出来了吗？有一股风油精的味道哦！"乐远说道。

食人花见小伙伴们都平安无事，很恼怒，再次喷出了米黄色气体。忽然，食人花的身体扭来扭去，痛苦地叫着："这是什么鬼东西？好痛！"

原来沈小丽正拿着一把水枪，不停地射食人花，并向三个男孩说道："快拿水枪射它！"

三人拿起地上的水枪，闻到了熟悉的风油精味道。小伙伴们顿时信心大增，对准食人花疯狂射击："哈哈哈！食人花，你逃不掉了！"

食人花歪歪扭扭地朝小伙伴们走去，还伸长舌头去卷沈小丽，结果小伙伴们换了一把又一把抢，边喷边退。"扑通！"食人花倒在了地上，却仍然不依不饶地爬向小伙伴们。

"都让开！"熟悉的声音传来，乐远等人回头一看，窦图图竟扛起一大瓶淡绿色的水跑来，可是就在他要打开瓶盖泼向食人花时，一块石头绊住了他。

"啊——"窦图图摔倒在地，水瓶脱手而出。沈小丽不忍心地闭上了眼，她可不想看到图图被摔伤的惨样。乐远和聂非凡却紧张地盯着水瓶，生怕错过什么精彩时刻。

"噢耶！"令人意外的是，淡绿色的水全泼在了食人花的身上，食人花彻底枯萎了，五朵巨大的肉质花瓣也紧紧闭合，一股浓浓的风油精味扑鼻而来。

窦图图连忙站起来，和小伙伴们高兴地抱在一块，欢乐地大声喊："我们赢啦！"

过了一会儿，细心的沈小丽递给窦图图和乐远一人一个创可贴，让他们贴在破皮的地方。她皱着眉头看了看四周，建议道："此地不宜久留，咱们快乘飞船离开吧！"

"可是飞船的门打不开！"窦图图愁得眉头都拧成了麻花。

乐远和沈小丽不敢相信地看向聂非凡，却见聂非凡点了点头。飞船的门打不开的话，他们怎么回去呢？

小伙伴们来到飞船的门口，沈小丽按了好几次开关，飞船都毫无反应。

"让我试试。"小伙伴们让开，乐远走了过去，却见大脸图伸出猫爪，闭上眼睛好一会儿，忽然"咔哒"一声，飞船的门打开了。

小伙伴们佩服地看着大脸图，四人依次走进飞船，坐进软软的沙发里。

乐远想起刚刚大战食人花的场景，全身热血沸腾，他攥紧拳头当作话筒，充当记者对沈小丽进行采访："沈大大，你是怎么想到要用风油精来喷食人花的呢？"

"当时情况紧急，醒来之后发现头晕乎乎的，就掏出背包里的风油精涂在太阳穴上，整个人很快就清醒了。于是，我猜风油精可以对抗食人花，就先试试。"沈小丽笑道。

"那么，请问您为什么知道我们闻到那股臭味就会不受控制呢？"这个问题困惑了乐远很久，明明他前一秒还认识聂非凡和窦图图，可下一秒就去掐他们了。

沈小丽眉头一皱："在一定距离内，食人花散发的臭味，会令闻到的人产生幻觉，甚至自相残杀！"

"好恐怖！还好它被我们打败了。"窦图图心有余悸地说。

渐渐地，大家安静下来，经历了这场突如其来的战斗，小伙伴们都身心疲惫，纷纷倒头睡去。

而南明市的地下隧道里，卡尔站在葛瑞面前，缩手缩脚，大气也不敢出。

"什么？！你居然让他们逃走了！"葛瑞的眉毛都要拧成八字形了，他数落卡尔马戏团的人，"你们这么多人，连几个孩子都抓不住，还让他们盗走了飞船？！真是成事不足败事有余！"

卡尔心里很不痛快，却只敢小声地解释："葛老板，这也不能全怪我们呀，那四个毛孩之中，有一个浑身发着蓝光的男孩特别厉害，他独自一人就把一个大男人打倒了，他还能悬浮在空中……"

"够了！我不想再听借口！"葛瑞打断了卡尔的话，狐疑地看着卡尔。

忽然，葛瑞想起了雪山之战中的四个孩子，不禁打了个寒战，难道又是他们？看来要想以后在博士面前立大功，这次必须解决他们，免得夜长梦多。

葛瑞像是已经看到博士提拔自己时受到其他黑衣人景仰的场景，露出了邪恶的笑容。卡尔等人唤了他好几声，他都没听见，于是，卡尔轻轻地推了他一把。

"你干什么？"葛瑞被人打断了美好的幻想，不高兴地看了卡尔一眼，"三天之内必须把那四个孩子抓来见我，这是你最后一次机会,如果你不珍惜这个机会,那你们就等着坐牢吧!"

卡尔心里很不痛快,却只能对葛瑞点头哈腰:"是!您放心!"

说罢,葛瑞转身走出了地下隧道,卡尔满眼充血地望着他的背影,暗暗发誓一定要抓到那四个孩子。

窗外的天空逐渐明亮,阳光透过窗户照进来,无声地唤醒了四个睡相可爱的孩子,可三个男孩侧侧身子,又继续睡了。沈小丽看了看动物手表显示的时间,竟已经早上七点了!这说明飞船飞了近五个小时,那他们现在在哪里?为什么外面是白天?她连忙叫醒三个小伙伴,大家揉着蒙眬的睡眼看向了窗外,下一秒,他们就惊醒了——

江上的大桥,绿油油的树木包围着的别墅,白色的公寓,高高耸立的大厦,尤其是那栋灰色外表的大楼,像极了南明市的时空大厦。

"我们回来了吗?"乐远激动得热泪盈眶。

"没错!这是我们熟悉的南明市啊!家乡,我们回来啦!"窦图图高兴地趴在窗边,像是要破窗而出。

"哇!我没做梦吧?经历了黑衣人、莫名其妙的飞船、还和食人花拼命搏斗之后,我还能回到南明市。"聂非凡也很高兴。

由于没有网络,沈小丽只好打开手机上的地图软件,调出了之前下载的南明市地图,屏幕上的蓝色箭头自动定位,显示他们正处于南明市。

飞船缓缓降落,一阵剧烈的颤动后飞船才平稳落地。小伙伴们迫不及待地下了飞船,深深地吸了一口气,没错!是南明市的味道!他们看了看四周,熟悉又充满亲切感的时空大厦出现在他们的视线中。

"啊啊啊!我们真的回来了!"小伙伴们激动地跳了起来。

一道虚弱的声音打断了他们:"你们喊得不累吗?乐远一喊,我就饿得受不了了。"大脸图探出头,朝他们笑了笑,"在这个美好的日子里,我们去吃大餐吧!"

小伙伴们看向手握大权的队长沈小丽,她笑着点头,这时候一阵手机铃声响起,沈小丽做了个噤声的动作,接通了电话。

"哥?有什么事……我们刚刚回到南明市了呀!正打算去吃饭呢!"沈小丽笑道。

三个男孩听到答案,发出了欢呼声。小伙伴们正要赶往公交车站,却在巷子里遇到了四个身材魁梧的黑衣人,他们全都两手交叉,戴着黑色的墨镜,看起来就像黑帮电影里的坏人。

忽然，有一双洁白的手搭在了他们其中一人的肩膀上，四个黑衣人侧过身，戴着面具的卡尔出现在小伙伴们的眼前，奇怪的是卡尔手里拿着一本动物图书。

卡尔一把夺过沈小丽的手机，话筒里还传出了沈飞龙的声音："喂？喂？小丽！"

"又是你！快把手机还给我！"沈小丽愤怒地去抢回手机，却被两个黑衣人抓住了。

卡尔得意地笑着，并挂了电话，又将手机关机，装进了他的口袋。

"你……你想干什么？快把沈大大放了，否则别怪我不客气！"乐远心里有点害怕，却还是撸起了衣袖，准备随时应战。

"哈哈！你们说呢？当然是要抓你们贡献给博士啊！"卡尔奸笑道。

"哼！你休想！"聂非凡和窦图图也站在了乐远的身旁。

卡尔却像是听到了一个很好笑的笑话般大笑起来，他朝三个黑衣人使了个眼色，命令道："把他们给我抓起来，一个都不能放走。"

3

"哎哟！"突然，沈小丽猛地咬住黑衣人的手，黑衣人吃痛地放开了她，她连忙跑回小伙伴们的身旁。

四个黑衣人接到指令，立刻迈步要抓小伙伴们，小伙伴们撒腿就跑，像四只兔子一样跑得飞快，黑衣人们紧追不舍。忽然，还跑着的乐远浑身发出了蓝色的荧光，令人诧异的是，乐远足足长高了一米多，此刻他就像个巨人一样。乐远把黑衣人轻松地举了起来。

"救命啊！救命啊！"黑衣人们蹬着腿，纷纷向卡尔求救。

卡尔差点要被气死了，这些毛孩子！他随意翻开了动物图书的某一页，脸上再次浮现出阴险的笑容，嘴上低声地念着咒语，然后他朝书上的小恐龙吹了口气。

就在乐远要把四个黑衣人丢出去时，奇怪的事发生了：一团红色的影子从书里跑了出来,大家定睛一看,是一只小恐龙!过了几秒,那小恐龙的身形扩大了一倍,就像一头小象般,它走动的时候大地都震了起来。

小伙伴们都愣住了,怎么回事?明明恐龙在中生代就灭绝了呀!大家吓得双腿发软,差点跪在地上,还好四人一起手挽着手,才站稳了脚跟。

"沈大大,怎么、怎么会有恐龙呀?"乐远哆哆嗦嗦地问。

"这个恐龙不会要吃掉我们吧?妈妈……我要回家!"窦图图害怕得声音发抖,还夹着一股哭腔。

"我也不知道。据我所知,恐龙出现于二亿四千五百万年前,非鸟恐龙在六千五百万年前白垩纪末期就突然全部消失,是地球生物进化史上的一个谜。恐龙种类多,体形和习性相差也大。就食性来说,有温顺的草食者,也有凶恶的肉食者,还有荤素都吃的杂食恐龙。"沈小丽也伤透了脑筋,眼前的这只红色的恐龙看起来并不友善。

忽然,沈小丽像是想起了什么,从背包里掏出了一本动物大全的书,快速地翻到了恐龙种类的那一页,指着照片上的兽脚类恐龙说道:"你们仔细看看,是不是和这只红色的小恐龙一样?"

三个男孩凑过去看了看照片上的兽脚类恐龙，又看了看面前的小恐龙，觉得相似度高达百分之九十——两足行走，趾端长有锐利的爪子，嘴里长着小刀一样的利齿，看起来很像暴龙的子孙后代。

照片上还有一行提示：兽脚类生活在晚三叠纪至白垩纪，它们都是肉食龙。

大家心里一怵，目光聚焦在"肉食龙"三个字上，也就是说，眼前的小恐龙是个凶恶的肉食者！

"看来我们这次遇上大麻烦了！"聂非凡的这句话加剧了窦图图的哭腔。

那四个身材魁梧的黑衣人也被吓得不轻，个个脸色惨白。小恐龙像是知道黑衣人在注视它，朝他们大吼了一声。黑衣人"哇"一声尖叫，吓晕了过去。

"这群没用的东西，比小孩还胆小，一看就成不了大事！"卡尔嫌弃地摇了摇头。他朝小恐龙吹了个口哨，只见小恐龙摇了摇尾巴，呆呆的小脑袋似乎点了点头，然后掉头就直冲小伙伴们而去。

前一秒四个孩子还觉得小恐龙有些可爱，下一秒就觉得它非常可怕。它迎上小伙伴们惊慌的目光，两只圆圆的眼睛里似有熊熊烈火，微微扬起头，朝小伙伴们吼了一声。

小伙伴们费力地咽了一口口水，额头上的冷汗不断流下来，边仰头盯着恐龙边往后退。

"大脸图，怎么办？"窦图图一有问题就找大脸图。

"还能怎么办？跑啊！到了安全的地方再商量怎么对付这只恐龙！现在保命要紧！"大脸图也是第一次遇到如此棘手的事情。

小伙伴们过了五秒才反应过来，拔腿就跑。身后传来小恐龙的吼叫声，"砰——砰——"的重物砸地声，以及随之而来的地颤。乐远回头一看，发现小恐龙就要追上来了，"扑通"一声，他故意趴在了地上，而小恐龙来不及刹车，一下子跨着大步冲了过去。

"嘟——嘟——嘟——"

电话突然被挂断，沈飞龙顿感不妙，怀疑沈小丽他们遇到了不测，他连忙跑去局长办公室，要把四个孩子的事情告诉局长，希望局长能照顾一下他这个当监护人的堂哥。然而，事情却没有他想象的那么简单。

"局长，我所说的都是事实，拜托您，快点派人去找他们的下落吧!"沈飞龙低声下气地乞求道。

"小沈,不是我说你,这个小毛孩之前编造谎言,宣传卡尔是巫师就算了,这下你……唉,你想想看,他们既然都回来了,怎么可能突然消失了呢?说不定这群孩子又跑去哪里玩了呢!"

"局长,既然您不相信我,我就先走了。顺便向您请几天假,我自己去找找小丽他们,到时候您就会相信,我说的都是真的!"沈飞龙语气平淡,眼神里却难掩失望。

"砰!"沈飞龙生气地关上了办公室的门。

他站在办公室外,既恼怒又失望,却也不敢和局长硬碰硬。一气之下,他来到局里的信息调查科,将手机递给同事,调查沈小丽最后一通电话的地址。

过了一会儿,同事告诉他:"沈老大,我查出来了,地址就在时空大厦附近。"

"谢谢你啊,小王。"沈飞龙取回手机,向王警官道谢,王警官正要询问他有什么事,可沈飞龙已经一阵风似的走了。

沈飞龙坐在警车上,祈祷沈小丽他们平安无事。他花了十五分钟就来到了时空大厦附近,把车子停在了狭窄的小巷外面。他快速穿过小巷,到了时空大厦前,可眼前偌大一片空地,却看不见任何交通工具,也没有任何人影。

"小丽！小远！图图！非凡！"沈飞龙大声地呼唤，可回应他的只有风吹过草丛时发出的窸窸窣窣的声响。

"你们在哪里啊？"沈飞龙的眼里泛着泪花。

他不知道，在他来到这里的一个小时之前，小伙伴们经历了一场惊心动魄的战斗。

小恐龙穷追不舍，眼看自己追乐远不成，立刻换了个方向去追窦图图。平时走点路就喊累的小胖子，这次居然跑了一圈又一圈。而且窦图图的速度相当惊人，仿佛脚下有风火轮。

小恐龙追累了，也没有耐心陪小伙伴们玩耍了，它怒吼一声，朝四个孩子喷出一口火焰，热浪扑面而来，小伙伴们下意识地往后退了一步，可火势有点大，燎到了聂非凡的一小撮卷发。

"妈呀！它咋还会喷火呢？"窦图图哭丧着脸喊道。

"这样下去的话，我们肯定挨不了多久就会被它吃掉了。"沈小丽说着，看了看小恐龙饿得瘪下去的肚子，突然想出了一个办法，"我们先躲到时空大厦里面去，小恐龙体积那么大，肯定进不去。"

好主意！小伙伴们慢慢地往时空大厦移动，卡尔见他们有意躲进大厦里，立刻对小恐龙说了一串人听不懂的语言。

小恐龙很效忠于主人，马上收起火焰，扑向了小伙伴们。

"就是现在，快进去！"聂非凡有点儿兴奋，时空大厦的门居然没锁，真是天助我也！

小伙伴们纷纷跑进了时空大厦，一口气跑到了五楼，他们停下来喘气时，特意回头看了看，卡尔竟然没有追来。

"嗡——嗡——"

楼下传来了一阵阵撞击声，地面也被撞得剧烈震动，天花板上掉下了一颗颗的小石头，甚至未修好的地面也出现了断裂的情况。小伙伴们惊恐极了，除了小恐龙，恐怕没有其他生物有这么大的力量了吧？

小伙伴们躲在一根石柱后，每个人都抱着那根柱子，四双手牢牢地握在了一起。

过了一会儿，地面停止了震动，小伙伴们长舒一口气。

可紧接着窗外出现了一团团火焰，把外墙都烧得黑乎乎的，走廊上传来清晰的脚步声。小伙伴们的心又悬了起来，卡尔很快出现在他们的面前，并且他的身后是——一只缩小版的红色恐龙！

乐远似乎猜到了什么，警惕地瞪着卡尔，与大脸图用思维波进行了交流。

"大脸图,卡尔把小恐龙缩小了一半吗?"

"没错!卡尔肯定不抓到你们就不罢休,目前我还没有想到什么办法能对付他们,毕竟他能变出一只恐龙,就能变出更多的动物。"

"唉,那我们就要被活生生地被抓去做活体实验吗?"

"别这么悲观,我忽然有了个主意!"

大脸图将一个小录音器偷偷地装进了乐远的裤袋中。乐远的脸上露出了喜色,用思维波和大脸图交流了对付卡尔和他的"宠物武器"的计划。

卡尔将手中的书变小,装进了口袋里,他笑道:"哈哈!这次你们逃不掉了吧?你们最好乖乖束手就擒,别不识抬举,否则就别怪我不客气了!"

"你休想!我一定要把你的秘密都告诉警察,让警察把你们这些恶人抓起来,一生一世都在监牢中反省和赎罪!"乐远毫不畏惧。

卡尔咬了咬下唇,额上的青筋暴起,冷冷地说道:"哼!恐怕你没这个机会了!"

第七章　神秘的博士

1

在这个狭窄的空间里，小恐龙喷出了一条条长长的火焰，小伙伴们吓得躲在了石柱子后面。卡尔再次掏出那本动物书来，朝书上的花猫吹了一口气，可花猫迟迟不跳出来。乐远趁卡尔不注意，纵身一跃扑倒了卡尔，又伸手去抢书，可惜没有抢到，反而把卡尔惹怒了。

"快喷火烧死他！"卡尔指着乐远，对小恐龙吩咐道。

小恐龙嗷嗷叫起来，蹦跶蹦跶地跑过去，一道长长的火焰直扑乐远，沈小丽愣住了，窦图图捂住眼睛不敢直视，聂非凡也紧张得一动也不敢动。

乐远也忘记了逃走，他瞪圆了眼睛，眼中射出火焰的形状，大火一下子包围了他。奇怪的是，乐远的身上似乎有一个屏障圈，火势没有波及到他分毫，而乐远的身体渐渐变得透明，只有一团火焰在原地燃烧着。接着，这团火开始慢慢移动，乐远从窗户边上跳了下去。

天空忽然下起了大雨，那团火被浇灭了，乐远的身体又显示出来。卡尔趴在窗口，震惊地望着楼下的男孩，赶紧又从书中吹出了一只黑色的乌鸦。卡尔往乌鸦的背上一坐，乌鸦哇哇大叫，并用长长的嘴啄了他一下，表示自己驮不起他。

"噗——"三个小伙伴们发出了嘲笑的声音。

卡尔又气又恼，眼看乐远像火箭一样越跑越远，连忙从书中吹出了一只巨大的老鹰。那只老鹰很壮，头部是白色的，身体是黑色的，爪子非常锐利，双翼也很大。老鹰凝视着卡尔，眼神锐利，使人不寒而栗。它似乎用眼神对卡尔说："你敢坐在我背上，我就送你上西天！"

卡尔先把小伙伴们用绳索捆绑起来，关进了一间会议室。卡尔从会议室出来，那只老鹰还在窗口站立着，卡尔犹豫了一会儿，最终还是小心翼翼地坐在了老鹰的背上。下一秒，老鹰躁动起来，巨大而有力的翅膀猛地把卡尔抛上了天，卡尔"哎哟"一声，重重地摔在地上。

卡尔吃痛地坐起来，他不死心地翻开那本书，看到了老鹰照片下的一段话，顿时有了新主意。他唱起了奇怪又难听的歌，老鹰听到歌声竟然渐渐变得安静温顺。卡尔趁机坐到它的背上，命令道："追！追回那个小男孩，我就给你好东西吃！"

"啁啁——"

老鹰朝窗外一声长鸣，空中回荡着它清脆又响亮的叫声，就连在会议室的小伙伴们也听到了这叫声，顿时大感不妙，沈小丽担忧地说："卡尔又变出了什么怪物对付乐远？"

窦图图仿佛看到了乐远躺在地上、浑身鲜血、奄奄一息的样子，他哭丧着脸："乐远会不会被卡尔打得身受重伤啊？如果他救不了我们，大家都会被卡尔抓去给博士做活体实验……"

聂非凡越听越郁闷，立刻打断了他："窦图图，你在瞎想些什么乱七八糟的呀？闭上你的嘴，我们才不会死呢！不到最后一刻，我们都不能失去信心！"

沈小丽点点头，乐观地说："对呀！我相信，大脸图会有办法的。别忘了，它可是神通广大的外星人呀！"

"啁啁——"

老鹰再次长鸣了一声，似乎看见了猎物。卡尔的身子微微前倾，往下看了一眼，发现乐远正从电话亭里走出来。

"就是那个男孩，去，把他抓起来，带回时空大厦！"卡尔一边命令道，一边脸上浮上得意的笑容。

"天哪,那是什么东西?大城市里怎么会有那么大的鸟啊?"乐远身旁的陌生人看着天空盘旋的大鸟,发出了惊呼声。

乐远顺着男人的目光望向天空,可是日光太刺眼,他只好戴上了特工墨镜。顿时,乐远的眼睛像是戴了放大镜一样,他清清楚楚地看见那只老鹰始终盯着自己,却在上空盘旋,似乎在打什么坏主意,而老鹰背上的人……天啊,是卡尔!戴着面具的卡尔笑得阴险狡诈,他牢牢地趴在老鹰的背上,好像害怕一不小心就从高空掉下来。

一辆公交车开来,乘客们都上了车,空荡荡的街道上只剩下依旧愣在原地的乐远。老鹰抓住了这个机会,忽然像风一样直扑乐远而去。

乐远急得四下张望,一眼看见了方才的红色电话亭,他赶紧跑进电话亭里,紧紧地关上门。电话亭里的空间很狭窄,门是玻璃的。老鹰杀过来时,没注意玻璃门,只顾直冲乐远而去,"砰"地一声,乐远下意识地闭上了眼睛,再次睁开眼时,就看见老鹰从玻璃门上滑下来,直直躺在地上,老鹰竟然撞晕了。

卡尔也倒在了地上,不过他很快就扶着脑袋站了起来,瞪着电话亭里的乐远,粗鲁地去拉门。可是"叭嗒"一声,门锁被扯掉了,门却纹丝不动,卡尔生气地扔掉门锁,指着乐远嚷嚷:"你给我等着!"

卡尔掏出书,先把老鹰收回了书中,又念了几句咒语,接着朝书上吹了一口气,一只黑色的大熊从书里爬了出来。它的眼睛亮得发光,一只熊掌的大小能抵过乐远的两只手,结实的身子与电话亭一样高。黑熊在卡尔的指引下,朝一脸惊恐的乐远走去,拍了两掌就砸碎了玻璃门。黑熊捏住乐远的白衬衫,轻而易举地提起乐远,然后仰头憨憨地笑出声来。

忽然,黑熊张开嘴要咬乐远。眼看自己就要被黑熊吃进肚子里,乐远两眼一抹黑,吓得晕厥过去。卡尔也以为黑熊要吃乐远,连忙把黑熊收回了书中,又把乐远绑起来装在行李袋中,扛着行李袋神不知鬼不觉地回到了时空大厦。

卡尔回到时空大厦时,已经是傍晚时分。他把行李袋丢在地上,袋里传出了一声"哎哟",卡尔拉开拉链,见乐远已经醒来,动来动去,想要解开绳索。

"放弃吧!你这样只会弄疼自己,我用的可是最粗的绳子,扎得可费力了!"卡尔假惺惺地劝道。

乐远瞪了卡尔一眼,不理会他,依然在挣扎。

卡尔拉着乐远来到会议室,猛地推了一把乐远,乐远摔倒在窦图图的身旁。"你们几个都安静点,不然就封住你们的嘴!"

小伙伴们直视着卡尔，等卡尔走了，窦图图着急地问："乐远，你没受伤吧？"

乐远摇摇头，满脸愧疚之色："对不起，我救不了大家了，我本来要去公安局让警察来救你们，可是半路上遇到了卡尔，他坐在老鹰的背上飞来。"

沈小丽连忙安慰道："乐远，你尽力了，别责怪自己。"

聂非凡委婉地问："那你什么都没来得及做吗？"

站在门外偷听的卡尔，发现小伙伴们在互相寒暄，顿时没了偷听的兴趣，悄悄地走了。

乐远看了看窗外，发现刚才窗边映出的黑影不见了，他靠近小伙伴们，神秘兮兮地压低声："嘘！刚刚卡尔在外面偷听我们说话，现在他走了。其实在卡尔来之前，我已经打了电话给沈大哥，告诉他我们的行踪，他承诺很快就会来救我们。"

沈小丽不禁松了一口气，但她忽然觉得有点不对劲，看着乐远说道："大脸图呢？它没有保护你吗？"

窦图图惊讶地张大嘴："对呀！有大脸图在，你怎么会被抓起来？"

聂非凡也觉得奇怪，忍不住问："大脸图出什么事了吗？"

乐远见小伙伴们紧张兮兮的，连忙解释："没有没有，我们长时间没有进食,大脸图又消耗了很多能量,已经进入休眠状态了,不然我早就瞬间移动到公安局了呀!"

小伙伴们恍然大悟,原来如此,真是辛苦这个外星人了。没有找到小伙伴们的沈飞龙回到了公安局,不一会,又接到了乐远的电话。这下他百分百确定小伙伴们急需救援,不禁慌了起来,局长肯定是不会支援的,那该怎么办?忽然,沈飞龙想到了另一个大人物,但他眉头紧锁,又有些犹豫。可事态紧急,也由不得慢慢行动了。

沈飞龙驱车赶到南明市的某栋政府大楼,直接去了最高楼层的市长办公室。沈飞龙与市长握了握手,还没坐下,就开口说道:"市长,我有个很重要的事情要告诉你。"

市长坐在沙发上,示意他坐下来,挑眉问道:"是什么事?请说。"

"市长,南明市目前已经无故失踪了很多人,大多数是十多岁的青少年,而且有群众报案这起青少年失踪案与著名的魔术师卡尔有关。"

"是真的吗?你们局长怎么说?"市长放下手中的茶杯,有点震惊。

"千真万确!我们局长不予受理,所以我才来找您。我敢用自己的职业担保,这件案子绝对是真的。"沈飞龙拍了拍胸脯。

忽然,座机电话响了,市长走过去接起电话,脸上的表情更加凝重了。他挂了电话后,说道:"刚刚你们局长来电话,说很多家长报案,自己的孩子去看了魔术表演之后,就失踪了。现在他已经派人去调查了,你也回去帮忙吧。"

沈飞龙点点头,脸上露出了喜色,他与市长匆匆告别,驱车再次回到了公安局。沈飞龙来到局长的办公室,局长因之前不信任沈飞龙而道歉,沈飞龙却摇摇头表示自己不在意,并把乐远提供的地址给了局长。

为了配合警察抓捕犯罪团伙,市长特意再次联系了卡尔,以观众喜爱他的魔术为由,邀请他再来办一次魔术表演晚会。

"真的吗?那我就太高兴了,既然大家那么喜欢我的节目,明晚我和我的团队一定准时到场。"卡尔笑着挂了电话。

"卡尔大人,出什么事了吗?"葛瑞派来的两个黑衣人问道。

"真奇怪!"卡尔嘀咕了一声,对黑衣人说道,"明晚我有急事,你们在这里守住他们,一步也别离开,直到我和葛老板回来。"

黑衣人们鞠了一躬,恭敬道:"是!小的明白!"

2

第二天傍晚，闷热的南明市下起了滂沱大雨，狂风夹杂着黄豆大的雨珠砸在雨棚上，天空中不时传来轰隆隆的雷鸣，吓得排队等待检票的孩子都缩在了父母的怀中，却没人嚷嚷着要回家。

卡尔马戏团已经名声远扬，市民们一听说卡尔又受邀前来演出，都觉得机会难得，加上孩子们热爱魔术和马戏团表演，网上的五百张票刚放出来，市民们就在一个小时里一抢而空。

还未到七点，大家吃完晚饭，早早来到了南明市体育馆入口处。

大雨倾盆，却不影响观众的热情，不多时，五百名观众都进了演播厅，坐在了各自的座位上，但今晚这里还多了一些独自来观看表演的男人。

当旋律柔和的钢琴曲响起时,卡尔像只大鸟一样,从最后一排的观众席上空飞向舞台,他身披白色的羽毛外套,戴着狐狸面具,朝台下的观众微微鞠了一躬。

卡尔的出场方式十分惊艳,孩子们"哇"地欢呼了一声又一声,卖力地鼓掌。更令观众们兴奋的是,卡尔拿起了话筒,宣布今晚他将表演两次催眠魔术,分别是这个晚会的第一个节目和最后一个节目。

"接下来的催眠魔术,请大家尽情享受,千万不要用东西塞住耳朵。等大家醒来后,大屏幕会展示催眠魔术的过程。"

卡尔说完后,朝观众做了两个飞吻的动作。

"啪"地一声,现场的舞台灯光都熄灭了,追光灯束笼罩着卡尔,他打了个响指,大屏幕上出现了一个不断摇摆的怀表,如泉水般潺潺的曲子随之而来,一股若隐若现的特殊香气扑面而来。

渐渐地,观众们望向舞台的视线模糊了,他们只能听到卡尔低沉而浑厚的声音:

"现在,你的左手边有一排高高的整齐的椰子树,右手边是天蓝色的大海,海水清澈得能看见白色的沙砾。这时,你转身跑向一望无际的海洋,看见海平面上的白鹭在自由自在地飞翔,于是你也想象着自己能够飞起来……"

观众们全都闭上了眼睛,现场顿时安静极了,卡尔面色诡异地笑了笑,示意下属把摄像头暂时关闭。他轻手轻脚地靠近一个男孩,嘴里念叨着咒语,下一秒男孩变成了一个南瓜,被戴着面具的女人抱到了后台。

卡尔有点儿兴奋,他终于要完成葛瑞派下的任务了,接下来就会有大笔钱财汇入他的银行卡里。他似乎已经看到自己躺在堆满金钱的床上,幸福地笑了。

而此刻的时空大厦里,传出了"咕噜咕噜"的声音,小伙伴们朝着外面喊道:"好饿啊!两位叔叔,求你们行行好,买点东西来给我们吃吧,否则我们就要饿死了。"

两个守门的黑衣人瞧了一眼小伙伴们,见乐远躺在窦图图的怀中,脸色惨白,不禁有些担忧,黑衣人们摸了摸自己也饿得瘪下去的腹部,便商量一人去买盒饭,另一人看住这四个孩子。

"哈哈!他们被我吓到了吗?"乐远连忙站起来,低声地问。

"还真有你的,他们去买盒饭了。"沈小丽笑道。

"往脸上蹭墙上的白粉,这种鬼主意也只有你想得出吧。"

聂非凡扫了一眼乐远。

"谢谢大家的夸奖,谁叫我是全宇宙最聪明的外星人呢!哈哈!其实是我的主意啦,我真的饿得不行了啦!"大脸图探出可爱的圆脑袋,不好意思地笑了笑。

其他三个小伙伴惊讶地看着大脸图,听到这个外星人的自夸,脸上顿时露出了无语的表情。

"这年头哪有人这么爱自卖自夸,真是厚脸皮哦!"窦图图呛声道。

"你!"大脸图生气地指了指他,忽然又两手交叉抱着,撅着嘴说,"哼!我大人有大量,不跟你计较。"

沈小丽撞了撞窦图图的手臂,示意他门外还有黑衣人站岗,窦图图便朝大脸图做了个鬼脸。

"轰隆隆——"

这时,门外响起了一阵阵收割机的声音,几束诡异的光照亮了五楼所有角落。小伙伴们安静下来,纷纷从窗户里面往外望,但那几束光太过强烈,刺得大家无法看清外面的情形。

"哇,天这么快就亮了吗?"乐远惊讶地问。

"不!现在……明明还是晚上十点呀!"沈小丽看了看动物手表。

"咦，黑衣人怎么不见啦？是警察来了吗？"窦图图疑惑不解。

"外面肯定出什么事了，咱们出去看看！"聂非凡打开会议室的门，其他三个小伙伴也跟着跑出去。

大家一把推开大厅破旧不堪的窗户，灰尘簌簌落下来。这时，光线更加强烈了，大家用手挡住强光，勉强看清了光源，便目瞪口呆地仰望着天空。

乐远倒吸一口气："我的天哪！"

时空大厦的上空，有一个黄澄澄的南瓜似的庞然大物正在缓缓降落，庞然大物的探照灯发出了黄色的光。庞然大物快落地的时候，底下伸出了四只金属爪，随后一股强大的气流掀起了沙尘，呛得小伙伴们连忙捂住口鼻。

"哐咻——"

伴随着地面一阵轻微的晃动，弥漫的沙尘逐渐散去，庞然大物清晰地展现在眼前，"嗞"一声，门自动打开了。小伙伴们顿时惊呆了，这、这是……一架改造过的南瓜飞船，而且这就是他们曾经在服装室见过的那个外表涂着魔鬼脸的南瓜。

南瓜飞船里挂满人形木偶，还有五颜六色的设备按钮。记忆力极好的沈小丽感到了一丝不对劲，良久，她激动地喊道：

"这架飞船的内部跟之前那架简直一模一样啊!"

三个男孩懂得她的意思,大家之前所乘的飞船里也挂满了人形木偶。但很快,沈小丽疑惑了,为什么飞船的外表变了呢?莫非是卡尔施了巫术,能够想什么就变什么?那这架飞船……

"确实是一样的!"乐远点点头,话锋一转,问道,"可是黑衣人刚刚离开了,不会是他的同伙开来的吧?"

话音一落,一阵阴险的笑声从飞船里面传出,小伙伴们警惕地盯着飞船门口,看见一个狐狸脑袋的怪人颤颤巍巍地走了出来。怪人穿着闪闪发光的衣裳,脸上布满皱纹,他咧开嘴大笑时,脸上的皱纹就堆积起来,不仅令小伙伴们毛骨悚然,还让小伙伴们觉得恶心。

"哈哈!好聪明的小家伙!各位晚上好呀,我来接你们啦!"怪人笑得一脸灿烂。

咦,这个声音听起来有点儿熟悉。虽然被变声器调整过,但好像、好像是卡尔的声音。

聂非凡直勾勾地盯着怪人:"卡尔,你别装了,我知道是你。"

怪人忽然不笑了,问道:"哦?你有什么证据证明我是卡尔?"

聂非凡上下打量着怪人,良久后说道:"你肯定是表演刚结束,还没来得及换下服装吧?平常人谁会穿这么闪亮的衣服呀?而且你总是戴着狐狸面具,现在不过换成了狐狸头套罢了。还有你的眼睛,我一看就知道是你了。"

怪人愣了愣,满脸错愕,心想:"这个小毛孩真有两把刷子,是我小看他了!"

沈小丽等人也是第一次对聂非凡肃然起敬,纷纷竖起了大拇指。他们都没想到自己的小伙伴居然这么厉害,分析起来头头是道,看来他快成大侦探了!

小伙伴们知道自己难以逃走,索性站在卡尔面前,想延长谈话,把他拖住。

卡尔知道自己乔装败露,一把扯下狐狸头套,冷哼道:"你们废话少说,赶紧跟我上来,否则我就要动手了!"

聂非凡劝道:"卡尔,你别执迷不悟了,快把失踪的人都交出来,然后去公安局自首,这样你才能获救。"

"执迷不悟?获救?"卡尔把手背在身后,不屑地扫了他一眼,冷笑道:"哈哈!小破孩,你们懂什么?我是个成年人,我需要钱,博士说了,只要我抓到那些人,他就会给我很多钱,足足有一百万！有了这些钱，我就不用再过穷困潦倒的日子，也不用辛辛苦苦地表演魔术了，还能让我的家人享受更好的生活。而且，我又不是傻子，做了就是做了，警察不会因为我自首就不抓我坐牢，我已经回不了头了。"

"不！你错了！现在自首还可以从轻发落，只要你把那些孩子交出来，改过自新，一切损失和伤害都会降到最低。"沈小丽反驳道。

卡尔两眼通红，一个劲地摇头："不，不，你们肯定都是在忽悠我，我才不会被你们几个小毛孩骗了。拿到钱我就可以远走高飞了，谁也别想抓到我，哼！"

乐远被卡尔的固执气得浑身发抖，愤怒地大声喊道："你是个恶魔！无耻！卑鄙！你明明知道，博士要把他们抓去做活体实验，你不仅不报警，还帮博士做事，为了那么一点钱，就要牺牲二十几个人的生命……"

乐远的情绪越来越激动，他一想到那些同龄的孩子躺在冰冷的操作台上任博士宰割，声音就哽咽了，再也说不出什么了。

窦图图瞪着那对小眼睛接了话，他恨不得抡起胳膊狠揍一顿卡尔："恶魔，你迟早会遭报应！"

班长沈小丽身为队长，心中纵然十分愤怒，可她望着卡尔的眼神更多的是惋惜，她不紧不慢地说："卡尔，我真替你感到悲哀。你也是个父亲，却为了钱财伤害别人的孩子，你的孩子长大以后，得知你这么残忍，肯定会以你为耻。"

"少废话，再不上飞船，信不信我杀了你们？"卡尔从背后拔出了一把闪着寒光的匕首，迅速地跑过去，一把抓住沈小丽，把匕首架在了她的脖子上。

在这危急之时，一群握着枪的警察从时空大厦的一楼冲出来，包围了飞船和卡尔。

原来，观看卡尔表演的便衣警察们都用特殊的棉花塞住了耳朵，他们亲眼目睹卡尔把观众"变"走，等魔术表演结束之后便跟踪了卡尔。见卡尔乘坐南瓜飞船离开了体育馆，便衣警察就立刻向去时空大厦救人的沈飞龙说明了情况。

黑衣人在买完盒饭回来的路上遇到了警察，无意卖命的他立刻卖掉了同伴。就在这时，南瓜飞船降临了时空大厦，沈飞龙便提议大家在一楼埋伏起来，这样卡尔才能毫无防备地出现在大家的眼前。

"对，警察同志，就是他。他要绑架四个小孩，这件事与我们无关呀！求求你们放了我们吧！"看守的两个黑衣人指着卡尔喊道。

卡尔大惊失色，下意识地把匕首贴紧沈小丽，说道："你们……什么时候报的警？可恶！竟然被四个小毛孩戏弄了！我告诉你们，别过来，不然我就杀了她！"

"不要！"三个男孩紧张地盯着卡尔。乐远焦急地劝道："卡尔，你冷静一点，你还有家人在等着你回去呢！"

"嗤——"卡尔笑出了声，笑容里充满了忧愁，眼中似有晶莹的泪光，他看着小伙伴们身后的十多名警察说，"看这个情形，我是回不去了。"

3

卡尔说完,手忽然颤抖了一下,锋利的匕首立刻划伤了沈小丽的肌肤,鲜红的血流了出来。沈小丽顿时嘴唇发白,两眼一翻,昏了过去。

为首的警察沈飞龙见状,脸色顿时变得难看,他瞄准卡尔脚旁的草地开枪了,"砰"地一声,子弹打穿了那片草皮,只差五厘米就打中卡尔的脚了。

卡尔被枪声吓得心脏扑通扑通地直跳,手中的匕首也掉在了草地上,他下意识地用手挡住了自己的头部。沈飞龙趁机将沈小丽一把拉过来,并推了卡尔一把。卡尔重心不稳,一屁股跌坐在地,却还想站起来跑回飞船。

"不许动!"三名警察握着枪一拥而上,其中两名警察按住了卡尔的肩膀,让他跪在地上动弹不得,另一名警察给他戴上了冷冰冰的手铐。

卡尔被警察押往警车。乐远忽然挡住了警察的去路，盯着卡尔问道："飞船上的人像木偶有什么用处？消失的人是不是还在隧道里面？隧道里四头蛇石像的密码又是什么？"

窦图图和聂非凡觉得乐远有些异常，但他们见乐远示意了一下自己的腹部，便明白了，原来是大脸图在模仿乐远询问卡尔。

卡尔瞪着小伙伴们，额头上青筋暴起，显然很是愤怒，他扫了一眼满是期待的小伙伴们，忽然笑了，他选择闭口不言。

警察见状，按住卡尔肩膀的力度加重了，卡尔微微吃痛，瞪了一眼警察。警察却当做没看见，淡淡地说道："这是对破案有用的线索吧？卡尔，这是你最后的戴罪立功的机会。"

卡尔的表情一滞，思考了一会儿，说道："地下隧道里的人，必须要有人像木偶才能得救。木偶的背部有一个按钮，按下这个按钮之后，他们被获救时才能行动自如。但是四头蛇石像的密码，你们得回答我一个问题才能知道。"

三个男孩互相对视一眼，不知道卡尔又想玩什么把戏，他们聪明的沈大大可不在身边呀！

卡尔不容男孩们拒绝，直接说道："在心理学中，有一种疾病叫做恐惧症,例如现在很多都市人都有的幽闭空间恐惧症就是恐惧症的一种。请你们至少回答出两种恐惧症的治疗办法。"

什么?心理学?治疗恐惧症?窦图图如同在听天书,完全理解不了卡尔的话,他耸耸肩膀,说道:"我又不是医生,也没有心理疾病。我先去看看沈大大有没有醒来。"

窦图图说完就自顾自地走了,聂非凡和乐远又望了望彼此,两人的眼中分明写着"毫无头绪"四个字。忽然,乐远的嘴自己张开了,流利地说了一大串:"第一种就是运用药物催眠治疗啦。第二种,便是找到自己惧怕的原因,正视你最害怕的一面,在这个过程中慢慢缓解症状直到病灶完全消失。"

卡尔诧异地看着乐远,暗自想"这群小孩真厉害"。他点了点头,说道:"密码就是在心中默念三遍——嘛哩咕噜吼!"

说罢,卡尔被警察押上了警车。乐远听到密码后,情不自禁地翻了个白眼,难怪卡尔那么爱念这一句咒语!

聂非凡望着他,又看了看他的肚皮:"大脸图,他们都走了,我们该怎么去救人?"

大脸图在白衬衫里眼珠一转,露出了笑容:"嘿嘿,当然是——"

乐远忽然抓住聂非凡,两人只在一瞬间就从时空大厦到了体育馆的地下隧道。聂非凡吃惊地望着面前那一池蓝色的水，水里的葛瑞像一条鳄鱼般探出头来，眼角紧缩，神色紧张，但看他的动作，像是在转移那些年轻人。他像条鱼一样翻了几个身，便一下子跳上岸，挑衅地盯着那些人。

"葛瑞，住手！你如果是个男人，就跟我正面较量，否则我不会让你带走他们的！"乐远不示弱，瞪着葛瑞喊道。

"好啊，既然你们来了，还对我发出了邀请函，那我就恭敬不如从命了。小毛孩，上次在雪山害得我本体去世，要不是博士复制了我的记忆，现在我可能已经是白骨了，咱们新账旧账一起算！"葛瑞恶狠狠地扫了他们一眼。

聂非凡小声地说："乐远，你小心一点，尽量拖延时间，警察很快就会来了。"

聂非凡说完钻进了隧道，乐远点点头，目光锁紧对面的黑衣人。葛瑞不知什么时候学了太极拳，此刻正像个鹤发童颜的老头那样慢悠悠地打着太极。乐远眉头一皱，一时不能习惯敌人忽然换了风格，便好奇地观看起来。

"乐远，你给我警惕起来！你没看出来吗？葛瑞是在转移你的注意力，趁你松懈的时候突然给你一击！"大脸图严厉地提醒道。乐远知道此刻的大脸图一定在衣服里像个老师般面色冰冷，两爪交叉抱臂，便也警惕地盯着对面的葛瑞。

"葛瑞，看招！"

乐远等得不耐烦，再也不愿意观看敌人打太极拳了，他悬浮在半空，伸出拳头直扑葛瑞，葛瑞及时出了一掌，却还是后退一步，勉强才抵住乐远的力道。乐远不罢休，立刻又挥一拳，葛瑞身子一侧躲了过去。

葛瑞得意地笑了，似乎在嘲笑乐远的小伎俩是在挠痒痒，他立刻主动出击，乐远个子不高，总能躲过葛瑞的拳头，于是葛瑞伸出脚一踹，没想到乐远却往后一躲，在葛瑞还没站稳时猛地一拳打来，这一拳打得葛瑞的肚子疼，整个人靠着石壁不敢大力呼吸。

葛瑞两眼充血，仇视地看着乐远。忽然他掏出腰间的手枪，瞄准乐远的头，"砰砰砰"接连几声，子弹一窝蜂飞向乐远。乐远却一下飞到东边，一下闪到西边，让子弹全扑了空。

"咔咔——"葛瑞的枪没有子弹了，他愣了愣，忽然像个失败者一般笑得特别大声，一只手又不甘心地在腰间摸索着。

乐远远远看着他，说道："葛瑞，回头是岸，去自首吧！"

葛瑞不理会，继续仰头大笑，却时不时偷瞄乐远，见对方放松警惕，他从腰间掏出最后一枚子弹，快速地装进枪里，朝着乐远的胸口开了一枪。

"小心！"聂非凡突然推了乐远一把，子弹无情地钻进了聂非凡的手臂中，疼痛一下子蔓延到全身，瘦弱的聂非凡一时承受不住，倒在乐远的身上，昏厥过去。

"别动！把枪放下！"沈飞龙带着警察出现。葛瑞嫌恶地看着他们，把枪丢在地上。两名警察上前捡起枪，并把葛瑞死死按在地上。又有五名警察下了水池，解救了牢笼里的年轻人。

"非凡！非凡！你要撑住，我们马上就去医院了！"乐远的泪珠砸在聂非凡苍白的脸上。沈飞龙立刻派人将他们带上警车，赶往医院。

就在这时，葛瑞忽然喊道："博士，救命！"

在场的人闻言都奇怪地看向他，可望了望四周，又没有发现可疑的人。但是，石壁上却突然出现了一行蓝色字——"没用的东西，这点事都办不好，还想我救你？"

接着，葛瑞突然昏倒在地，面色煞白，双眼却没有合上，押着他的警察都被吓了一大跳。沈飞龙走过去，摸了摸葛瑞脖子上的脉搏，又探了探鼻息，沈飞龙诧异地瞪大了眼，不可置信地确认了一遍，最后，沈飞龙摇摇头说道："心跳已经停止跳动。"

五天后，聂非凡的病房里挤满了手拿话筒和照相机的媒体人员。沈飞龙解释道，媒体听说小伙伴们协助警方破了这起绑架案，纷纷想前来采访。小伙伴们却摇了摇头，表示他们并不想出现在报纸和电视上。于是，沈飞龙拒绝了记者。

病房又恢复了平静，忽然"叮叮"两声，沈小丽和乐远的口袋里同时传出了信息提示铃声，他们连忙掏出来一看，脸上瞬间挂满了笑容。

"'神秘人'祝贺的邮件来了吧！"小伙伴们默契地相视一笑。

图书在版编目（CIP）数据

神秘社 / 王文杰著. -- 上海：文汇出版社，2020.3
 ISBN 978-7-5496-3120-9
 Ⅰ.①神… Ⅱ.①王… Ⅲ.①长篇小说－中国－当代 Ⅳ.①I247.5
 中国版本图书馆 CIP 数据核字 (2020) 第 022583 号

神秘社

著　　者 / 王文杰
责任编辑 / 徐曙蕾
装帧设计 / 叶茂
策划监制 / 牧神文化
特约编辑 / 何瑞

出版发行 / 文匯出版社
　　　　　上海市威海路 755 号
　　　　　（邮政编码 200041）
印刷装订 / 上海盛通时代印刷有限公司
版　　次 / 2020 年 3 月第 1 版
印　　次 / 2020 年 3 月第 1 次印刷
开　　本 / 890×1240　1/32
字　　数 / 310 千字
印　　张 / 19.5

ISBN 978-7-5496-3120-9
定　　价 / 99.00 元（全三册）